L'émergence de la gouvernance maritime en Afrique

Territoires de la Géographie

Science de l'homme dans son milieu, science de la localisation, la géographie décrypte les relations des sociétés et de leur environnement, le rôle de l'étendue et de la distance dans l'organisation de l'espace. Elle se préoccupe de l'action humaine dans les modifications de son oekoumène et de la réactivité des sociétés et de leurs optimisations spatiales face aux aléas et aux conflits. Tous les champs spatialisés sont de sa compétence. Ils sont inventoriés dans le jeu multiscalaire auquel sont désormais soumis toute société et tout individu, du global au local. C'est sur la qualité de l'entrecroisement de ces échelons et la capacité des protagonistes à en accroitre l'efficience que repose l'amélioration ou l'altération des cadres de vie et de la gouvernance des territoires et des ressources.

Destinée à un public d'universitaires, de chercheurs, d'étudiants, de professionnels de l'aménagement et au public éclairé, la collection *Territoires de la Géographie* est ouverte à tout type de production inédite : ouvrage, thèse et rapport de synthèse d'habilitation à diriger des recherches, actes de colloque, synthèse de programme de recherche… L'ambition de cette collection est de livrer aux lecteurs des clés de l'explication du monde actuel et en devenir, dans sa complexité, sa diversité et ses nuances qui, seules, le rendent vivable et viable.

Déjà parus

Jean-Marie MIOSSEC, *Le conteneur et la nouvelle géographie des océans et des rivages de la mer, Dans le sillage de la CMA CGM,* 2016.

Fadila KETTAF, *La fabrique des espaces publics en Algérie. Les places dans la ville d'Oran (conceptions, formes et usages),* 2019.

Amadou DIOP & Monique GHERARDI (dir.), *Rivages et horizons. Hommages au géographe Jean-Marie Miossec,* 2019.

Bouh OMAR ALI, *Risques naturels et développement en Afrique de l'est (région de l'IGAD),* 2021.

Pompei COCEAN, *La Roumanie au début du troisième millénaire*, 2021.

Jean-Marie MIOSSEC, *Le risque passage maritime resserré, détroits et canaux.* Ad augusta per angusta, 2022.

Moulay Abdelouahed OUFKIR, *L'émergence du pays du Guir (Maroc). Changements socio-économiques et recompositions territoriales dans un bassin présaharien,* 2023.

Tahar KHARCHI, *Mobilité, transport et organisation de l'espace dans la métropole de Montpellier. Modélisation à partir des données de téléphonie mobile et d'accessibilité des scolaires,* 2023.

Éric Olivier Sébastien DIBAS-FRANCK

L'émergence de la gouvernance maritime en Afrique

L'apport de la République du Congo

Préface de Anatole Collinet Makosso

Postface de Philippe Delebecque

L'Harmattan

Du même auteur

L'action de l'État en mer et dans les eaux continentales au Congo, L'Harmattan, 2025.
La construction maritime au Congo, L'Harmattan, 2023.

Le droit maritime dans la zone CEMAC, L'Harmattan, 2018.

Le code communautaire CEMAC, de la marine marchande de 2012, L'Harmattan, 2018.

La convention des Nations Unies pour un contrat de transport international des marchandises effectué entièrement ou particulièrement par mer dite « Règles de Rotterdam », L'Harmattan, 2013.

Le renouvellement du bail à usage professionnel des pays de la zone OHADA, L'Harmattan, 2013.

Destins maudits (roman), L'Harmattan, 2011.

5-7, rue de l'École-Polytechnique - 75005 Paris
www.editions-harmattan.fr
ISBN : 978-2-336-59025-7
EAN : 9782336590257

Dépôt légal : février 2026

PRÉFACE

L'ouvrage de Monsieur Eric Olivier Sébastien DIBAS-FRANCK « l'émergence de la gouvernance maritime en Afrique : l'apport de la République du Congo » arrive à un moment où les Etats africains pris ensemble sont plus que conscients des menaces et défis liés à l'espace maritime et océanique. C'est un moment où surtout, ils ont pris le pari de proposer des solutions pour une exploitation rationnelle, en toute sûreté et sécurité, respectant les équilibres écologiques et prenant en compte les intérêts des générations à venir.

C'est dire qu'une telle initiative était vivement souhaitée, donc attendue et ce, pour trois raisons au moins : D'abord parce que la région du Golfe de Guinée, riche en diverses matières, suscite la convoitise. Elle est exposée à des dangers récurrents comme en témoignent quelques actes de piraterie ces dernières années. Une réponse concertée des Etats dans cette zone s'impose.
Ensuite, on ne le dira jamais assez, l'activisme dont font preuve les dirigeants et experts Congolais à l'occasion des réunions sous-régionales et régionales n'est plus à démontrer. Il mériterait d'être connu de tous.
Le Congo est un Etat porte-étendard des recommandations et stratégies maritimes dans le continent. Il n'est donc pas sans intérêt que ses apports soient matérialisés.

Enfin, depuis cinq ans maintenant, le Congo a choisi d'implémenter l'action de l'Etat en mer et dans les eaux continentales partagées. C'est une vision novatrice sur le continent. Monsieur DIBAS-FRANCK bénéfice de la confiance du Président de la République. Il est Secrétaire Permanent du comité interministériel de l'action de l'Etat en mer et dans les eaux continentales.

C'est dire toute la justesse de Monsieur DIBAS-FRANCK de s'être attelé à cette tâche titanesque, dont l'ampleur ressort tant à travers le volume de son travail que ses champs d'investigation.

Le résultat de son travail n'aurait pas été possible sans la passion et l'amour qu'il a pour le maritime, mais aussi sans la rigueur et le professionnalisme qui l'ont toujours habité. Ses qualités scientifiques, pédagogiques reconnues de tous l'ont certainement aidé à surmonter les obstacles permettant d'atteindre l'objectif qu'il s'était assigné. Donner et rendre compte aujourd'hui et à la postérité des chantiers « maritimes » en cours en Afrique avec une contribution remarquable congolaise.

Il n'est donc pas étonnant que, malgré les nombreux obstacles rencontrés sur son chemin, Monsieur DIBAS-FRANCK nous livre un travail de grande qualité.

L'auteur explore l'apport du Congo au bénéfice de l'Afrique dans l'atteinte d'une meilleure gestion océanique. Cet apport trouve certainement sa maternité dans le « management stratégique de la mer », exhortation-invitation du Président de la République, Chef de l'Etat, Monsieur Denis SASSOU-N'GUESSO, le 29 octobre 1998 à Brazzaville, à l'occasion de la Conférence Ministérielle des Etats de l'Afrique de l'Ouest et du Centre sur les transports maritimes, renouvelé dans son programme de société « Ensemble, poursuivons la marche ».

Repenser le management de la mer, telle était l'ambition de l'ouvrage de Monsieur Eric Olivier Sébastien DIBAS-FRANCK. Le pari est gagné.

L'ouvrage de Monsieur DIBAS-FRANCK articule avec rigueur et profondeur trois fonctions cardinales du chercheur habilité : penser, transmettre, et instituer. Penser, à travers une déconstruction lucide des asymétries normatives, une relecture critique du droit international maritime et une anticipation méthodique des enjeux émergents liés à la gouvernance des mers, au développement durable et à la territorialisation du droit. Transmettre, par l'enseignement, la codification, la formation d'élites juridiques et l'encadrement de jeunes chercheurs appelés à prolonger ce souffle doctrinal. Instituer, enfin, en contribuant à la construction de normes africaines, à la consolidation d'institutions régionales et à la structuration d'une pensée juridique continentale assumée.

L'originalité de cette œuvre ne tient pas seulement à l'abondance ou à la qualité des publications, mais à la cohérence d'une vision fondée sur le croisement fécond entre droit, économie bleue, diplomatie maritime, anthropologie juridique et écologie des normes. Le droit maritime y est pensé comme une clef d'intelligibilité du monde globalisé, mais aussi comme un levier stratégique de souveraineté, d'intégration régionale et de justice intergénérationnelle. Le Congo, à travers ce parcours, n'est pas seulement un terrain d'étude : il devient un foyer de construction juridique, un laboratoire de l'universalisme africain, et un acteur normatif dans l'espace civilisationnel maritime.

Cet ouvrage appelle ainsi à une réinvention profonde des postures doctrinales dans les sciences juridiques africaines : sortir du mimétisme juridique hérité, affirmer une normativité créatrice, et inscrire le droit africain dans les dynamiques globales sans renier ses fondements historiques, culturels et sociaux. Il s'agit moins de revendiquer une rupture que de revendiquer une souveraineté méthodologique et épistémologique, capable de dialoguer avec les autres traditions juridiques du monde tout en restant fidèle à l'intelligence historique des peuples africains de la mer.

L'ensemble des travaux présentés dans cet ouvrage consacre ainsi une autorité scientifique construite dans la durée, portée par un engagement constant en faveur de l'excellence, de la transmission et de l'innovation juridique.

Nous ne pouvons évidemment pas rendre compte ici de la richesse et de la profondeur de la réflexion de Monsieur DIBAS-FRANCK mais notre propos est seulement d'introduire l'ouvrage pour inciter le lecteur à en prendre une connaissance approfondie. Cela lui sera d'autant plus facile que l'auteur prend soin tout au long de son œuvre d'annoncer la portée des développements qui vont suivre, de tirer des conclusions provisoires, d'approfondir les propositions énoncées auparavant à la lumière des développements suivants et d'éprouver le modèle congolais avec un grand souci de pédagogie bien utile pour un secteur aussi complexe et aussi vaste.

Pour conclure, on peut souhaiter que la publication de ce bel ouvrage lui permette de trouver sa place dans les politiques maritimes du continent africain, ce qui contribuera - à n'en point douter - à sa construction.

Quant à l'auteur, souhaitons-lui également un grand succès dans ses aventures tant académiques et professionnelles ainsi que dans les propositions d'élaboration des politiques des eaux continentales partagées tout comme de la mer.

Monsieur DIBAS-FRANCK met entre nos mains un texte de référence, complet dans sa structure qui aidera tous les acteurs impliqués dans la réflexion du devenir maritime du Congo, et partant, de l'Afrique, qu'ils soient « maritimistes » ou non. On y retrouve les convictions d'une personne de terrain couplées à la rigueur universitaire de l'écrivain. Il fait honneur à notre pays. Qu'il en soit vivement félicité.

Anatole Collinet MAKOSSO
Premier Ministre, Chef du Gouvernement
Président du comité interministériel de l'action de l'Etat en mer et dans les eaux continentales.

POSTFACE

L'ouvrage de Monsieur Eric DIBAS-FRANCK sur « l'émergence de la gouvernance maritime en Afrique : l'apport de la République du Congo » que l'on vient de lire est d'une grande richesse. Avant d'y revenir, nous voudrions souligner l'excellente maîtrise des concepts juridiques et méthodologiques dont l'auteur fait preuve. Cela apparaît déjà dans le plan suivi : contribution à l'émergence « attendue » ; contribution à l'émergence « voulue ». Cette manière de présenter le sujet autour de deux parties non pas qui s'opposent, mais qui se complètent permet de traiter de toute la matière et d'envisager toutes les questions qu'elle pose. Elle est également plus élégante que celle qui aurait consisté à évoquer le bilan des mesures prises, avant de dégager certaines perspectives. La parfaite maîtrise du sujet par l'auteur transpire également à travers le découpage des questions. Ainsi la première partie sur l'émergence attendue d'une bonne gouvernance maritime commence-t-elle par poser les enjeux et les fondements d'une telle ambition, avant de considérer le cas plus particulier de la République du Congo en exposant le cadre législatif, les données économiques et les potentialités du pays, sans oublier d'aborder des aspects plus sociologiques tenant à la présence du secteur informel et de tout ce qu'il englobe, notamment quant à la pêche et donc à ce point essentiel qui réside dans l'alimentation de la population et quant à certains services, dont ce que l'on pourrait appeler le petit transport.

La seconde partie s'ouvre sur des considérations plus politiques et insiste sur la nécessité de renforcer l'état de droit ainsi que l'organisation juridictionnelle, afin de structurer une bonne gouvernance maritime.

L'accent est mis à juste titre sur les besoins de formation, sur l'encadrement des personnels à terre et en mer, des personnels terrestres et des navigants, ainsi que sur les institutions appelées à administrer toutes les affaires maritimes. On notera aussi les développements très actuels consacrés à l'AIFM dont le rôle est si discuté aujourd'hui : doit-on se limiter à l'exploration des grands fonds marins ou faut-il en autoriser l'exploitation ? On connaît les controverses, les réserves exprimées notamment par la France, et l'on suivra avec le plus grand intérêt la position qui sera finalement prise par la République du Congo. Cette seconde partie, comme on l'a dit, se prolonge dans une longue et utile plaidoirie en faveur du renforcement de l'état de droit et de l'organisation juridictionnelle pour que toutes les questions soient mieux traitées sur le fondement de règles claires et protectrices. D'où des développements plus techniques sur les juridictions compétentes, étatiques comme arbitrales, juridictions arbitrales qui tiennent une place essentielle dans le monde maritime et dans le traitement des litiges, sur les autorités répressives dont le rôle est de plus en plus important, eu égard aux infractions de pollution, de piraterie ou encore, comme on le voit aujourd'hui, relatives au pavillon (cf. *dark fleet*). On ne peut pas relever non plus le plaidoyer de l'auteur en faveur d'un Acte uniforme de droit maritime. Il faut saluer cette initiative en espérant qu'elle sera suivie, quel que soit le travail que cela implique.

Il est naturellement impossible de rendre compte de l'intégralité du contenu de l'ouvrage de Eric DIBAS-FRANCK. Les questions abordées sont particulièrement « relevant », comme diraient nos amis Anglais. La gouvernance des mers et plus largement du monde maritime est une nécessité et il faut l'organiser autour de structures bien comprises et fondées sur les principes des textes fondamentaux, à l'exemple de la Convention de Montego Bay et des dispositions venues la compléter, à commencer par le récent traité *BBNJ*. Dans cette perspective, il est vraiment intéressant de connaître les atouts du Congo : ses ressources sont considérables, ses positions sont stratégiques en Afrique centrale et ses infrastructures en pleine modernisation, le port en eau profonde de Pointe Noire l'attestant amplement.

On retiendra, pour finir, les justes et utiles recommandations de l'auteur. On partagera volontiers la ligne politique proposée : « gouverner la mer aujourd'hui, est-il dit, ce n'est plus seulement réguler les navires ou surveiller les frontières : c'est édifier une architecture économique durable fondée sur l'innovation, la technologie, la préservation des écosystèmes et l'intégration des communautés côtières. » C'est pourquoi, « la gouvernance maritime du Congo est appelée à conjuguer cinq impératifs majeurs, « pour bâtir un avenir souverain, durable, compétitif, inclusif et innovant » et édifier un véritable « espace maritime » qui ne se réduit pas à une simple « périphérie négligée ». Cet espace est une chance et, une fois encore, un atout, pour la République du Congo. Ce sera sans doute aussi un modèle pour tout le continent africain.

On l'aura compris, l'ouvrage de Monsieur le Ministre DIBAS-FRANCK vient à point nommé après les conférences récentes des Nations Unies sur le droit de la mer. Une politique ambitieuse est tracée. Elle portera, nous en sommes persuadés, ses fruits, car au-delà de toutes ses virtualités et potentialités, et de la « chance » qu'elle offre aux générations à venir, la mer est un trait d'union entre les civilisations.

Philippe DELEBECQUE
Professeur émérite de l'Université Paris-I
(Panthéon-Sorbonne).

SOMMAIRE

INTRODUCTION

L'Afrique, dotée de vastes espaces maritimes couvrant plus de 13 millions de kilomètres carrés, voit aujourd'hui son avenir étroitement lié à la gestion durable et stratégique de ses ressources maritimes. Dans ce contexte, la gouvernance maritime s'impose comme un levier incontournable du développement durable et de l'intégration régionale. Le concept d'émergence, tel que défini par le Programme des Nations Unies pour le Développement (PNUD), renvoie à la capacité d'un pays ou d'une région à atteindre une transformation structurelle de son économie, tout en assurant une croissance inclusive et un développement humain durable. Ce processus repose sur la consolidation des institutions, la modernisation des infrastructures et l'amélioration du capital humain afin de positionner les États africains comme des acteurs compétitifs dans l'économie mondiale.

Le Congo, en tant que pays à forte vocation maritime avec un accès stratégique à l'océan Atlantique et une façade côtière essentielle au commerce sous-régional, se trouve au cœur des enjeux de cette gouvernance maritime émergente. Le port de Pointe-Noire, pivot du commerce international pour la région d'Afrique centrale, ainsi que l'exploitation de ressources halieutiques, pétrolières et énergétiques offshore, placent la République du Congo en première ligne des débats sur la sécurité et la sûreté maritimes, la préservation des écosystèmes côtiers et la structuration d'une économie bleue durable.

Cependant, pour que cette contribution congolaise soit pleinement intégrée dans la dynamique d'émergence africaine, plusieurs défis doivent être relevés. La gouvernance maritime doit conjuguer des impératifs de souveraineté, d'innovation technologique et d'inclusion sociale, tout en tenant compte des engagements environnementaux globaux, notamment ceux liés à l'Agenda 2030 des Nations Unies et à l'Agenda 2063 de l'Union africaine[1].

Cet ouvrage vise ainsi à analyser les termes du débat autour de l'émergence de la gouvernance maritime en Afrique en mettant en perspective le rôle spécifique du Congo. Il s'agit d'examiner les cadres politiques et institutionnels en place, les défis sécuritaires et économiques, ainsi que les opportunités de coopération régionale et internationale pour une gouvernance maritime efficace. L'ouvrage s'appuie sur les travaux du PNUD et des chercheurs spécialistes des questions maritimes qui, à travers leurs initiatives en matière de développement durable, de résilience côtière et d'économie bleue, offre un cadre analytique essentiel pour penser l'émergence de la gouvernance maritime africaine.

---

[1] Voir Union Africaine, Stratégie africaine intégré pour les mers et les océans à l'horizon 2050.

En définitive, alors que l'Afrique cherche à consolider son autonomie économique et stratégique, le Congo se positionne comme un acteur clé dans l'essor de cette gouvernance maritime, entre défis nationaux et dynamiques régionales. C'est à travers une approche intégrée, alliant sécurité, développement et coopération, que le pays pourra pleinement contribuer à l'émergence d'un modèle maritime durable et compétitif pour l'Afrique.

Objectif de l'ouvrage et sa portée

Cet ouvrage a pour objectif principal d'examiner la contribution de la République du Congo à l'émergence d'une gouvernance maritime en Afrique, en mettant en lumière les opportunités, les défis et les cadres stratégiques qui façonnent cette dynamique. Dans un contexte où l'économie bleue est de plus en plus perçue comme un levier de développement durable et d'intégration régionale, il devient crucial d'analyser comment le Congo peut s'inscrire dans cette transformation.

Ainsi, il vise à :

1. Analyser les cadres institutionnels et réglementaires qui structurent la gouvernance maritime en Afrique et au Congo en particulier, en identifiant les réformes nécessaires pour renforcer la gestion durable des ressources maritimes.

2. Évaluer les enjeux économiques et géostratégiques liés à l'exploitation des ressources maritimes (hydrocarbures offshore, pêche, transport maritime, biotechnologies marines) et leur contribution à la transformation structurelle de l'économie congolaise.

3. Étudier les défis sécuritaires et environnementaux liés à la piraterie, à la pollution marine, au changement climatique et à la préservation des écosystèmes côtiers, en tenant compte des engagements internationaux du Congo et de l'Afrique.

4. Explorer les mécanismes de coopération régionale et internationale, notamment à travers les initiatives de l'Union africaine, de la CEEAC et des Nations Unies, pour une gouvernance maritime intégrée et efficace.

5. Mettre en perspective les recommandations stratégiques pour une meilleure intégration du Congo dans l'économie maritime mondiale, tout en assurant un développement inclusif et durable.

Ainsi, l'ouvrage s'attache à comprendre comment le Congo peut non seulement bénéficier de l'essor de la gouvernance maritime africaine, mais aussi y jouer un rôle moteur en mobilisant ses atouts économiques, géographiques et institutionnels.

Par ailleurs, il s'inscrit dans une démarche à la fois analytique et prospective, en croisant différentes approches disciplinaires (économie, droit maritime, relations internationales, géopolitique et environnement). Son importance réside dans sa capacité à fournir :

- Une contribution académique et scientifique, en enrichissant la littérature existante sur la gouvernance maritime en Afrique et en mettant en évidence les particularités du modèle congolais.
- Un outil stratégique pour les décideurs publics, en proposant des pistes de réforme et de renforcement des politiques publiques liées à la gestion maritime et à l'économie bleue.
- Un cadre de réflexion pour les partenaires internationaux et le secteur privé, en identifiant les opportunités d'investissement et les perspectives de coopération en lien avec la gouvernance maritime durable.
- Une sensibilisation aux enjeux maritimes, à destination de la société civile et des acteurs locaux, afin de mieux intégrer la population congolaise dans la valorisation et la préservation du patrimoine maritime national.

En définitive, cet ouvrage entend démontrer que la gouvernance maritime n'est pas seulement une question de sécurité ou d'exploitation des ressources naturelles, mais qu'elle constitue un véritable levier de transformation économique et d'intégration régionale pour le Congo et l'Afrique. En plaçant la notion d'émergence au cœur du débat, il met en lumière le rôle central que peut jouer la République du Congo dans la consolidation d'un modèle maritime africain innovant, durable et compétitif sur la scène internationale.

Méthodologie et cadre théorique

L'approche méthodologique adoptée dans cet ouvrage repose sur une analyse pluridisciplinaire combinant des méthodes qualitatives et quantitatives afin d'examiner la contribution du Congo à l'émergence de la gouvernance maritime en Afrique.

1. Revue de littérature et analyse documentaire

    - L'ouvrage s'appuie sur une analyse approfondie des cadres réglementaires et politiques internationaux, continentaux et nationaux relatifs à la gouvernance maritime, notamment ceux élaborés par les Nations Unies, l'Union africaine (Agenda 2063 et Stratégie AIM 2050), la Communauté Économique des États de l'Afrique Centrale (CEEAC) et la République du Congo.
    - L'étude des publications académiques, des rapports d'organisations internationales (PNUD, Banque mondiale, OCDE, Commission de l'Union africaine) et des recherches sur l'économie bleue, la sécurité maritime et le développement durable.

2. Études de cas et analyses comparatives

    - Une comparaison avec les modèles de gouvernance maritime de pays ayant réussi à structurer une économie bleue performante (Maurice, Sénégal, Afrique du Sud) afin d'identifier les meilleures pratiques et les enseignements pertinents pour le Congo.
    - Une analyse spécifique du cas du Congo, avec une évaluation de ses infrastructures portuaires, de ses capacités institutionnelles et des défis liés à la gestion de ses ressources maritimes.

3. Entretiens et enquêtes qualitatives

    - Des entretiens semi-directifs seront menés avec des acteurs clés : responsables gouvernementaux, experts en économie bleue, chercheurs, représentants d'organisations internationales, acteurs du secteur privé maritime et de la société civile.
    - Des enquêtes de terrain auprès des communautés côtières afin de mieux comprendre les dynamiques socio-économiques liées à l'exploitation des ressources maritimes et à la gouvernance locale des espaces marins.

4. Analyse des données statistiques et économiques

    - Recueil et analyse des données macroéconomiques et sectorielles sur la contribution des industries maritimes au PIB du Congo.

    - Évaluation des tendances du commerce maritime, de la pêche industrielle et artisanale, ainsi que des flux d'investissement dans les infrastructures maritimes.

5. Approche prospective et recommandations stratégiques

    - En s'appuyant sur les analyses réalisées, l'ouvrage développera des scénarios prospectifs pour la consolidation d'une gouvernance maritime efficace au Congo.

    - Élaboration de recommandations stratégiques à destination des décideurs politiques, du secteur privé et des partenaires au développement.

    Au plan de la théorie, l'analyse de la gouvernance maritime et de son émergence dans le contexte congolais s'appuie sur plusieurs cadres théoriques complémentaires :

1. Théorie du développement durable et de l'économie bleue

    - Inspirée par les travaux du PNUD et de la Banque mondiale, cette approche met en avant la nécessité d'une exploitation durable des ressources maritimes tout en garantissant une croissance inclusive.

    - L'économie bleue est considérée comme un levier stratégique pour l'émergence économique des pays côtiers africains, à condition qu'elle s'appuie sur des politiques de préservation des écosystèmes marins.

2. Théorie de la gouvernance multi-niveaux

    - Cette approche permet de comprendre comment différents acteurs (État, organisations régionales, institutions internationales, secteur privé, société civile) interagissent pour structurer la gouvernance maritime.

    - Elle souligne l'importance des cadres réglementaires internationaux (Convention des Nations Unies sur le droit de la mer, accords régionaux africains) et leur impact sur les politiques nationales.

3. Théorie de la géopolitique maritime

    - Elle met en évidence le rôle stratégique des espaces maritimes congolais dans le commerce international, la sécurité énergétique et les enjeux de souveraineté.

    - L'ouvrage analysera comment le Congo peut renforcer sa position dans la gouvernance maritime régionale et mondiale, notamment à travers la coopération avec la CEEAC et l'Union africaine.

4. Théorie institutionnelle et de la bonne gouvernance

    - Ce cadre permet d'examiner les capacités institutionnelles du Congo en matière de gestion maritime et d'évaluer les réformes nécessaires pour améliorer l'efficacité des politiques publiques.

    - L'accent sera mis sur la transparence, la lutte contre la corruption, la modernisation des infrastructures et l'amélioration du cadre juridique pour attirer les investissements.

5. Théorie du développement endogène et des ressources naturelles

    - Elle souligne l'importance de valoriser les ressources maritimes locales pour un développement autosuffisant et inclusif.

- Le rôle des communautés côtières et des acteurs locaux sera étudié afin de garantir une appropriation durable des initiatives de gouvernance maritime.

En combinant ces approches théoriques, cet ouvrage propose une réflexion approfondie sur les conditions nécessaires pour que la gouvernance maritime en Afrique, et particulièrement au Congo, s'inscrive dans une véritable dynamique d'émergence et de développement durable.

Etat de l'art de la gouvernance maritime en Afrique

La gouvernance maritime en Afrique a été largement étudiée ces dernières années, avec un accent particulier sur les défis et les opportunités liés à la gestion des espaces maritimes. La Stratégie africaine intégrée pour les mers et les océans à l'horizon 2050 (Stratégie AIM 2050) de l'Union africaine, adoptée en 2012, vise à promouvoir une exploitation durable des ressources maritimes du continent. Cette stratégie souligne l'importance d'une approche coordonnée pour renforcer la sécurité maritime et développer l'économie bleue en Afrique[2] (Union africaine, 2012).

En 2016, la Charte de Lomé a été adoptée lors d'une session extraordinaire de la Conférence de l'Union africaine. Cet instrument juridique panafricain établit une nouvelle architecture pour la sûreté et la sécurité maritimes, tout en définissant les modalités de développement de l'économie bleue sur le continent. Cependant, des défis subsistent quant à sa mise en œuvre effective, notamment en raison de la diversité des cadres juridiques nationaux et des ressources limitées dédiées à la surveillance maritime[3].

Des initiatives internationales ont également été mises en place pour soutenir la gouvernance maritime en Afrique. Par exemple, l'Union européenne a lancé le programme "Gulf of Guinea Action Plan 2015-2020" visant à renforcer la sécurité maritime dans le golfe de Guinée. Ce plan met l'accent sur la coopération régionale et le renforcement des capacités des États côtiers pour lutter contre la piraterie et les activités maritimes illégales. Néanmoins, des obstacles persistent, tels que le sous-financement et les rivalités interétatiques qui entravent une collaboration efficace.

---

[2]Voir COUSSOUD-MAVOUNGOU Martin Parfait Aimé (2017), *Pour une marine marchande au service du développement*, Editions L'Harmattan, p-255 et s.

[3] NGO BAHA Esther (2022), « *La gouvernance marine dans le Golfe de Guinée* », Centre de Droit Maritime et Océanique, disponible sur : https://cdmo.univ-nantes.fr/medias/fichier/esther-ngo-baha-la-gouvernance-marine-dans-le-golfe-de-guinee_1662985820519.pdf].

Une autre initiative en faveur de la gouvernance maritime en Afrique est l'accord dit de Samoa,[4] qui a établi un partenariat stratégique global mettant particulièrement en avant la dimension maritime. Ce partenariat, liant l'Union européenne et ses États membres aux pays de l'Organisation des États d'Afrique, des Caraïbes et du Pacifique (OEACP), offre un instrument adapté pour la coopération en matière de sécurité notamment la lutte contre la piraterie, les trafics illicites, la surveillance des zones maritimes vulnérables, le contrôle des navires, etc. Il permet aussi de mobiliser des financements et des programmes d'adaptation aux effets du changement climatique : montée du niveau de la mer, submersion, catastrophes côtières, érosion, etc[5].

L'architecture de Yaoundé de 2013 reste encore à consolider.

Un rapport de l'Organisation hydrographique internationale (OHI) de 2021 souligne que le développement de l'hydrographie et de la cartographie marine en République du Congo est contrasté. Bien que des structures existent, elles disposent de moyens limités et manquent de coordination nationale efficace. La création récente du Secrétariat Permanent du Comité Interministériel de l'Action de l'État en Mer et dans les Eaux Continentales (SEPCIM AEMEC) vise à améliorer cette coordination, mais des défis persistent en matière de ressources humaines et matérielles (OHI, 2021).[6]

Concernant la République du Congo, le pays dispose d'un littoral de 170 km le long de l'océan Atlantique, avec le port en eau profonde de Pointe-Noire servant de plaque tournante pour le transit et le transbordement dans la sous-région. Malgré cet atout géostratégique, le Congo n'exploite pas pleinement son potentiel maritime en raison de défis infrastructurels et organisationnels (Direction générale du Trésor, 2019).

---

[4] Signé le 15 novembre 2023 à Apia aux îles Samoa et appliqué provisoirement depuis le 1er janvier 2024, l'accord de Samoa a succédé à l'accord de Cotonou (2000-2023), lui-même successeur de la Convention de Lomé.

[5]COATNOAN Marie (2024), « Premières réflexions sur l'accord de Samoa. Vers une évolution du paradigme des relations UE-OEACP ? », mis en ligne le 26 avril 2024, Revue Journal d'Actualité de Droit International Européen, disponible sur : https://revue-jadie.eu/article/view/8106

[6] Voir E. DIBAS-FRANCK, l'action de l'Etat en mer et dans les eaux continentales, Mélanges en l'honneur de Philippe Delebecque, éditions Lefebvre Dalloz, 2024-(2024), « Anatomie de l'action de l'État en mer et dans les eaux continentales au Congo » In Écrits sans esprit de système, *Mélanges en l'honneur de Philippe Delebecque*, sous la direction scientifique de Nicolas BALAT, Pierre BONASSIES, Claude BRENNER et Muriel FABRE-MAGNAN, Éditions Lefebvre Dalloz, pp. 45-468 ; voir également Expertise France (2024), *Expertise dans le domaine de l'Action de l'Etat en Mer (H/F),* disponible sur : https://expertise-france.gestmax.fr/10713/1/expert-e-dans-le-domaine-de-l-action-de-l-etat-en-mer-h-f].

Malgré ces avancées, des défis subsistent. La porosité des frontières maritimes et la faiblesse des moyens de surveillance rendent difficile la lutte contre les activités illégales en mer, telles que la pêche illégale non réglementée et la piraterie (Dahou, 2010). De plus, la mise en œuvre effective des politiques maritimes est souvent entravée par un manque de ressources financières et humaines, ainsi que par une coordination insuffisante entre les différentes entités gouvernementales.

L'étude de la gouvernance maritime en Afrique, et en particulier du rôle du Congo, est un domaine encore sous-exploré dans la littérature scientifique et les rapports institutionnels. La plupart des travaux existants (Cormier-Salem & Dahou, 2010 ; Ngo Baha, 2022) se concentrent sur les défis institutionnels, sécuritaires et environnementaux de la gouvernance maritime en Afrique, mais sans offrir une analyse approfondie du cas spécifique du Congo.

L'ouvrage répond ainsi à un besoin de documentation et d'analyse stratégique sur :

- Le positionnement du Congo dans la gouvernance maritime régionale et son rôle en Afrique centrale et dans le golfe de Guinée.

- Les interactions entre les politiques nationales et régionales, en lien avec les initiatives africaines (Stratégie AIM 2050) et les engagements internationaux du pays.
- Les liens entre l'économie bleue et la transformation structurelle du Congo, notamment en lien avec la diversification économique et les industries maritimes émergentes.

En proposant une analyse contextualisée et adaptée aux spécificités congolaises, l'ouvrage comble une lacune importante dans les études sur la gouvernance maritime africaine et contribue à orienter les politiques publiques et les investissements dans le secteur maritime du pays.

Le choix du sujet s'inscrit dans plusieurs dynamiques récentes qui renforcent son importance :

- Les défis croissants de la sécurité maritime dans le golfe de Guinée L'augmentation des actes de piraterie, du trafic illicite et de la pêche illégale dans la région pousse les États côtiers à renforcer leurs politiques maritimes. L'ouvrage s'inscrit donc dans un débat actuel et urgent sur la souveraineté maritime du Congo et les efforts régionaux de sécurisation maritime.

- L'essor de l'économie bleue comme levier d'émergence en Afrique Avec l'Agenda 2063 de l'Union africaine et les initiatives du PNUD pour soutenir une croissance durable basée sur les ressources maritimes, l'économie bleue est devenue un axe central du développement en Afrique.

L'ouvrage apporte une perspective sur la manière dont le Congo peut mieux structurer son économie maritime pour en tirer des bénéfices.

- Les engagements internationaux du Congo en matière de durabilité et de gouvernance maritime.

  La ratification par le Congo de la Convention du travail maritime (OIT, 2014) et sa participation à divers accords régionaux montrent un engagement croissant en faveur d'une meilleure gestion de ses espaces maritimes. L'ouvrage permet d'évaluer la mise en œuvre effective de ces engagements[7].

- Le développement des infrastructures maritimes et portuaires congolaises.

Avec l'expansion du port de Pointe-Noire et les investissements en cours dans le secteur portuaire, l'ouvrage s'inscrit dans une réflexion stratégique sur l'optimisation des infrastructures et la modernisation des services maritimes au Congo.

En s'alignant sur ces tendances contemporaines, l'ouvrage constitue une référence à jour sur les dynamiques actuelles de la gouvernance maritime en Afrique et au Congo en particulier.
L'ouvrage apporte une valeur ajoutée multidimensionnelle qui dépasse l'état de l'art existant en intégrant des éléments empiriques, prospectifs et stratégiques.

- Une approche interdisciplinaire et analytique

Contrairement aux études existantes qui se concentrent principalement sur un seul aspect (sécurité, économie ou environnement), l'ouvrage adopte une approche globale qui combine économie, géopolitique, droit maritime et développement durable pour proposer une vision intégrée de la gouvernance maritime congolaise.

- Une analyse basée sur des données récentes et des études de terrain

L'ouvrage mobilise des données actualisées sur les flux maritimes, les politiques publiques et les initiatives internationales. Il s'appuie également sur des enquêtes qualitatives et des entretiens avec les acteurs du secteur maritime pour apporter des perspectives inédites sur les défis et opportunités du Congo.

---

[7] Organisation internationale du Travail. (2014). *La République du Congo ratifie la convention du travail maritime, 2006 (MLC, 2006).* https://www.ilo.org/fr/resource/news/la-republique-du-congo-ratifie-la-convention-du-travail-maritime-2006-mlc

- Un éclairage spécifique sur la gouvernance maritime congolaise

Alors que la plupart des études sur la gouvernance maritime africaine restent générales et globales, cet ouvrage apporte un focus détaillé sur le Congo, permettant d'identifier des stratégies adaptées au contexte local et aux ambitions nationales d'émergence.

- Des recommandations stratégiques et opérationnelles

L'ouvrage ne se limite pas à un état des lieux, mais propose des solutions concrètes et des recommandations à destination des décideurs politiques, des investisseurs, des partenaires internationaux et des acteurs locaux. Il s'agit ainsi d'un outil d'aide à la décision qui pourrait influencer les futures orientations stratégiques du pays en matière de gouvernance maritime.

- Une perspective prospective sur l'avenir de la gouvernance maritime congolaise

En anticipant les tendances à venir et en développant des scénarios prospectifs, l'ouvrage permet d'identifier les axes de développement futurs et d'orienter la planification stratégique à moyen et long terme pour une gouvernance maritime plus efficace.

En s'appuyant sur l'état de l'art et en comblant les lacunes des travaux existants, cet ouvrage constitue une contribution essentielle à la réflexion sur la gouvernance maritime en Afrique et au Congo. Son actualité, sa pertinence contextuelle et son approche multidimensionnelle en font une référence utile pour la recherche, la politique publique et les stratégies d'investissement dans le secteur maritime congolais.[8]
L'ouvrage ne se contente pas d'analyser l'existant, mais apporte une valeur ajoutée à la fois empirique, stratégique et prospective, permettant ainsi de mieux positionner le Congo dans la dynamique d'émergence d'une gouvernance maritime efficace en Afrique.

---

[8] CORMIER-SALEM Marie-Christine, DAHOU Tarik (2009) (dir.), « Gouverner la mer États, pirates, sociétés », Politique Africaine, Le dossier, n°116, décembre, p.4. et s.

PREMIERE PARTIE

UNE CONTRIBUTION A L'EMERGENCE ATTENDUE

Dans cette première partie, nous examinerons d'abord les enjeux et fondements de la gouvernance maritime en Afrique, ensuite la façade maritime du Congo et ses potentialités.

TITRE 1

Enjeux et fondements de la gouvernance maritime en Afrique

Nous examinerons d'abord la définition et les enjeux de la gouvernance maritime, ensuite montrerons le cadre juridique et institutionnel de cette gouvernance en Afrique, enfin le cadre judiciaire et la nécessité d'une législation.

CHAPITRE 1

Gouvernance maritime : Définition et enjeux

Les océans et mers recouvrent plus de 70 % de la surface de la terre et constituent des espaces stratégiques aux dimensions multiples : économiques, environnementales, géopolitiques et sécuritaires. La gouvernance maritime s'impose ainsi comme un cadre de gestion essentiel pour assurer une exploitation durable et sécurisée des ressources marines. Elle repose sur un ensemble de mécanismes, de politiques et de réglementations qui visent à concilier les intérêts des États, des organisations internationales, du secteur privé et de la société civile. Historiquement façonnée par des doctrines juridiques et économiques majeures, la gouvernance maritime a progressivement évolué pour intégrer des préoccupations environnementales et sécuritaires croissantes[9]. Ce chapitre propose d'analyser les fondements et les enjeux de cette gouvernance, en mettant en lumière les principaux défis liés à la sécurité et à la sûreté maritime, la gestion durable des ressources, le développement économique et la coopération internationale.

Section 1 : Concept de la gouvernance maritime

Sous-Section 1.1. Définition de la gouvernance maritime

La gouvernance maritime désigne l'ensemble des mécanismes, politiques, règlements et institutions visant à encadrer l'utilisation durable des espaces maritimes et des ressources marines. Elle repose sur une approche multidimensionnelle impliquant divers acteurs, notamment les États, les organisations internationales, le secteur privé et la société civile. Cette gouvernance s'appuie sur des cadres juridiques internationaux comme la Convention des Nations Unies sur le droit de la mer (CNUDM) et vise plusieurs

[9] ATTALI Jacques (2017), *Histoire de la mer*, Editions Fayard, p.11 et s.

objectifs : la sécurité maritime, la protection des écosystèmes marins, la gestion durable des ressources halieutiques, la lutte contre les activités illicites et la promotion de la coopération régionale et internationale[10].

La gouvernance maritime est une notion qui a évolué au fil du temps, intégrant des dimensions juridiques, économiques, environnementales et sécuritaires. À travers l'histoire, plusieurs théories et doctrines ont façonné cette discipline, allant de la liberté des mers à la gestion intégrée des océans. Cette évolution s'explique par les transformations géopolitiques, les avancées technologiques et les défis environnementaux croissants.

L'objectif de cette analyse est d'examiner les principales doctrines qui ont influencé la gouvernance maritime, en mettant en lumière les contributions de penseurs majeurs et en retraçant l'évolution des concepts qui structurent cette discipline aujourd'hui.

Paragraphe 1 : Les Fondements de la gouvernance maritime : De la doctrine de la liberté des mers au Droit International.

A. La liberté des mers : Hugo Grotius et la naissance du droit maritime moderne

La pensée classique de la gouvernance maritime trouve ses racines dans l'ouvrage de Hugo Grotius, Mare Liberum (1609). Grotius soutenait que les mers devaient rester libres et accessibles à tous, en opposition aux revendications territoriales de certaines puissances coloniales. Cette doctrine a influencé la structuration du droit international maritime, favorisant l'idée d'un espace ouvert pour le commerce et la navigation.

Toutefois, cette vision a été contestée par d'autres théoriciens, notamment John Selden dans Mare Clausum (1635), qui défendait la souveraineté des États sur leurs eaux adjacentes. Cette opposition entre la liberté des mers et la souveraineté maritime a marqué les débats sur la gouvernance des océans pendant des siècles.

B. L'institutionnalisation du droit maritime : la Convention des Nations Unies sur le Droit de la Mer (UNCLOS)

Avec l'essor du droit international, la gouvernance maritime a été progressivement encadrée par des traités et accords multilatéraux. L'UNCLOS, adoptée le 10 décembre 1982 sous l'égide des Nations Unies, représente une

[10] Voir FORTEAU Mathias, THOUVENIN Jean-Marc (2017), *Traité de droit international de la mer*, Editions A. Pedone, p.54 et s.

étape majeure dans la structuration du régime juridique des océans (United Nations, 1982). Elle définit des zones maritimes précises, comme les eaux territoriales, la zone économique exclusive (ZEE) et le plateau continental, tout en fixant les règles relatives à l'exploitation des ressources marines et à la liberté de navigation. Cette convention a été ratifiée par le Congo le 30 janvier 2008.

Paragraphe 2 : L'approche économique et écologique de la gouvernance maritime

A. L'économie bleue et la gestion durable des ressources marines

À partir du XXe siècle, la gouvernance maritime s'est élargie pour inclure des dimensions économiques et environnementales. Kenneth Boulding (1966), dans The Economics of the Coming Space ship Earth, a introduit l'idée de l'économie circulaire appliquée aux ressources naturelles, incluant les océans (Boulding, 1966). Cette approche a inspiré le concept d'économie bleue, promu par des organisations comme la Banque mondiale et l'ONU pour encourager une exploitation durable des ressources marines.

De plus, Elinor Ostrom (1990) a développé la théorie de la gestion des biens communs, expliquant que les ressources naturelles, y compris les océans, peuvent être efficacement gérées par des communautés locales à travers des institutions adaptées (Ostrom, 1990). Son travail a influencé les politiques de gestion participative des zones maritimes protégées et des pêcheries durables.

B. Les enjeux environnementaux et la gouvernance maritime intégrée

Avec la montée des préoccupations climatiques, la gouvernance maritime a intégré des principes environnementaux. L'approche de la gestion intégrée des zones côtières (GIZC) souligne la nécessité de coordonner les politiques maritimes avec les impératifs écologiques et socio-économiques. Cette vision globale est aujourd'hui adoptée dans plusieurs cadres internationaux, notamment dans les stratégies maritimes de l'Union européenne et de la Commission Océanographique Intergouvernementale.

Paragraphe 3 : La sécurité maritime et la géopolitique des océans

A. La maritimisation de la géopolitique

Dans le domaine de la géopolitique maritime, Alfred Thayer Mahan (1890) a développé la théorie du Sea Power, selon laquelle la puissance d'une nation repose sur sa capacité à dominer les mers. Cette doctrine a influencé les stratégies navales des grandes puissances, notamment les États-Unis et le Royaume-Uni.
Nicholas Spykman (1944) a poursuivi cette réflexion en intégrant les océans dans sa théorie du Rimland, qui considère que le contrôle des régions côtières est

essentiel à la domination mondiale. Ces idées ont façonné la politique maritime contemporaine, notamment dans le cadre des tensions en mer de Chine méridionale et dans l'Arctique.

B. La lutte contre les menaces maritimes contemporaines

Aujourd'hui, la gouvernance maritime intègre une dimension sécuritaire essentielle, notamment face à des défis comme la piraterie, le terrorisme maritime et le trafic illicite. Bueger et Edmunds (2017) ont mis en avant l'importance des régimes de sécurité maritime, qui impliquent une coopération entre États et organisations internationales pour garantir la sûreté des routes maritimes (Bueger & Edmunds, 2017).

La montée des tensions en mer Noire et en mer de Chine méridionale illustre l'importance de ces régimes de sécurité, qui nécessitent une gouvernance maritime efficace et coordonnée (Klein, 2011).

L'évolution de la gouvernance maritime reflète les transformations des relations internationales, des préoccupations environnementales et des impératifs économiques. D'une approche fondée sur la liberté des mers à une gouvernance intégrée prenant en compte la durabilité et la sécurité, cette discipline a su s'adapter aux défis du XXIe siècle.
L'avenir de la gouvernance maritime dépendra de la capacité des États et des organisations internationales à concilier exploitation économique et préservation des écosystèmes, tout en assurant la stabilité géopolitique des espaces marins. Une approche globale et coopérative demeure essentielle pour relever ces défis et garantir un avenir durable aux océans.

Sous-Section 1.2. Enjeux de la gouvernance maritime

La gouvernance maritime revêt une importance stratégique dans un monde globalisé, où les océans couvrent plus de 70 % de la surface terrestre et jouent un rôle clé dans l'économie, l'environnement et la sécurité internationale. Les espaces maritimes sont le théâtre d'échanges commerciaux majeurs, d'une exploitation intensive des ressources naturelles et de défis sécuritaires croissants. Cependant, ils font face à des menaces multiples, allant de la piraterie à la pollution marine, en passant par les conflits liés à l'exploitation des ressources halieutiques et offshore[11].
Dans ce contexte, la gouvernance maritime doit répondre à plusieurs défis interdépendants : assurer la sécurité des mers, garantir une gestion durable des

[11] Voir MOMBO Mivy-Grady (2024), *La gouvernance de la sûreté et de la sécurité maritime dans le Golfe de Guinée*, Thèse doctorat Nantes Université, p.11 et s.

ressources marines, promouvoir le développement économique à travers l'économie bleue et renforcer la coopération régionale et internationale. Comment concilier ces objectifs afin d'assurer une gouvernance efficace et équilibrée des espaces maritimes ?

Pour répondre à cette question, cette réflexion s'articulera autour de quatre axes : la sécurité maritime, la gestion durable des ressources, le développement économique et la coopération internationale.

Paragraphe 1 : La sécurité maritime : un enjeu de stabilité et de souveraineté

L'un des premiers défis de la gouvernance maritime concerne la sécurité des espaces marins. Les menaces telles que la piraterie, la contrebande, le terrorisme maritime et la traite des êtres humains mettent en péril la stabilité des États côtiers et la libre circulation des marchandises.
Tout d'abord, la piraterie reste un problème majeur, particulièrement dans des régions comme le golfe de Guinée et le détroit de Malacca. Ces actes criminels perturbent les routes commerciales et occasionnent des pertes économiques considérables. Pour y remédier, plusieurs initiatives ont été mises en place, notamment des patrouilles maritimes conjointes et des accords internationaux tels que le Code de conduite de Yaoundé en Afrique de l'Ouest et du Centre.

Ensuite, les espaces maritimes sont aussi exploités par des réseaux criminels impliqués dans le trafic de drogues, d'armes et la traite des êtres humains. Ces menaces nécessitent une surveillance accrue et une coopération renforcée entre les États côtiers afin d'empêcher leur prolifération.

Enfin, la sécurité maritime repose sur un cadre juridique solide. La Convention des Nations Unies sur le droit de la mer (UNCLOS) établit les règles régissant l'exploitation et la gestion des espaces maritimes, notamment en définissant les zones économiques exclusives (ZEE). Le respect de ces normes internationales est essentiel pour prévenir les conflits et garantir un usage équitable des ressources marines[12].

Paragraphe 2 : La gestion durable des ressources marines : Un défi écologique et économique.

Les océans abritent une biodiversité exceptionnelle et des ressources naturelles vitales pour des millions de personnes. Cependant, leur surexploitation et la pollution marine menacent gravement leur équilibre. Une gouvernance maritime efficace doit donc promouvoir une gestion durable des ressources.

---

[12] DIBAS-FRANCK Eric,Olivier Sébastien (2023), (Sous la dir.), *La construction maritime au Congo*, Editions L'Harmattan,p.179 et s.

D'abord, la préservation de la biodiversité est cruciale pour maintenir l'équilibre des écosystèmes marins. La pollution par les hydrocarbures, les plastiques et les produits chimiques entraîne une dégradation accélérée des océans. La mise en place d'aires marines protégées (AMP) et la réglementation des activités industrielles en mer sont des mesures essentielles pour limiter ces impacts.

Ensuite, l'exploitation responsable des ressources halieutiques est un enjeu majeur. La pêche illégale, non déclarée et non réglementée (INN) met en péril les stocks de poissons et la sécurité alimentaire des populations côtières. Des solutions comme le contrôle satellitaire des navires de pêche et l'imposition de quotas permettent de mieux gérer cette ressource fragile.

Enfin, la lutte contre la pollution maritime est une priorité. Les marées noires, le rejet de substances toxiques et la pollution plastique nécessitent des actions coordonnées à l'échelle internationale. L'Organisation maritime internationale (OMI) joue un rôle clé en imposant des normes environnementales aux industries maritimes pour limiter ces risques.

Paragraphe 3 : Le développement économique et l'essor de l'économie bleue

Au-delà des enjeux sécuritaires et environnementaux, la gouvernance maritime doit aussi favoriser le développement économique des régions côtières à travers le concept d'économie bleue. Cette approche vise à exploiter les ressources marines de manière durable afin de générer de la croissance tout en préservant les écosystèmes marins.

L'économie bleue repose sur plusieurs secteurs clés : la pêche, l'aquaculture, le tourisme côtier, les énergies marines renouvelables et le transport maritime. Par exemple, l'essor des éoliennes offshore et de la culture des algues montre qu'un équilibre entre exploitation et durabilité est possible.

Par ailleurs, le développement des infrastructures maritimes et portuaires est un moteur essentiel du commerce international. Les ports modernes investissent dans la digitalisation et la réduction de leur empreinte carbone, à l'image des ports de Rotterdam et Singapour. Ces évolutions permettent d'optimiser les échanges et d'améliorer la compétitivité des nations dépendant du commerce maritime.
Cependant, l'exploitation des ressources offshore pose un dilemme. L'extraction de pétrole, de gaz et de minerais sous-marins offre des perspectives économiques importantes, mais elle présente des risques environnementaux élevés. Une régulation stricte est donc nécessaire pour concilier rentabilité et protection des océans.

Paragraphe 4 : La Coopération régionale et internationale : vers une gouvernance concertée des espaces maritimes.

Les défis maritimes ne peuvent être relevés sans une coopération efficace entre les États. La gouvernance maritime repose ainsi sur la mise en place de cadres juridiques et d'initiatives communes visant à harmoniser les réglementations et à renforcer la sécurité des espaces maritimes.

L'harmonisation des cadres juridiques est essentielle pour assurer une gestion cohérente des ressources marines. L'Union européenne, par exemple, a mis en place des règles strictes en matière de pêche durable, tandis que l'OMI encadre le transport maritime pour réduire les émissions polluantes.

Par ailleurs, la coopération en matière de surveillance maritime s'est renforcée ces dernières années. Des missions navales multinationales et des programmes de surveillance satellitaire ont été mis en place pour lutter contre la piraterie et les activités illicites. L'échange d'informations entre États permet de détecter plus rapidement les menaces et d'y répondre efficacement.

Enfin, les organisations internationales et accords régionaux jouent un rôle clé dans la coordination des politiques maritimes. L'ONU, l'OMI et des initiatives régionales comme la Commission du Golfe de Guinée facilitent le dialogue et le soutien aux États côtiers pour une exploitation plus durable et sécurisée des océans.

La gouvernance maritime est un enjeu majeur qui nécessite une approche intégrée, combinant sécurité, développement économique, protection de l'environnement et coopération internationale. La mise en place de réglementations adaptées, l'innovation technologique et la collaboration entre États sont des leviers essentiels pour assurer la durabilité des espaces maritimes.

Dans un contexte de changement climatique et de tensions géopolitiques croissantes, il est impératif d'adopter des stratégies efficaces pour préserver les océans tout en garantissant leur contribution au développement mondial. L'avenir de la gouvernance maritime repose donc sur un équilibre entre exploitation et préservation, coopération et souveraineté, afin d'assurer un avenir durable aux générations futures.

Section 2 : Importance des espaces maritimes pour l'Afrique

Avant d'analyser l'importance des espaces maritimes, il convient d'abord d'en définir l'emprise. En effet, l'espace maritime désigne l'ensemble des zones maritimes relevant de la juridiction et de l'exploitation d'un État ou d'une communauté internationale. Il comprend les eaux intérieures, la mer territoriale, la zone contiguë, la zone économique exclusive (ZEE) et le plateau continental, telles que définies par la Convention des Nations unies sur le droit de la mer (CNUDM) de 1982.

D'un point de vue juridique et géopolitique, les espaces maritimes sont structurés comme suit[13] :

1. Eaux intérieures : Comprennent les ports, baies, lagunes et estuaires sous souveraineté totale de l'État côtier.
2. Mer territoriale : Zone s'étendant jusqu'à 12 milles marins (22,2 km) où l'État côtier exerce une pleine souveraineté, tout en permettant le passage inoffensif des navires étrangers.
3. Zone contiguë : S'étend jusqu'à 24 milles marins (44,4 km) où l'État peut appliquer certaines lois en matière de douane, immigration et pollution.
4. Zone économique exclusive (ZEE) : Jusqu'à 200 milles marins (370,4 km) où l'État côtier a des droits exclusifs sur l'exploration et l'exploitation des ressources marines et sous-marines.
5. Plateau continental : Prolongement naturel du territoire terrestre sous-marin où un État peut exploiter les ressources du sous-sol marin, pouvant s'étendre au-delà de 200 milles sous certaines conditions.

Sur le plan économique et stratégique, les espaces maritimes jouent un rôle clé dans le commerce international, la pêche, l'exploitation des ressources énergétiques et la sécurité régionale. Toutefois, leur gouvernance est soumise à des défis tels que la délimitation des frontières maritimes, la sécurité, la gestion des ressources et la protection de l'environnement.

Sous-section 1 : un enjeu économique et stratégique

L'importance des espaces maritimes africains est indéniable d'un point de vue économique et stratégique. Avec plus de 38 pays côtiers et une zone maritime de plus de 13 millions de km² (FAO, 2021), ces ressources maritimes constituent un levier majeur pour le développement du continent. Cette analyse met en lumière trois aspects clés : la pêche et l'aquaculture, le transport maritime, ainsi que l'exploitation des hydrocarbures offshore.

Paragraphe 1 : État de l'art : Enjeux économiques et stratégiques des espaces maritimes Africains.

Les espaces maritimes africains revêtent une importance capitale sur les plans économique et stratégique. Le continent possède un potentiel maritime considérable. Cet état de l'art examine les contributions récentes de divers auteurs sur les principaux enjeux liés à ces espaces, tout en soulignant les limites actuelles.

---

[13]PANCRACIO Jean-Paul, *Droit de la mer*, Dalloz, 2010, p.123 et s.

A. Potentiel économique et défis de l'économie bleue

L'économie bleue, englobant les activités économiques liées aux océans, mers et zones côtières, est perçue comme un levier de croissance pour l'Afrique. Selon Tous (2024), l'Afrique offre des opportunités significatives en termes de pêche, aquaculture, transport maritime et exploitation des ressources naturelles. Cependant, la mise en valeur de ce potentiel est entravée par des défis tels que la surexploitation des ressources, la pêche illégale et la dégradation de l'environnement. De plus, la dépendance économique de nombreux pays africains aux ressources naturelles expose leurs économies aux fluctuations des marchés mondiaux et aux pressions environnementales (Fabre & Vertier, 2024).

B. Enjeux stratégiques et sécuritaires

Les espaces maritimes africains sont également au cœur d'enjeux géostratégiques majeurs. La sécurisation des routes maritimes est essentielle, car plus de 90 % du commerce mondial transite par voie maritime, et les câbles sous-marins transmettent 95 % des données de télécommunication. La vulnérabilité de ces infrastructures aux activités illicites, telles que la piraterie, le trafic de drogues et la pêche illégale, pose des défis sécuritaires importants. Par ailleurs, la présence accrue de puissances étrangères, comme la Chine, qui intensifie ses efforts de sécurité en Afrique pour protéger ses investissements et ses citoyens, suscite des préoccupations géopolitiques.

C. Limites et défis actuels

Malgré les opportunités offertes par les espaces maritimes, plusieurs limites entravent leur pleine exploitation :

- Cadre juridique et gouvernance : La gestion des espaces maritimes africains est souvent confrontée à des défis liés à la gouvernance et à l'application des réglementations. La porosité des frontières maritimes et l'absence de coordination efficace entre les États côtiers favorisent les activités illégales et la surexploitation des ressources.
- Capacités institutionnelles et infrastructurelles : Le manque d'infrastructures portuaires modernes et de capacités institutionnelles pour surveiller et protéger les zones maritimes limite le développement du secteur maritime. De nombreux ports africains nécessitent des investissements pour améliorer leur compétitivité et leur intégration dans le commerce mondial (Policy Center for the New South, 2024).
- Enjeux environnementaux : La perte de biodiversité marine, exacerbée par le changement climatique et les activités humaines non durables, menace les écosystèmes marins et les moyens de subsistance des communautés côtières. Cette situation nécessite une approche intégrée pour concilier développement économique et préservation de l'environnement.

Les espaces maritimes africains offrent un potentiel économique et stratégique immense. Cependant, la réalisation de ce potentiel dépend de la capacité des États africains à surmonter les défis liés à la gouvernance, aux infrastructures, à la sécurité et à la durabilité environnementale. Une coopération régionale renforcée, soutenue par des cadres juridiques solides et des investissements ciblés, est essentielle pour transformer ces espaces en vecteurs de croissance et de stabilité pour le continent.

Paragraphe 2 : Analyse des enjeux économiques et stratégiques des espaces maritimes africains.

A. La pêche et l'aquaculture : une source cruciale de revenus et de sécurité alimentaire.

La pêche et l'aquaculture jouent un rôle déterminant dans l'économie africaine, contribuant à la sécurité alimentaire et aux moyens de subsistance de millions de personnes. Selon la FAO, la pêche africaine génère environ 24 milliards USD par an, représentant environ 1,26 % du PIB du continent. Des pays comme le Sénégal et la Mauritanie dépendent fortement de la pêche pour leurs exportations et la consommation locale. Toutefois, la surexploitation des stocks halieutiques et la pêche illégale, non déclarée et non réglementée (INN) représentent des défis majeurs, entraînant des pertes estimées à 2,3 milliards USD par an pour les économies côtières.

B. Transport maritime : un pilier du commerce international

Le transport maritime est un élément essentiel du commerce international, représentant plus de 90 % du volume des échanges mondiaux (UNCTAD, 2023). L'Afrique possède des ports stratégiques, notamment Durban en Afrique du Sud, Lagos au Nigeria, Djibouti en Afrique de l'Est et Tanger Med au Maroc. Ces infrastructures permettent de dynamiser les échanges commerciaux avec l'Europe, l'Asie et les Amériques. Tanger Med, par exemple, est devenu le premier port d'Afrique en termes de capacité de traitement de conteneurs, avec plus de 7,5 millions EVP (Equivalent Vingt Pieds) en 2022 (Banque mondiale, 2023). Cependant, la modernisation des infrastructures portuaires reste un défi pour de nombreux pays, où les goulots d'étranglement logistiques et les coûts élevés du transport limitent la compétitivité[14].

C. Hydrocarbure offshore : Une exploitation en croissance

L'exploitation offshore des hydrocarbures est en plein essor en Afrique, avec des découvertes significatives de pétrole et de gaz en offshore au Nigeria, en Angola,

---

[14] Voir THIAM DIOP Serigne (2018), L'évolution des transports maritimes en Afrique de l'Ouest et du Centre, Editions L'Harmattan Sénégal 25 et s.

en Mauritanie et plus récemment au Sénégal et en Namibie (IEA, 2023). Le Golfe de Guinée reste la principale zone de production pétrolière, contribuant à plus de 60 % des exportations énergétiques du continent. Toutefois, cette dépendance aux hydrocarbures pose des défis en termes de volatilité des prix, de transition énergétique et de durabilité environnementale. Les marées noires et les impacts sur la biodiversité marine sont des préoccupations croissantes, appelant à un renforcement des réglementations et des politiques de gestion des ressources (Boersma & Foley, 2021).

Les espaces maritimes africains sont au cœur d'enjeux économiques et stratégiques majeurs. La pêche et l'aquaculture offrent des opportunités de croissance mais nécessitent une gestion durable. Le transport maritime demeure un moteur du commerce, bien que confronté à des défis logistiques. Enfin, l'exploitation offshore des hydrocarbures représente un potentiel économique considérable, mais doit être conciliée avec des impératifs environnementaux et une diversification économique pour assurer une croissance durable.

Sous-section 2 : Les défis liés aux espaces maritimes

Malgré l'énorme potentiel économique et stratégique des espaces maritimes africains, plusieurs défis persistent, menaçant la durabilité des activités maritimes et la sécurité régionale. Parmi les principales contraintes figurent la surpêche et l'exploitation illégale, la pollution marine et les défis sécuritaires tels que la piraterie dans le golfe de Guinée. Ces menaces compromettent la prospérité des économies côtières et nécessitent des mesures renforcées pour assurer une gestion durable des océans.

Paragraphe 1 : Surpêche et exploitation Illégale : une menace pour la biodiversité et la sécurité alimentaire.

La surpêche et l'exploitation illégale des ressources halieutiques constituent une préoccupation majeure pour l'Afrique. Selon la FAO (2022), la pêche illégale, non déclarée et non réglementée (INN) représente une perte annuelle estimée à 2,3 milliards USD pour les économies côtières africaines.
Cette surexploitation met en péril les stocks halieutiques, réduit les prises des pêcheurs artisanaux et affecte la sécurité alimentaire des populations dépendantes des produits de la mer.

Des pays comme le Sénégal, la Mauritanie et le Ghana sont particulièrement affectés par la pêche illégale pratiquée par des navires étrangers, principalement asiatiques (Doumbouya et al. 2017). L'absence de surveillance efficace et la corruption exacerbent cette situation, réduisant les capacités des États africains à réguler leurs zones économiques exclusives (ZEE).

L'Union africaine (2023) recommande une coopération régionale accrue et l'adoption de technologies avancées, telles que les systèmes de surveillance par satellite, pour renforcer la lutte contre la pêche INN.

Paragraphe 2 : Pollution marine : un fléau environnemental croissant

La pollution marine est une autre menace majeure pour les espaces maritimes africains. La Banque mondiale (2023) souligne que l'Afrique de l'Ouest et les côtes du Golfe de Guinée enregistrent une accumulation préoccupante de déchets plastiques et de pollution pétrolière. La mauvaise gestion des déchets dans les grandes villes côtières, combinée à l'absence de politiques efficaces de recyclage, entraîne une contamination accrue des écosystèmes marins.
Le déversement d'hydrocarbures provenant des plateformes offshore et des accidents pétroliers constitue également une menace pour la biodiversité marine. Le cas de la marée noire en Angola en 2021 illustre les risques environnementaux liés à l'exploitation pétrolière offshore. Selon Boersma et Foley (2021), l'absence de régulations strictes et d'infrastructures adéquates pour contenir ces pollutions aggrave leur impact sur les communautés locales et la pêche artisanale.

Paragraphe 3 : Défis de la sécurité et de la sûreté maritime : La piraterie dans le Golfe de Guinée.

Le Golfe de Guinée est devenu l'un des points chauds de la piraterie maritime mondiale. L'Organisation Maritime Internationale (OMI, 2023) rapporte que cette région est responsable de plus de 90 % des incidents de piraterie signalés en 2022, touchant principalement les routes commerciales reliant l'Afrique de l'Ouest à l'Europe et l'Asie[15].

Les pirates, souvent bien armés et organisés, ciblent les navires commerciaux, prenant en otage des équipages pour des rançons ou pillant les cargaisons. Le manque de coordination entre les États côtiers et la faiblesse des dispositifs de surveillance maritime facilitent ces attaques. En réponse, des initiatives comme le Code de conduite de Yaoundé (2013) ont été mises en place pour renforcer la coopération régionale en matière de sécurité maritime. Toutefois, l'efficacité de ces mesures reste limitée en raison du manque de financement et de capacités opérationnelles des marines locales[16].

Les défis liés aux espaces maritimes africains nécessitent des réponses stratégiques et concertées à l'échelle régionale et internationale. La lutte contre la surpêche et la pêche illégale passe par le renforcement des régulations et

---

[15] Voir NGOUYA Marcel (2009), « La criminalité en mer », *Revue africaine des affaires maritimes et des transports*, juillet, n°1, p.37 et s.

[16] Voir NDENDE Martin, (2014), « Le Code de conduite de Yaoundé et la stratégie de lutte contre la piraterie et la criminalité maritime dans le Golfe de Guinée », *Revue africaine des affaires maritimes et des transports,* août, n°6, p. 10 et s.

l'augmentation des capacités de surveillance maritime. La gestion de la pollution exige des politiques environnementales strictes et un meilleur encadrement des activités industrielles et pétrolières offshore. Enfin, la sécurité maritime doit être une priorité pour les États africains afin de contrer la piraterie et d'assurer la protection des routes maritimes stratégiques. Une approche intégrée et durable permettra de transformer ces défis en opportunités pour une meilleure exploitation des ressources maritimes africaines[17].

Section 3 : Acteurs et institutions de la gouvernance maritime.

Paragraphe 1 : Définition des acteurs et institutions de la gouvernance maritime

Les acteurs et institutions de la gouvernance maritime regroupent l'ensemble des entités, publiques et privées, qui participent à la réglementation, à la gestion, à l'exploitation et à la surveillance des espaces maritimes. Leur rôle est essentiel dans l'organisation et le développement des activités maritimes, la sécurité, la protection de l'environnement et la gestion des ressources halieutiques.

Les institutions internationales et régionales établissent les cadres réglementaires et les conventions pour la gestion et la protection des espaces maritimes. L'Organisation Maritime Internationale (OMI), en tant qu'agence des Nations Unies, assure la sûreté, la sécurité et la prévention de la pollution des océans. La Convention des Nations Unies sur le Droit de la Mer (CNUDM, 1982) définit les droits et responsabilités des États concernant l'utilisation des océans et des ressources marines[18]. L'Organisation des Nations Unies pour l'Alimentation et l'Agriculture (FAO) élabore des politiques relatives à la pêche et à la conservation des ressources halieutiques. L'Union Africaine (UA) a mis en place la Stratégie AIM 2050 pour renforcer la gouvernance maritime et promouvoir l'économie bleue en Afrique. Par ailleurs, les Communautés économiques régionales (CER), telles que la CEDEAO, la CEEAC et la SADC, élaborent des stratégies régionales pour la sécurité maritime et la coopération économique. La Commission du Golfe de Guinée (CGG) joue un rôle central dans la lutte contre la piraterie et la criminalité maritime en Afrique de l'Ouest et du Centre.

Chaque État côtier dispose de structures gouvernementales et d'institutions dédiées à la gestion et à la surveillance des activités maritimes. Les Ministères de la Mer et des Transports Maritimes sont chargés de l'élaboration et de l'application des politiques publiques maritimes. Les autorités portuaires supervisent la gestion et le développement des infrastructures portuaires. Les marines nationales et les garde-côtes assurent la surveillance et la sécurité maritime, tandis que les agences de protection environnementale et halieutique régulent l'exploitation durable des ressources marines et luttent contre la pêche illégale.

---

[17] Voir MOMBO Mivy-Grady (2024), Thèse, *op.cit.*, p.23 et s.

[18] Voir NDENDE Martin (2009), « L'activité normative des Nations Unies dans le domaine des transports maritimes internationaux », *Revue africaine des affaires maritimes et des transports*, juillet 2009, n°1, p. 8 et s.

Les acteurs du secteur privé et les organisations professionnelles contribuent à l'essor des activités maritimes et à la structuration des filières économiques. Les chambres de commerce maritime représentent les intérêts des entreprises et des professionnels du secteur. Les armateurs et compagnies maritimes assurent le transport des marchandises et la logistique du commerce international. Les industries extractives offshore exploitent les ressources pétrolières, gazières et minérales sous une supervision réglementaire. Les syndicats de pêcheurs et coopératives maritimes défendent les droits des travailleurs du secteur et promeuvent la pêche artisanale et industrielle. Les organisations environnementales et les ONG, telles que Greenpeace, WWF et Océan Conservancy, surveillent l'impact écologique des activités maritimes et sensibilisent à la préservation des océans.

Une grande partie des activités maritimes en Afrique repose sur des pratiques informelles, qui échappent souvent aux cadres réglementaires. Les pêcheurs artisanaux et commerçants informels assurent une part importante de l'approvisionnement alimentaire, mais restent vulnérables face à la surexploitation et aux pratiques illégales. Les transporteurs maritimes traditionnels, tels que les pirogues et les navires clandestins, jouent un rôle essentiel dans le commerce et la mobilité régionale. En parallèle, les réseaux illégaux et criminels, incluant la piraterie, le trafic de drogue, la contrebande et la pêche illégale, représentent une menace majeure pour la sécurité maritime et l'économie bleue.

La gouvernance maritime repose sur un écosystème complexe d'acteurs interdépendants. Une coopération efficace entre les institutions internationales, les États, le secteur privé et les communautés locales est essentielle pour assurer une exploitation durable et sécurisée des ressources maritimes. L'intégration progressive des acteurs informels dans les stratégies de gouvernance est également cruciale pour renforcer la résilience et la prospérité des économies maritimes africaines.

Paragraphe 2 : Doctrine régissant les acteurs et institutions de la gouvernance maritime et ses limites

La gouvernance maritime repose sur un cadre juridique et institutionnel qui régit les activités maritimes, la sécurité, la sûreté, la gestion des ressources et l'interaction entre les différents acteurs du secteur. Cette gouvernance est encadrée par des conventions internationales, des politiques nationales et des initiatives régionales. Toutefois, des limites persistent, notamment en ce qui concerne l'application des réglementations, la coordination des acteurs et l'inclusion des parties prenantes informelles.

A. Cadre juridique international et régional

La Convention des Nations Unies sur le Droit de la Mer (CNUDM, 1982) constitue la pierre angulaire de la gouvernance maritime mondiale. Elle établit les droits et responsabilités des États en ce qui concerne l'exploitation des océans et des ressources marines. La CNUDM a permis de structurer la gestion des espaces maritimes en clarifiant les zones d'exploitation et les responsabilités des États. Toutefois, l'évolution rapide des enjeux maritimes, notamment l'exploitation des ressources en haute mer et les nouvelles routes commerciales liées au changement climatique, dépasse en partie le cadre établi par cette convention.

Au niveau régional, l'Union africaine (UA) a mis en place la Stratégie africaine intégrée pour les mers et océans à l'horizon 2050 (AIM 2050) pour promouvoir une gouvernance maritime durable et renforcer la coopération entre les États africains. Cette initiative vise à améliorer la gestion des ressources marines, la sécurité maritime et le développement de l'économie bleue. Toutefois, selon Baha (2022), la mise en œuvre de cette stratégie est entravée par un manque de coordination entre les États et des ressources financières limitées.

B. Acteurs nationaux et gouvernance opérationnelle

Chaque État côtier met en place des institutions dédiées à la gestion de son espace maritime. Les autorités portuaires, les marines nationales, les agences de protection halieutique et environnementale et les ministères des transports maritimes assurent la régulation et le contrôle des activités maritimes. Selon le programme de politiques de transport en Afrique subsaharienne (SSATP, 2018), la gestion portuaire et maritime en Afrique souffre de faibles capacités institutionnelles et d'un manque de synergie entre les différents acteurs nationaux et régionaux. Ces dysfonctionnements réduisent l'efficacité des politiques de transport maritime et freinent le développement du commerce maritime intra-africain.

C. Le rôle des acteurs informels et des organisations professionnelles

Outre les institutions officielles, la gouvernance maritime repose sur une multitude d'acteurs non étatiques, notamment les organisations professionnelles, les ONG, les communautés locales et les acteurs informels.

Les chambres de commerce maritime, les coopératives de pêcheurs, les associations professionnelles et les syndicats du transport maritime jouent un rôle essentiel dans l'organisation et la structuration du secteur. Selon le Centre for Maritime Law and Security Africa, ces acteurs privés contribuent à la régulation du secteur, à l'élaboration de standards de travail et à la formation des professionnels du maritime.

Toutefois, la prise en compte des acteurs informels reste insuffisante. Les pêcheurs artisanaux, les transporteurs maritimes traditionnels et d'autres opérateurs du secteur informel évoluent souvent en marge des réglementations officielles, bien que leur rôle soit essentiel dans l'économie locale et la sécurité alimentaire (SSATP, 2018). Cette marginalisation limite leur accès aux financements et aux infrastructures modernes, freinant ainsi leur intégration dans l'économie bleue formelle.

D. Limites de la gouvernance maritime actuelle

Malgré l'existence d'un cadre juridique et institutionnel, plusieurs limites entravent une gouvernance efficace des espaces maritimes africains :

- Fragmentation institutionnelle : La multiplicité des acteurs crée des chevauchements de compétences et des conflits de juridiction, réduisant l'efficacité des politiques maritimes.
- Mise en œuvre des réglementations : L'application des lois maritimes est souvent entravée par des capacités limitées, un manque de ressources et des problèmes de gouvernance interne (SSATP, 2018).
- Évolution des enjeux maritimes : Les nouvelles problématiques, telles que l'exploitation minière en haute mer, la montée du niveau de la mer et la sécurité des nouvelles routes maritimes, nécessitent des adaptations juridiques et institutionnelles.
- Participation limitée des acteurs locaux et informels : Bien que les communautés côtières et les acteurs informels jouent un rôle clé dans l'économie maritime, leur intégration dans les processus décisionnels est souvent négligée.

La gouvernance maritime repose sur un cadre institutionnel et juridique complexe, impliquant des acteurs nationaux, régionaux et internationaux. Toutefois, des défis majeurs persistent, notamment en matière de coordination, de mise en œuvre des réglementations et d'inclusion des acteurs informels. Une approche plus intégrée et participative est nécessaire pour garantir une gestion durable et équitable des espaces maritimes africains.

Section 4 : Les cadres juridiques et réglementaires

Les cadres juridiques et réglementaires de la gouvernance maritime sont essentiels pour assurer une gestion efficace, durable et sécurisée des espaces maritimes. Ces cadres définissent les droits et obligations des États en matière de souveraineté, d'exploitation des ressources marines, de sécurité et de protection de l'environnement marin. À l'échelle internationale, des conventions telles que la Convention des Nations Unies sur le Droit de la Mer (CNUDM) posent les principes généraux régissant les océans. En Afrique, des instruments régionaux comme le Code de conduite de Yaoundé tentent de renforcer la coopération sécuritaire face aux défis maritimes. Enfin, plusieurs États africains ont adopté des politiques nationales et régionales pour promouvoir l'économie bleue et optimiser l'exploitation de leurs ressources maritimes. Toutefois, la mise en œuvre de ces cadres reste inégale et confrontée à de nombreux défis, notamment le manque de moyens institutionnels et financiers, les chevauchements de compétences et la nécessité d'une coordination plus efficace entre les acteurs nationaux et internationaux.

Paragraphe 1 : Convention des Nations Unies sur le Droit de la Mer (CNUDM) : principal cadre régissant les espaces maritimes

La CNUDM est le principal instrument juridique qui définit la gouvernance des espaces maritimes à l'échelle mondiale. Elle établit les différents types de zones maritimes et leurs régimes juridiques, encadre la gestion des ressources naturelles et définit les principes de protection de l'environnement marin. Son impact a été majeur dans la résolution des différends maritimes et la clarification des droits d'exploitation des États côtiers.
Toutefois, des limites persistent dans l'application de la CNUDM. Le cadre ne prend pas en compte certains enjeux contemporains tels que la montée du niveau des mers due au changement climatique, l'exploitation minière des grands fonds marins ou encore la régulation efficace de la haute mer. De plus, plusieurs différends maritimes subsistent entre certains États africains, notamment dans le Golfe de Guinée, en raison d'interprétations divergentes des dispositions de la CNUDM.

Paragraphe 2 : Code de conduite de Yaoundé : un instrument africain pour la sécurité maritime

Le Code de conduite de Yaoundé, signé le 25 juin 2013 par les États d'Afrique de l'Ouest et du centre, vise à renforcer la coopération régionale pour lutter contre la piraterie maritime, la pêche illégale, le trafic de drogue et les autres formes de criminalité maritime. Il repose sur la mise en place d'un réseau de centres régionaux et interrégionaux chargés de la surveillance et du partage d'informations.

Cet instrument marque un progrès important dans la sécurisation des espaces maritimes africains, notamment dans le Golfe de Guinée, qui est devenu l'une des zones les plus dangereuses du monde en raison de la recrudescence des attaques de pirates. Cependant, sa mise en œuvre rencontre plusieurs défis : manque de moyens logistiques, absence d'une force navale régionale efficace et dépendance excessive à l'égard des interventions internationales (Union européenne, États-Unis, Chine). En conséquence, bien que le Code de Yaoundé ait permis une meilleure coordination entre les États, il nécessite des investissements plus conséquents en matière de formation, d'équipement et de gouvernance maritime[19].

Paragraphe 3 : Politiques nationales et régionales : l'essor de l'économie bleue

L'économie bleue, définie comme un modèle de développement durable basé sur la valorisation des ressources maritimes, est au cœur des stratégies de plusieurs États africains. L'objectif est d'exploiter les océans de manière responsable tout en générant des revenus et des emplois dans des secteurs variés tels que la pêche, le tourisme, le transport maritime et les énergies renouvelables marines.
A l'échelle régionale, l'Union africaine a intégré l'économie bleue dans sa Stratégie AIM 2050, qui encourage les États à développer des politiques nationales dans ce domaine. Plusieurs pays ont déjà mis en place des initiatives en faveur de l'économie bleue :

- Le Kenya a organisé en 2018 la première Conférence mondiale sur l'économie bleue durable et a adopté une politique nationale encourageant l'innovation dans les secteurs maritimes.
- Le Maroc a développé un programme de modernisation de son secteur portuaire et de pêche afin d'optimiser ses ressources halieutiques.
- L'Afrique du Sud a mis en place le Programme Operation Phakisa, qui vise à accélérer le développement de l'économie bleue en exploitant le potentiel des océans de manière durable.
- Les pays de l'Océan Indien (Madagascar, Seychelles, Maurice, Comores) misent sur l'écotourisme et l'exploitation durable des pêcheries pour renforcer leur développement économique.

Cependant, ces politiques rencontrent plusieurs défis. La mise en place de l'économie bleue nécessite des infrastructures adaptées, des investissements conséquents et des mécanismes de gouvernance solides pour éviter la surexploitation des ressources. De plus, le manque de coordination entre les initiatives nationales et régionales freine l'optimisation des bénéfices issus de l'économie maritime. La faiblesse des financements et l'inadéquation entre les stratégies et les réalités locales restent des obstacles majeurs à l'émergence d'un modèle économique maritime réellement durable en Afrique.

Paragraphe 4 : Le mémorandum d'Abuja

Le Mémorandum d'Abuja, signé le 22 octobre 1999 par seize États d'Afrique de l'Ouest et du Centre dont le Congo, vise à harmoniser le contrôle des navires par

---

[19] Voir M. NDENDE, *op. cit.*, p.10 et s.

l'État du port. Son adoption répond à la nécessité de renforcer la sécurité maritime, de protéger l'environnement marin et d'améliorer les conditions de travail des marins.

Ce mémorandum s'inspire de plusieurs instruments internationaux adoptés sous l'égide de l'Organisation maritime internationale (OMI), notamment les conventions SOLAS (sécurité des navires), MARPOL (prévention de la pollution) et STCW (formation et certification des marins)[20].

A. Objectifs et champ d'application

L'accord vise à renforcer le contrôle des navires opérant dans la région afin d'éliminer ceux qui ne respectent pas les normes internationales. Il cherche aussi à réduire les risques d'accidents maritimes, à améliorer la sûreté maritime en luttant contre les activités illicites et à préserver l'environnement marin en limitant les pollutions. Par ailleurs, il garantit des conditions de travail conformes aux réglementations internationales.
Son champ d'application couvre tous les navires entrant dans les eaux sous juridiction des États signataires, en particulier ceux effectuant du commerce international et ceux battant pavillon de complaisance.

B. Principales dispositions et engagements des Etats

Le Mémorandum d'Abuja oblige les Etats membres à mettre en place des inspections systématiques des navires accostant dans leurs ports. Ils doivent également appliquer des sanctions et interdire la navigation aux navires ne respectant pas les normes. Un mécanisme d'échange d'informations et de rapports d'inspection est mis en place via une base de données commune.

Les Etats s'engagent à former des inspecteurs spécialisés afin d'harmoniser les contrôles et à collaborer avec les organisations internationales, notamment l'OMI et l'Organisation internationale du travail (OIT). Chaque année, un rapport sur l'application des mesures doit être publié, et des réunions régulières sont organisées pour évaluer les progrès réalisés.

C. Mécanisme de mise en œuvre et sanctions

Pour assurer l'application effective du mémorandum, les États doivent adopter des législations nationales conformes aux engagements internationaux. Ils sont tenus d'effectuer des contrôles rigoureux et de signaler les infractions aux instances compétentes.

---

[20] Voir NGO MBOGBA Paulette (2005), *La protection de l'environnement marin dans la région de l'Afrique du Centre et de l'Ouest : le mémorandum d'Abuja*, Editions Presses de l'UCAC, p. 21 et s.

Les sanctions varient selon la gravité de l'infraction. Elles peuvent aller d'une simple amende à l'immobilisation du navire. En cas de récidive, un navire peut être banni des ports des États signataires.

D. Evolutions et défis actuels

Depuis son adoption, le Mémorandum d'Abuja a évolué grâce à des formations techniques et des réunions d'experts organisées sous l'égide de l'OMI. Cependant, plusieurs défis demeurent. Certaines administrations maritimes disposent de capacités techniques limitées pour appliquer efficacement les inspections. La coordination régionale reste perfectible, ce qui entraîne des disparités dans l'application des normes d'un pays à l'autre.

Par ailleurs, la montée de la piraterie et du trafic illicite dans le Golfe de Guinée complique la mise en œuvre du Mémorandum. L'adaptation aux nouvelles réglementations internationales, notamment celles relatives à la décarbonation du transport maritime, représente également un enjeu important.

Ainsi, le Mémorandum d'Abuja constitue une avancée majeure pour le contrôle des navires en Afrique de l'Ouest et du Centre. Son efficacité repose sur l'engagement des États à appliquer les mesures de contrôle, à renforcer leur coopération régionale et à moderniser leurs infrastructures maritimes. Des efforts doivent être poursuivis pour améliorer la formation des inspecteurs, mobiliser des financements adéquats et garantir des inspections plus rigoureuses, dans le but d'assurer la sécurité maritime et de mieux protéger les océans africains[21].

Au total, les cadres juridiques et réglementaires de la gouvernance maritime en Afrique sont bien établis, avec des instruments internationaux comme la CNUDM, des initiatives régionales comme le Code de conduite de Yaoundé et des politiques nationales visant à promouvoir l'économie bleue. Toutefois, leur efficacité dépend de la capacité des États africains à mettre en œuvre ces cadres de manière coordonnée, à renforcer leurs capacités institutionnelles et financières, et à s'adapter aux nouveaux défis maritimes. Une meilleure coopération régionale, accompagnée d'investissements dans les infrastructures et d'une intégration plus forte des communautés locales, est indispensable pour maximiser le potentiel des espaces maritimes africains.

Conclusion

La gouvernance maritime apparaît aujourd'hui comme un enjeu global nécessitant une approche intégrée et coopérative. À travers l'histoire, elle a évolué

---

[21] Voir NGO MBOGBA Paulette (2005), *op.cit.*, p. 21 et s.

en réponse aux mutations géopolitiques, aux progrès technologiques et aux défis environnementaux croissants. Si les cadres juridiques tels que la Convention des Nations Unies sur le droit de la mer (CNUDM) ont permis d'établir des règles communes, l'application de ces normes demeure hétérogène face à des menaces persistantes comme la piraterie, la pollution marine et la pêche illégale. De plus, l'essor de l'économie bleue ouvre de nouvelles perspectives de développement tout en posant des défis de régulation et de durabilité. L'avenir de la gouvernance maritime dépendra ainsi de la capacité des États et des organisations internationales à renforcer la coopération, à promouvoir des pratiques durables et à garantir la sécurité des espaces maritimes. Assurer un équilibre entre exploitation et préservation des océans constitue un défi majeur du XXIe siècle, conditionnant à la fois la stabilité géopolitique et le bien-être des générations futures[22].

[22] Voir MOMBO Mivy-Grady (2024), *op.cit.*, p.31.

CHAPITRE 2

Le cadre juridique et institutionnel de la gouvernance maritime en Afrique

La gouvernance maritime en Afrique repose sur un cadre juridique et institutionnel complexe, façonné par des instruments internationaux, régionaux et nationaux visant à assurer la sécurité maritime, la gestion durable des ressources océaniques et la préservation des écosystèmes marins. Dans un contexte marqué par l'essor de l'économie bleue et la montée des menaces maritimes, l'Afrique cherche à renforcer son ancrage juridique pour optimiser la gestion de ses vastes espaces maritimes.

Ce chapitre explore les principaux textes et mécanismes encadrant la gouvernance maritime du continent. La première section s'attarde sur les instruments juridiques internationaux et régionaux qui régissent les espaces marins africains, notamment la Convention des Nations unies sur le droit de la mer (CNUDM), les accords de l'Organisation maritime internationale (OMI) et les conventions régionales telles que la Charte africaine sur la sécurité maritime et le développement (Charte de Lomé) ou encore la Convention d'Abidjan. La seconde section met en lumière les initiatives africaines, telles que l'Agenda 2063 et la Stratégie AIM 2050, qui cherchent à structurer une gouvernance maritime durable et intégrée. Enfin, la troisième section examine le rôle des organisations sous-régionales, telles que la CEDEAO, la CEMAC et l'OMAOC, dans la mise en œuvre des politiques maritimes et la sécurisation des eaux africaines[23].

Dans un contexte où les océans sont au cœur des enjeux géopolitiques, environnementaux et économiques, l'Afrique doit adapter et renforcer son cadre juridique et institutionnel pour répondre aux défis du XXIe siècle. Cette analyse

[23] Voir FORTEAU Mathias, THOUVENIN Jean-Marc (2017), *op. cit.*, p. 186 et s.

permettra de mieux comprendre les avancées réalisées ainsi que les obstacles à surmonter pour garantir une gouvernance maritime efficace et durable sur le continent.

Section 1 : Textes internationaux et régionaux

La gouvernance maritime en Afrique est encadrée par plusieurs instruments juridiques internationaux et régionaux visant à assurer la sécurité, la protection de l'environnement marin et la gestion durable des ressources maritimes.

Sous-Section 1 : Instruments internationaux

Paragraphe 1 : La Convention des Nations unies sur le droit de la mer (CNUDM, 1982) : un cadre juridique essentiel pour la gouvernance des océans.

Les océans jouent un rôle central dans l'équilibre environnemental et économique mondial. Ils sont à la fois une source majeure de biodiversité, un vecteur essentiel du commerce international et un espace stratégique pour de nombreux États. Cependant, leur exploitation anarchique et les conflits de souveraineté ont longtemps entravé une gestion harmonieuse de ces vastes étendues maritimes. Afin d'établir un cadre juridique permettant de concilier exploitation des ressources, préservation des écosystèmes et régulation des conflits maritimes, la communauté internationale a adopté la Convention des Nations unies sur le droit de la mer (CNUDM) en 1982. Ce traité constitue une avancée majeure dans l'élaboration d'un droit international de la mer, en définissant précisément les droits et obligations des Etats côtiers et des acteurs internationaux. Dès lors, il convient d'examiner les principes fondamentaux de la CNUDM, ses implications économiques et géopolitiques, ainsi que les défis actuels de son application dans un contexte marqué par la montée des tensions maritimes et les enjeux environnementaux.

A. Un cadre juridique structurant pour la délimitation des espaces maritimes.

L'un des apports majeurs de la CNUDM réside dans la définition précise des différents espaces maritimes et des droits associés aux États côtiers. En effet, la convention établit plusieurs zones maritimes distinctes qui permettent aux États d'exercer leur souveraineté ou leurs droits souverains sur les ressources naturelles[24].

[24] Voir FORTEAU Mathias, THOUVENIN Jean-Marc (2017), op. cit., p. 341 et s.

Premièrement, la convention fixe les eaux territoriales à une limite maximale de 12 milles nautiques à partir des lignes de base. Dans cette zone, l'État côtier exerce une pleine souveraineté, bien que le droit de passage inoffensif des navires étrangers y soit garanti. Ensuite, la zone contiguë, s'étendant jusqu'à 24 milles nautiques, permet aux États de prévenir et de sanctionner les infractions à leurs lois fiscales, douanières, sanitaires et migratoires.

Deuxièmement, la Zone Économique Exclusive (ZEE), qui s'étend jusqu'à 200 milles nautiques, confère aux États côtiers des droits souverains sur l'exploitation des ressources halieutiques et minérales. Cette disposition a considérablement renforcé le contrôle des États sur l'exploitation des richesses maritimes, notamment en matière de pêche et d'extraction pétrolière. Par ailleurs, le plateau continental peut être étendu jusqu'à 350 milles nautiques sous certaines conditions, permettant aux États d'exploiter les ressources sous-marines au-delà de la ZEE.

Enfin, la CNUDM établit un cadre juridique pour la haute mer, considérée comme un patrimoine commun de l'humanité, où la liberté de navigation, de pêche et de recherche scientifique est garantie sous certaines conditions. La gestion de cette zone est confiée à des organisations internationales, notamment l'Autorité internationale des fonds marins (AIFM) qui régule l'exploitation des ressources minérales dans les grands fonds océaniques.

B. Un instrument essentiel pour l'exploitation et la conservation des ressources marines

Au-delà de la délimitation des espaces maritimes, la CNUDM joue un rôle fondamental dans la régulation de l'exploitation des ressources marines et la préservation de l'environnement marin. Les océans regorgent de ressources halieutiques et énergétiques essentielles à l'économie mondiale, mais leur surexploitation présente un risque majeur.

Sur le plan économique, la CNUDM consacre le principe selon lequel les ressources marines appartiennent en priorité aux Etats côtiers. Ainsi, les États disposent d'un droit exclusif sur l'exploitation des hydrocarbures offshore et des ressources biologiques dans leur ZEE. Cependant, la surexploitation des ressources halieutiques a conduit à des conflits entre nations, incitant l'Organisation des Nations unies pour l'alimentation et l'agriculture (FAO) à promouvoir des accords de gestion durable des stocks de poissons.

En ce qui concerne la protection de l'environnement, la CNUDM impose aux Etats des obligations pour prévenir la pollution marine et protéger les écosystèmes marins. Elle réglemente notamment la pollution par les hydrocarbures, les déchets industriels et plastiques, ainsi que les activités minières sous-marines. Des conventions complémentaires, telles que la Convention MARPOL sur la pollution des navires, renforcent ces engagements.

C. Enjeux géopolitiques et défis de la mise en œuvre de la CNUDM

Malgré son rôle structurant, la CNUDM fait face à de nombreux défis, notamment en matière de respect et d'application de ses principes. En premier lieu, les tensions géopolitiques liées à la souveraineté maritime restent vives, comme en témoigne la situation en mer de Chine méridionale où des États revendiquent des territoires contestés malgré les décisions arbitrales internationales[25].

Par ailleurs, la gouvernance des espaces marins au-delà des juridictions nationales demeure un sujet de débat. La gestion de la biodiversité en haute mer (BBNJ) fait l'objet de négociations internationales, visant à encadrer les activités humaines dans ces zones fragiles. De même, l'exploitation des fonds marins pose des questions éthiques et environnementales, notamment en raison des impacts potentiels sur les écosystèmes profonds.

Enfin, l'application de la CNUDM dépend de la coopération internationale et de la volonté politique des États. Certaines puissances maritimes, comme les États-Unis, n'ont jamais ratifié la convention, bien qu'elles en respectent une grande partie des principes. De plus, les capacités des États en développement à exercer leur souveraineté sur leur ZEE restent limitées, nécessitant une assistance technique et financière accrue.

En conclusion, la Convention des Nations unies sur le droit de la mer de 1982 constitue un cadre juridique fondamental pour la régulation des espaces maritimes, l'exploitation des ressources et la préservation des écosystèmes marins. En définissant les droits et obligations des États, elle contribue à limiter les tensions géopolitiques et à promouvoir une gestion durable des océans. Toutefois, son application effective dépend de la coopération internationale et de la capacité des États à faire respecter ses principes. À l'heure où les défis climatiques et environnementaux s'intensifient, la CNUDM doit être renforcée pour garantir une gouvernance maritime plus juste et durable.

Paragraphe 2 : L'accord de l'OMI sur la sécurité maritime : un enjeu crucial pour la prévention des risques et le développement durable.

L'Organisation maritime internationale (OMI) est une institution spécialisée des Nations Unies qui joue un rôle fondamental dans la régulation du transport maritime mondial. Son action repose sur l'élaboration de normes visant à assurer la sécurité des navires, la prévention de la pollution marine et la lutte contre les menaces maritimes telles que la piraterie et le terrorisme. Le transport maritime représente un pilier essentiel du commerce international, et la mise en place de mesures strictes par l'OMI garantit un équilibre entre développement

---

[25] Voir NGOUYA Marcel, *op.cit.*, p.27 et s.

économique et préservation de l'environnement. Cette dissertation explore les principaux axes de l'accord de l'OMI sur la sécurité maritime et ses implications pour les Etats côtiers, notamment en Afrique. Le Congo est membre de l'organisation maritime internationale depuis
1975. Il participe, régulièrement aux assemblées générales de cette organisation dont le siège est à Londres en Angleterre.

A. La sécurité maritime et la navigation

Le premier enjeu de l'OMI concerne la sécurité des navires et de leur exploitation. Cette mission s'articule autour de conventions majeures, notamment la Convention internationale pour la sauvegarde de la vie humaine en mer (SOLAS), ratifiée par le Congo qui impose des normes strictes sur la construction, l'équipement et l'exploitation des navires marchands. En complément, le Code international de gestion de la sécurité (Code ISM) vise à renforcer les procédures de gestion de la sécurité maritime pour les compagnies et les équipages.

Ces régulations permettent de réduire considérablement les risques d'accidents maritimes, qui peuvent avoir des conséquences catastrophiques tant sur le plan humain qu'environnemental. En outre, l'OMI encourage la coopération entre les États pour assurer une surveillance accrue des eaux internationales et garantir le respect des standards de sécurité.

B. La prévention de la pollution maritime

Un autre axe majeur de l'OMI concerne la lutte contre la pollution marine. La Convention internationale pour la prévention de la pollution par les navires (MARPOL) ratifiée par le Congo constitue le principal cadre juridique pour réduire les déversements accidentels ou intentionnels de substances nocives dans les océans. Cette convention impose des règles strictes concernant les émissions de polluants, le traitement des eaux de ballast et la gestion des déchets des navires.

Par ailleurs, dans un contexte de changement climatique, l'OMI s'engage à réduire les émissions de gaz à effet de serre issues du transport maritime. L'objectif est d'atteindre une réduction progressive des émissions de carbone et d'encourager l'adoption de technologies propres, telles que les carburants alternatifs et la propulsion électrique des navires.

C. La lutte contre la piraterie et la criminalité maritime

La sécurité maritime ne se limite pas aux aspects techniques et environnementaux ; elle inclut également la prévention des menaces criminelles en mer. La piraterie, notamment dans les eaux du golfe de Guinée et de la corne de l'Afrique, représente un défi majeur pour la stabilité régionale et le commerce international.

L'OMI a mis en place plusieurs initiatives pour aider les États à renforcer leur capacité de surveillance et de réponse face à ces menaces. Le Code de conduite de Djibouti, par exemple, vise à améliorer la coopération entre les pays de l'océan Indien afin de lutter contre la piraterie. En Afrique de l'Ouest et du Centre, le Code de conduite de Yaoundé encourage la mise en place de centres de surveillance maritime et le partage d'informations entre les autorités nationales.

D. L'impact pour l'Afrique et les États côtiers

Les accords de l'OMI ont des implications directes pour les pays africains, notamment ceux qui disposent d'un littoral stratégique comme la République du Congo. L'adoption des normes de sécurité maritime permet à ces pays de moderniser leurs infrastructures portuaires et de renforcer la compétitivité de leur secteur maritime. En intégrant ces standards, ils peuvent attirer davantage d'investissements dans le transport maritime et le commerce international.

De plus, la mise en place de dispositifs de lutte contre la pollution maritime contribue à protéger les écosystèmes marins, essentiels pour les activités de pêche et de tourisme. Enfin, la sécurisation des eaux territoriales contre la piraterie et les trafics illicites est un levier majeur pour garantir un développement économique stable et durable.

L'OMI joue un rôle essentiel dans la régulation de la sécurité maritime mondiale. Ses conventions et accords permettent de renforcer la sécurité des navires, de préserver l'environnement marin et de lutter contre les menaces criminelles. Pour les États côtiers africains, l'application de ces normes est un enjeu stratégique qui favorise la modernisation des infrastructures, la protection des ressources naturelles et la stabilité économique. L'engagement des gouvernements dans l'adoption et la mise en œuvre des accords de l'OMI est donc essentiel pour assurer un avenir maritime plus sûr et durable.

Paragraphe 3 : Accords sur la conservation des ressources marines

Parmi eux, l'Accord des Nations unies sur les stocks de poissons transzonaux et les stocks de poissons grands migrateurs (1995) favorise une gestion durable des pêcheries. L'Accord des Nations unies sur les stocks de poissons transzonaux et les stocks de poissons grands migrateurs (1995) constitue un enjeu majeur pour la conservation des ressources marines.

La conservation des ressources marines constitue un défi crucial dans un contexte de surexploitation et de dérèglement climatique. Parmi les instruments internationaux visant à réguler l'exploitation des ressources halieutiques, l'Accord des Nations unies sur les stocks de poissons transzonaux et les stocks de poissons grands migrateurs, adopté en 1995, joue un rôle fondamental dans la promotion d'une gestion durable des pêcheries. Cet accord, en complément de la

Convention des Nations unies sur le droit de la mer (CNUDM) de 1982, vise à garantir une exploitation équitable et responsable des ressources marines partagées. Son application demeure toutefois confrontée à de nombreux défis, notamment en Afrique, où les enjeux de gouvernance et de lutte contre la pêche illégale nécessitent un renforcement des capacités et une coopération accrue.

A. Un cadre juridique pour la gestion durable des pêcheries internationales

L'Accord des Nations Unies de 1995 sur les stocks de poissons chevauchants et de poissons grands migrateurs, adopté le 4 août 1995, a été élaboré pour répondre aux lacunes de la CNUDM concernant la gestion des stocks de poissons qui migrent entre différentes juridictions. En effet, les poissons transzonaux et grands migrateurs, tels que le thon, l'espadon ou le maquereau, traversent les zones économiques exclusives (ZEE) de plusieurs pays et la haute mer, rendant leur gestion particulièrement complexe. Cet accord établit ainsi des principes de coopération internationale et impose aux États des obligations spécifiques pour la conservation et l'exploitation durable de ces ressources.

Parmi ses principales dispositions, l'accord préconise une approche écosystémique et le principe de précaution, qui oblige les États à adopter des mesures de gestion restrictives en cas d'incertitudes scientifiques sur l'état des stocks. Il promeut également l'action des organisations régionales de gestion des pêches (ORGP), qui permettent aux États de coordonner leurs efforts de surveillance et de contrôle en mer. Enfin, il introduit des mécanismes de règlement des différends, visant à prévenir les conflits entre États exploitant les mêmes ressources halieutiques.

B. L'importance de cet accord pour l'Afrique

L'Afrique, avec ses côtes riches en biodiversité et ses importantes communautés de pêcheurs artisanaux, est directement concernée par l'Accord de 1995. La pêche représente une ressource vitale pour de nombreux pays africains, non seulement en termes de sécurité alimentaire mais aussi pour l'économie locale et l'exportation. Cependant, l'exploitation de ces ressources est menacée par plusieurs défis majeurs.

D'abord, la pêche illégale, non déclarée et non réglementée (INN) constitue un problème endémique. De nombreuses entreprises étrangères pratiquent une surexploitation des stocks sans respecter les quotas, ce qui entraîne une raréfaction des espèces et une perte économique importante pour les États côtiers africains. En l'absence de moyens de surveillance adéquats, ces pratiques compromettent la durabilité des pêcheries locales et mettent en péril l'avenir des communautés dépendantes de la pêche.

Ensuite, le manque de capacités institutionnelles et techniques freine l'application des règles établies par l'Accord de 1995. De nombreux pays africains peinent à mettre en place des systèmes de suivi et de contrôle des activités de pêche. La coopération régionale, bien qu'encouragée par l'accord, reste insuffisante pour assurer une gestion efficace des stocks migrateurs. Les organisations régionales telles que la Commission des thons de l'océan Indien (CTOI) et la Commission sous-régionale des pêches en Afrique de l'Ouest (CSRP) jouent un rôle clé, mais nécessitent davantage de ressources et de soutien international pour renforcer leurs actions.

C. Perspectives et solutions pour une meilleure conservation des ressources marines

Face à ces défis, plusieurs stratégies peuvent être envisagées pour renforcer la mise en œuvre de l'Accord de 1995 en Afrique et assurer une exploitation durable des ressources marines.

Tout d'abord, il est impératif de renforcer les capacités de surveillance et de contrôle des États africains. Cela passe par l'acquisition de technologies de suivi des navires, l'amélioration des inspections en mer et la mise en place de sanctions dissuasives contre la pêche illégale. L'appui des organisations internationales et des partenaires techniques est essentiel pour fournir les moyens financiers et logistiques nécessaires à ces efforts.

Ensuite, la coopération régionale doit être renforcée à travers des initiatives conjointes entre les pays côtiers. L'Accord de 1995 encourage cette dynamique, mais il est nécessaire de mettre en place des mécanismes opérationnels plus efficaces pour harmoniser les politiques de gestion des pêcheries. Des accords bilatéraux et régionaux, soutenus par les ORGP, peuvent contribuer à une meilleure régulation des stocks de poissons migrateurs.

Par ailleurs, la promotion d'une économie bleue durable constitue une solution complémentaire. Les États africains peuvent tirer parti des marchés du carbone bleu, qui valorisent les écosystèmes marins tels que les mangroves et les herbiers marins, contribuant ainsi à la lutte contre le changement climatique tout en générant des financements pour la conservation des ressources marines.

L'Accord des Nations unies de 1995 sur les stocks de poissons transzonaux et grands migrateurs représente un outil crucial pour la préservation des ressources halieutiques mondiales. Son application effective est indispensable pour garantir une gestion durable des pêcheries, notamment en Afrique, où la pêche joue un rôle économique et social fondamental. Toutefois, la mise en œuvre de cet accord reste entravée par des défis structurels et institutionnels. Un renforcement des capacités de surveillance, une meilleure coopération régionale et l'intégration des nouvelles approches économiques, telles que les marchés du carbone bleu, sont des leviers essentiels pour assurer la pérennité des ressources marines et préserver les moyens de subsistance des communautés locales. L'avenir de la pêche en Afrique dépendra ainsi de la capacité des États à conjuguer conservation et développement durable dans le respect des principes établis par cet accord international.

Sous-Section 2 : Instruments régionaux

Paragraphe 1 : La Charte africaine sur la sécurité maritime et le développement en Afrique : Un levier stratégique pour la sécurité et l'économie bleue

Adoptée le 15 octobre 2016 lors du Sommet extraordinaire de l'Union africaine à Lomé, la Charte africaine sur la sécurité maritime et le développement en Afrique, communément appelée Charte de Lomé, constitue un instrument juridique et politique majeur pour le continent. Elle vise à renforcer la sécurité maritime, à lutter contre les menaces qui pèsent sur les espaces maritimes africains et à promouvoir une économie bleue durable. Dans un contexte où les États africains prennent progressivement conscience de l'importance stratégique de leurs ressources maritimes, cette charte se veut une réponse aux défis sécuritaires et économiques qui entravent le développement du continent. Toutefois, malgré son ambition, sa mise en œuvre demeure confrontée à de nombreuses limites qui interrogent son efficacité réelle[26].

A. Sécurité maritime et développement d'une économie bleue

La Charte de Lomé repose sur une double approche alliant la sécurité maritime et le développement d'une économie bleue. Sur le plan sécuritaire, elle cherche à renforcer la coopération entre les États africains pour faire face aux menaces croissantes en mer. La piraterie, le trafic de drogue, la pêche illégale, la pollution maritime et d'autres activités illicites compromettent la stabilité des eaux africaines et freinent le développement économique. En instaurant un cadre de collaboration, la Charte vise à harmoniser les politiques nationales et régionales en matière de surveillance maritime. Elle encourage le partage d'informations, le développement de capacités navales et la mise en place de mécanismes de réponse coordonnés pour mieux lutter contre les crimes en mer.

---

[26] Voir DIBAS-FRANCK Eric (2013), « La Charte africaine des transports maritimes », Les Dépêches de Brazzaville [en ligne], mis en ligne le 6 décembre, disponible sur : https://www.adiac-congo.com/content/la-charte-africaine-des-transports-maritimes5639#:~:text=*%20S%27abonner.%20*%20Mot%20de%20passe%20oublié.

Par ailleurs, au-delà des aspects sécuritaires, la Charte de Lomé ambitionne de faire de l'économie bleue un moteur de croissance durable pour l'Afrique. Les ressources maritimes du continent sont immenses, qu'il s'agisse des stocks halieutiques, des hydrocarbures offshores, des énergies marines renouvelables ou encore du potentiel touristique des littoraux. En promouvant une exploitation responsable de ces ressources, la Charte encourage les États africains à intégrer la gestion durable des écosystèmes marins dans leurs stratégies de développement. La protection de l'environnement marin constitue un volet essentiel du texte, qui met l'accent sur la nécessité de lutter contre la pollution et de prévenir les effets néfastes du changement climatique sur les zones côtières.

B. Défis majeurs de la Charte

Cependant, malgré ces ambitions louables, la mise en œuvre de la Charte de Lomé demeure un défi majeur. D'une part, la ratification du texte par les États africains progresse lentement, ce qui limite son efficacité à l'échelle continentale. Sans une adoption généralisée, l'harmonisation des politiques maritimes reste incomplète et empêche la mise en place de véritables mécanismes de coopération. D'autre part, les capacités techniques et financières des États africains pour assurer la surveillance de leurs eaux territoriales sont souvent limitées. Le manque de moyens, notamment en matière d'équipements navals, de formation des personnels et d'infrastructures portuaires adaptées, constitue un frein à l'application des principes énoncés dans la Charte.

De plus, la coopération régionale, bien qu'encouragée par le texte, demeure inégale en fonction des blocs économiques africains. Si certaines initiatives sous-régionales, notamment dans le Golfe de Guinée, ont permis des avancées notables en matière de lutte contre la piraterie, d'autres régions peinent encore à coordonner efficacement leurs actions. La fragmentation des efforts et l'absence d'un cadre de gouvernance maritime unifié compliquent la réalisation des objectifs fixés.

Enfin, la question du financement demeure cruciale. La mise en œuvre d'une politique maritime efficace requiert des investissements massifs, notamment pour moderniser les infrastructures portuaires, développer les industries liées à l'économie bleue et assurer la formation des acteurs du secteur. Or, bon nombre de pays africains ne disposent pas des ressources nécessaires et doivent compter sur l'appui des partenaires internationaux, ce qui soulève des enjeux de souveraineté et de dépendance économique.

Ainsi, la Charte de Lomé représente une avancée significative dans la prise de conscience collective des États africains quant aux enjeux de la sécurité maritime et du développement durable de leurs ressources maritimes. Elle offre un cadre juridique et institutionnel pertinent, mais son application concrète reste entravée par des défis structurels, politiques et financiers. Pour qu'elle puisse pleinement atteindre ses objectifs, il est impératif que les États africains accélèrent sa ratification, renforcent leur coopération et investissent davantage dans le développement de leurs capacités maritimes. Une approche intégrée et coordonnée, associée à des mécanismes de financement innovants, pourrait permettre à l'Afrique de tirer pleinement parti de son potentiel maritime et d'affirmer son rôle dans l'économie bleue mondiale.

Paragraphe 2 : La Convention d'Abidjan (1981) : un cadre régional pour la protection de l'environnement marin et côtier en Afrique de l'Ouest et Centrale

Les écosystèmes marins et côtiers jouent un rôle fondamental dans la régulation du climat, la préservation de la biodiversité et le développement économique des populations riveraines.
En Afrique de l'Ouest et en Afrique centrale, ces zones sont particulièrement vulnérables aux effets de la pollution, de l'urbanisation croissante, de l'exploitation pétrolière et du changement climatique. Conscients de ces enjeux, plusieurs États africains ont adopté, le 23 mars 1981, la Convention d'Abidjan, un cadre juridique et institutionnel visant à garantir la protection et le développement durable du milieu marin et côtier de la région. Cette convention constitue un instrument essentiel de coopération environnementale, en intégrant des mesures de prévention et de gestion des risques liés aux activités humaines et naturelles. Dès lors, en quoi la Convention d'Abidjan représente-t-elle un mécanisme clé pour la protection des milieux marins et côtiers en Afrique de l'Ouest et en Afrique centrale ?

Nous verrons tout d'abord les objectifs et le champ d'application de la convention, avant d'analyser ses évolutions et ses limites dans le contexte actuel des enjeux environnementaux mondiaux.

A. Un cadre juridique régional pour la protection de l'environnement marin

Adoptée sous l'égide du Programme des Nations Unies pour l'Environnement (PNUE), la Convention d'Abidjan vise à préserver et gérer durablement le milieu marin et côtier de l'Afrique de l'Ouest, du Centre et du Sud. Elle couvre une vaste zone géographique allant de la Mauritanie à l'Afrique du Sud et implique vingt-deux pays riverains de l'océan Atlantique. Elle repose sur plusieurs principes fondamentaux, notamment la prévention et la réduction de la pollution issue des activités terrestres et maritimes, la gestion durable des ressources marines et côtières, ainsi que la coopération régionale et l'échange d'informations entre les États signataires. Elle établit ainsi une approche collective et coordonnée des défis environnementaux liés aux milieux marins.

Un des aspects essentiels de la convention est l'obligation des États membres d'adopter des politiques nationales conformes aux engagements internationaux en matière de protection des océans et des littoraux. Elle s'attaque notamment aux principales menaces qui pèsent sur les écosystèmes marins, telles que l'exploitation pétrolière et minière offshore, qui engendre des risques majeurs de marées noires et de contamination des eaux. L'urbanisation côtière non maîtrisée constitue également une préoccupation majeure, entraînant la destruction des mangroves et la perturbation des habitats marins. Par ailleurs, les pollutions chimiques et plastiques, dont les effets sont dévastateurs pour la biodiversité marine et les populations humaines dépendantes des ressources de la mer, sont également au cœur des préoccupations de la convention. En établissant un cadre d'action et des obligations contraignantes pour les Etats, la Convention d'Abidjan constitue un socle essentiel pour la préservation des zones côtières et marines en Afrique.

B. Evolutions et défis de la Convention d'Abidjan face aux enjeux contemporains

Avec l'émergence de nouveaux défis environnementaux, la Convention d'Abidjan a fait l'objet de révisions et d'extensions afin d'intégrer des dimensions plus modernes et adaptées aux problématiques actuelles. En 2011, une révision majeure de la Convention a permis de renforcer les engagements des États et d'intégrer de nouveaux axes prioritaires, notamment la gestion des déchets plastiques et la pollution marine, problématique grandissante qui affecte les écosystèmes côtiers africains. La lutte contre l'érosion côtière, qui menace l'habitat de millions de personnes dans les villes côtières en raison du changement climatique, ainsi que la conservation de la biodiversité marine, avec la mise en place de zones protégées et la restauration des mangroves, sont également devenues des préoccupations centrales du cadre révisé.

L'extension de la convention témoigne ainsi d'une volonté d'adaptation aux réalités écologiques et socio-économiques du XXIe siècle. Toutefois, malgré son importance, la Convention d'Abidjan fait face à plusieurs défis. Un manque de financement et de moyens techniques limite l'application effective des mesures adoptées, tandis que l'insuffisance de la coopération entre États ralentit l'harmonisation des réglementations nationales avec les engagements régionaux. De plus, l'impact croissant du changement climatique aggrave l'érosion des côtes et menace directement les écosystèmes protégés, mettant à l'épreuve l'efficacité des mesures mises en place.

L'un des enjeux majeurs reste donc la mobilisation des ressources financières et techniques pour renforcer l'application de la convention. Le recours aux financements climatiques et aux mécanismes du marché du carbone pourrait constituer une opportunité précieuse pour soutenir les initiatives de protection du milieu marin et côtier.

C. La Convention d'Abidjan et son rôle potentiel dans le marché du carbone et le développement durable

Un axe prometteur de la Convention d'Abidjan réside dans son potentiel d'intégration au marché du carbone, notamment à travers la protection des mangroves et des écosystèmes marins. Ces derniers, en plus de leur rôle écologique crucial, sont des réservoirs naturels de carbone, capturant des quantités importantes de CO_2. Leur conservation et leur restauration pourraient être valorisées à travers des crédits carbone, créant ainsi une incitation économique pour les États signataires de la convention.

Dans cette perspective, pour tirer pleinement parti des opportunités du marché du carbone et des financements climatiques, la Convention d'Abidjan pourrait être renforcée par une intégration plus poussée des stratégies de carbone bleu dans les politiques nationales. Un cadre de coopération avec des organisations internationales, telles que l'ONU et l'Union Africaine, pourrait également permettre de mobiliser des ressources financières et techniques. De plus, une harmonisation avec les mécanismes de compensation carbone au niveau mondial favoriserait l'attraction d'investissements en faveur de la restauration des zones côtières.

L'inclusion des écosystèmes côtiers dans les stratégies de réduction des émissions de gaz à effet de serre renforcerait ainsi la pertinence et l'impact de la Convention d'Abidjan. En intégrant davantage le marché du carbone et les solutions fondées sur la nature, cette convention pourrait jouer un rôle central dans les stratégies de développement durable et d'atténuation du changement climatique à l'échelle régionale et mondiale.

La Convention d'Abidjan (1981) constitue un cadre juridique et institutionnel clé pour la protection des milieux marins et côtiers en Afrique de l'Ouest et en Afrique centrale. Elle a permis de poser les bases d'une coopération régionale pour lutter contre la pollution et préserver la biodiversité. Cependant, face aux défis contemporains comme le changement climatique et l'érosion côtière, son application reste limitée par un manque de financements et de coordination. En intégrant davantage les mécanismes de financement climatique et les initiatives liées au marché du carbone, la Convention d'Abidjan pourrait devenir un levier majeur pour le développement durable de la région, tout en renforçant la résilience des écosystèmes côtiers face aux pressions anthropiques et aux changements environnementaux globaux.

Paragraphe 3 : La Convention de Nairobi (1985) : un cadre juridique pour la protection du milieu marin en Afrique orientale

La protection du milieu marin est une préoccupation majeure pour les États côtiers, en particulier en Afrique orientale, où les écosystèmes marins jouent un rôle vital dans la biodiversité, la pêche, le tourisme et le bien-être des populations locales. Face aux menaces croissantes liées à la pollution, à l'exploitation des ressources naturelles et aux effets du changement climatique, les pays de cette région ont adopté la Convention de Nairobi en 1985. Cet instrument juridique régional constitue un cadre essentiel pour la conservation et la gestion durable du milieu marin et des zones côtières.

A. Contexte et adoption de la Convention de Nairobi

La Convention de Nairobi a été adoptée sous l'égide du Programme des Nations Unies pour l'Environnement (PNUE) dans le cadre du Programme régional des mers. Elle s'inscrit dans une dynamique mondiale visant à instaurer des cadres régionaux de coopération pour la protection des océans et des mers contre les pollutions et les dégradations écologiques.
L'initiative repose sur le constat que les activités humaines, notamment le transport maritime, l'urbanisation côtière et l'exploitation des hydrocarbures, sont des sources majeures de pollution marine. Par conséquent, un cadre de gouvernance partagé entre les pays de la région s'imposait afin d'harmoniser les efforts et d'assurer une protection efficace des écosystèmes côtiers et marins.

B. Objectifs de la Convention de Nairobi

L'élaboration de cette convention repose sur la nécessité de prévenir et de réduire les diverses formes de pollution marine, qu'elles proviennent des activités terrestres, du transport maritime, de l'exploration des fonds marins ou des situations d'urgence environnementale. Elle vise également à encourager la coopération entre les États signataires afin de partager des connaissances scientifiques, développer des stratégies communes et renforcer la gestion durable des ressources marines.

L'un des principes fondamentaux de la Convention de Nairobi est la protection des écosystèmes fragiles, notamment les récifs coralliens, les mangroves et les lagons, qui jouent un rôle crucial dans la biodiversité et dans le développement économique des populations locales. En outre, elle met en avant la nécessité d'une gestion intégrée des zones côtières pour encadrer l'urbanisation et limiter ses impacts sur l'environnement marin.

La Convention de Nairobi vise ainsi à promouvoir une approche intégrée de la gestion du milieu marin en Afrique orientale, en mettant l'accent sur plusieurs principes clés :

1. Prévention et réduction de la pollution : Les États signataires s'engagent à lutter contre toutes les formes de pollution marine, qu'elles proviennent des navires, des activités terrestres, des activités d'exploration et d'exploitation des fonds marins, ou encore des situations d'urgence environnementale.
2. Coopération régionale : La Convention encourage les pays à collaborer en matière de recherche scientifique, d'échange d'informations et de développement de stratégies communes pour la protection et la gestion des ressources marines.
3. Protection des écosystèmes fragiles : Elle met en avant la nécessité de protéger les récifs coralliens, les mangroves, les lagons et les autres habitats marins essentiels à la biodiversité et au développement durable.
4. Gestion durable des ressources marines : La Convention promeut des pratiques de pêche responsables, la lutte contre l'exploitation illégale des ressources halieutiques et le développement d'aires marines protégées.

C. Protocoles additionnels

Pour garantir son efficacité, la convention est complétée par des protocoles additionnels qui précisent les modalités d'application de ses principes. Ces protocoles traitent notamment de la coopération en cas de pollution par les hydrocarbures, de la conservation de la biodiversité côtière et de la régulation des activités maritimes susceptibles d'affecter les écosystèmes marins. Il s'agit de mécanismes de protection des espèces menacées et de leurs habitats sont précisés. La mise en œuvre de ces engagements repose sur l'adoption de mesures législatives par les États membres et sur la mobilisation des ressources nécessaires à leur application.

D. Défis et perspectives d'avenir

Bien que la Convention de Nairobi ait permis d'instaurer une gouvernance régionale pour la protection du milieu marin en Afrique orientale, plusieurs défis subsistent :

D'une part, l'application des dispositions de la Convention varie selon les États, certains ayant du mal à mobiliser les ressources financières et techniques nécessaires à leur mise en œuvre. D'autre part, les menaces environnementales évoluent rapidement, notamment avec l'intensification du changement climatique, la montée du niveau de la mer et l'acidification des océans, ce qui nécessite une adaptation constante des stratégies de protection.

Pour renforcer l'efficacité de la Convention, plusieurs pistes d'amélioration peuvent être envisagées :

- Un renforcement de la coopération régionale, notamment par le biais de financements internationaux et d'échanges de bonnes pratiques.
- Une intégration plus poussée des communautés locales dans la gestion des ressources marines, afin de concilier développement économique et conservation environnementale.
- Une modernisation des protocoles pour inclure les nouvelles technologies de surveillance maritime et de lutte contre la pollution.

La Convention de Nairobi constitue un instrument essentiel pour la protection du milieu marin en Afrique orientale. En instaurant un cadre juridique et institutionnel de coopération régionale, elle permet aux États de coordonner leurs efforts face aux défis environnementaux et économiques liés à l'exploitation des océans. Cependant, son succès dépend de la volonté politique des gouvernements, de la mobilisation de financements adéquats et de l'implication des acteurs locaux.

Section 2 : Initiatives africaines (Agenda 2063, Stratégie AIM 2050)

Paragraphe 1 : Agenda 2063 de l'Union africaine

L'Agenda 2063, feuille de route pour le développement du continent, inclut une dimension maritime sous l'initiative "L'Afrique bleue"[27].

L'Initiative "L'Afrique bleue" dans le cadre de l'Agenda 2063 est un levier stratégique pour le développement durable du continent. En effet, l'Agenda 2063 de l'Union africaine représente une vision ambitieuse pour le développement du continent, intégrant divers secteurs clés afin de favoriser une croissance inclusive et durable. Parmi ces axes stratégiques figure l'initiative "L'Afrique bleue", qui met en avant l'importance des ressources maritimes pour le développement économique et environnemental du continent. L'Afrique, avec son vaste littoral et ses ressources marines abondantes, doit tirer profit de cet atout tout en assurant une gestion durable et responsable. Cette initiative repose ainsi sur trois piliers essentiels : la valorisation durable des ressources maritimes, la lutte contre la pêche illégale et la pollution marine, ainsi que le développement des infrastructures portuaires et du commerce maritime.

A. La valorisation durable des ressources maritimes

Dans un premier temps, la valorisation durable des ressources maritimes est un élément central de l'initiative "L'Afrique bleue". Le potentiel de l'économie bleue en Afrique est immense, avec des ressources halieutiques, énergétiques et minières encore largement sous-exploitées. Le développement de l'aquaculture et

---

[27] Voir COUSSOUD-MAVOUNGOU Parfait Aimé (2017), *op. cit.*

de la pêche durable est primordial pour garantir la sécurité alimentaire et créer des emplois dans les zones côtières. De plus, l'exploitation des ressources énergétiques offshore, telles que le pétrole, le gaz et l'éolien marin, pourrait fournir une source significative de revenus aux États africains. Toutefois, cette exploitation doit être accompagnée de politiques environnementales strictes pour éviter la destruction des écosystèmes marins. La protection des habitats naturels, notamment les mangroves et les récifs coralliens, est indispensable pour préserver la biodiversité et assurer un équilibre entre développement économique et conservation environnementale.

B. La lutte contre la pêche illégale et la pollution marine

Un deuxième axe fondamental de l'initiative est la lutte contre la pêche illégale et la pollution marine, qui constituent des menaces majeures pour les ressources maritimes africaines. La pêche illégale, non déclarée et non réglementée (INN) représente un défi de taille pour de nombreux pays du continent, entraînant une perte annuelle de plusieurs milliards de dollars et mettant en péril les moyens de subsistance des communautés côtières. Pour y remédier, les États africains doivent renforcer leurs capacités de surveillance maritime et mettre en place des mécanismes de coopération régionale afin de mieux contrôler leurs zones économiques exclusives (ZEE). Par ailleurs, la pollution marine, notamment causée par les déchets plastiques et les déversements d'hydrocarbures, affecte gravement les écosystèmes côtiers et marins. La mise en œuvre de politiques de gestion des déchets et le développement d'alternatives écologiques sont ainsi essentiels pour limiter ces impacts environnementaux négatifs.

C. Le développement des infrastructures portuaires et du commerce maritime

Le développement des infrastructures portuaires et du commerce maritime est un levier indispensable pour renforcer l'intégration économique africaine et favoriser une croissance inclusive. L'Afrique souffre encore d'un déficit en infrastructures portuaires modernes, ce qui freine les échanges commerciaux et limite la compétitivité du continent sur la scène internationale. La modernisation des ports, le développement du cabotage régional et la mise en place de corridors logistiques efficients sont des mesures cruciales pour améliorer l'accessibilité des marchés et favoriser le commerce intra-africain. Par ailleurs, le développement d'une industrie navale africaine et la formation de professionnels qualifiés dans le secteur maritime sont des éléments déterminants pour accroître l'autonomie du continent dans ce domaine.

D. Défis

La mise en œuvre de l'initiative "L'Afrique bleue" se heurte à plusieurs défis. Le manque d'investissements dans les infrastructures maritimes, l'insuffisance des cadres réglementaires et la faible coopération entre les États constituent des freins majeurs à son succès. De plus, les effets du changement climatique, tels que la montée du niveau de la mer et l'érosion côtière, accentuent la vulnérabilité des zones maritimes africaines et nécessitent des stratégies d'adaptation et de résilience adéquates.

En conclusion, l'initiative "L'Afrique bleue" constitue un pilier fondamental du développement durable du continent dans le cadre de l'Agenda 2063. En mettant en place des stratégies efficaces pour valoriser les ressources maritimes, lutter contre la pêche illégale et développer les infrastructures portuaires, l'Afrique peut renforcer son économie tout en préservant son environnement. Toutefois, la réussite de cette initiative repose sur une coopération accrue entre les États, des investissements ciblés et une gouvernance maritime rigoureuse. Ainsi, "L'Afrique bleue" a le potentiel de devenir un moteur de croissance et de prospérité pour le continent, à condition que les défis structurels et environnementaux soient relevés avec détermination et engagement.

Paragraphe 2 : Stratégie africaine intégrée pour les mers et les océans à l'horizon 2050 (Stratégie AIM 2050)

L'Afrique, avec ses 38 États côtiers, ses nombreux ports stratégiques et ses vastes zones maritimes, possède un potentiel immense pour le développement d'une économie bleue durable. Cependant, cette richesse maritime est confrontée à de multiples défis, notamment l'exploitation illégale des ressources, l'insécurité maritime, et la faiblesse de la gouvernance océanique. C'est dans ce contexte que l'Union africaine a adopté la Stratégie africaine intégrée pour les mers et les océans à l'horizon 2050 (Stratégie AIM 2050), dont l'objectif principal est de transformer les espaces maritimes africains en un levier de développement économique et de stabilité régionale tout en garantissant leur préservation à long terme.

A. Une gouvernance maritime axée sur la coopération régionale et la mutualisation des ressources

La gouvernance efficace des espaces maritimes africains repose sur une coopération renforcée entre les États membres de l'Union africaine, afin de mettre en place des cadres réglementaires harmonisés et des mécanismes communs de gestion des ressources maritimes. Jusqu'à présent, de nombreux pays africains ont géré individuellement leurs ressources maritimes, ce qui a conduit à une fragmentation des politiques et à une inefficacité dans la surveillance et la protection des océans.

L'un des objectifs majeurs de la Stratégie AIM 2050 est donc de favoriser la coordination entre les États côtiers et les organisations régionales, comme la Commission de l'océan Indien (COI), la Communauté économique des États de l'Afrique de l'Ouest (CEDEAO) et la Communauté de l'Afrique de l'Est (CAE). L'interconnexion des systèmes de surveillance, l'échange de renseignements et la mise en commun des infrastructures maritimes, notamment des ports et des centres de formation, permettront d'améliorer la gestion des zones maritimes africaines.

Par ailleurs, la gouvernance maritime inclut également un volet de renforcement des capacités institutionnelles et techniques. Aujourd'hui, nombre de pays africains souffrent d'un déficit en experts maritimes, en équipements de surveillance et en cadres juridiques adaptés à la gestion de leurs eaux territoriales et de leur zone économique exclusive (ZEE). La Stratégie AIM 2050 prévoit donc des investissements dans la formation des professionnels du secteur maritime, le développement de centres de recherche spécialisés et la création de bases de données régionales sur les ressources marines et les activités maritimes.

B. Un renforcement de la sécurité maritime face aux menaces transnationales

L'un des défis majeurs auxquels sont confrontés les États africains est l'insécurité maritime, exacerbée par la piraterie, le trafic de drogues et d'armes, la pêche illégale non réglementée et non déclarée (INN), ainsi que d'autres formes de criminalité transnationale.

La région du golfe de Guinée, par exemple, est l'une des zones maritimes les plus dangereuses au monde en raison des actes de piraterie et d'enlèvements contre rançon. En 2021, près de 95 % des enlèvements en mer à l'échelle mondiale ont eu lieu dans cette région. La Stratégie AIM 2050 met ainsi un accent particulier sur le renforcement des capacités de surveillance maritime en encourageant la mise en place de patrouilles conjointes, l'échange de renseignements entre les États côtiers et le développement de technologies de surveillance avancées (radars maritimes, satellites, drones).

L'intégration des forces maritimes et l'interopérabilité des systèmes de communication entre les marines nationales, les garde-côtes et les autres forces de sécurité constituent une autre priorité. De plus, la coopération internationale avec des partenaires stratégiques tels que l'Union européenne, l'Organisation maritime internationale (OMI) et l'Office des Nations unies contre la drogue et le crime (ONUDC) est essentielle pour bénéficier d'un appui technique et financier.

Outre la piraterie, la lutte contre la pêche illégale, non déclarée et non réglementée (INN) est un axe clé de la sécurité maritime. Chaque année, l'Afrique perd entre 1,3 et 2,3 milliards de dollars à cause de la pêche illégale, ce qui impacte directement la sécurité alimentaire des populations et les revenus des États. La Stratégie AIM 2050 encourage ainsi la mise en place de registres régionaux des navires de pêche, le suivi par satellite des activités de pêche, et l'adoption de sanctions renforcées contre les flottes étrangères qui exploitent illégalement les ressources maritimes africaines.

C. Une exploitation durable des ressources halieutiques et minérales sous-marines

L'Afrique possède des ressources halieutiques et minérales marines considérables, qui constituent un levier de croissance économique. Cependant, ces richesses sont souvent surexploitées ou exploitées de manière non durable, menaçant la biodiversité marine et l'équilibre écologique des écosystèmes côtiers.

La Stratégie AIM 2050 préconise une gestion durable des ressources halieutiques en s'appuyant sur des quotas de pêche, des périodes de repos biologique, ainsi que le développement d'une aquaculture responsable afin de réduire la pression sur les stocks naturels. L'objectif est de garantir que l'exploitation des ressources marines soit écologiquement viable et économiquement rentable, tout en assurant la sécurité alimentaire des populations locales qui dépendent fortement des produits de la mer.

Concernant les ressources minérales sous-marines, notamment les nodules polymétalliques, les sulfures hydrothermaux et les encroûtements cobaltifères situés dans les fonds marins africains, la Stratégie AIM 2050 recommande une exploitation encadrée par des normes environnementales strictes. L'extraction de ces minerais, qui sont indispensables pour les industries de haute technologie et les énergies renouvelables, doit se faire en évitant la destruction des habitats marins sensibles et en veillant à minimiser les impacts sur la faune et la flore sous-marines.

D. L'économie bleue africaine : un levier de transformation économique et sociale

Au-delà de la gouvernance maritime, de la sécurité et de l'exploitation des ressources, la Stratégie AIM 2050 s'inscrit dans une perspective plus large de développement de l'économie bleue africaine. L'économie bleue représente un potentiel considérable pour le continent, avec des opportunités dans des secteurs variés tels que :

- Le transport maritime et la logistique portuaire, qui peuvent être optimisés pour renforcer les échanges commerciaux intra-africains dans le cadre de la Zone de libre-échange continentale africaine (ZLECAF).
- Le tourisme côtier et maritime, qui constitue un secteur en pleine expansion, notamment en Afrique de l'Est et en Afrique du Nord.

- Les énergies marines renouvelables, telles que l'éolien offshore et l'énergie des vagues, qui pourraient fournir une alternative durable aux énergies fossiles et répondre aux besoins croissants en électricité sur le continent.

L'objectif global de la Stratégie AIM 2050 est de faire des océans africains une source de prospérité économique, tout en protégeant les écosystèmes marins pour les générations futures. En combinant gouvernance améliorée, sécurité renforcée et exploitation durable des ressources, l'Afrique peut transformer ses mers et océans en un moteur de croissance et de stabilité à l'échelle continentale.

Section 3 : Rôle des organisations sous-régionales (CEMAC, CEDEAO, OMAOC, UA)

Paragraphe 1 : Communauté Économique et Monétaire de l'Afrique Centrale (CEMAC) et la réglementation maritime.

La Communauté Économique et Monétaire de l'Afrique Centrale (CEMAC), qui regroupe six pays (Cameroun, Centrafrique, Congo, Gabon, Guinée équatoriale et Tchad), joue un rôle crucial dans l'harmonisation et la modernisation du secteur maritime en Afrique centrale. Son action vise à garantir un développement économique durable en s'appuyant sur une gestion efficace des ressources maritimes et une sécurisation des voies de transport maritime, essentielles pour le commerce et l'intégration régionale.

A. L'harmonisation des politiques portuaires et maritimes

L'un des enjeux majeurs pour la CEMAC est de mettre en place un cadre juridique et réglementaire unifié pour assurer la coordination des politiques portuaires et maritimes des États membres. Actuellement, la CEMAC dispose, au niveau communautaire, d'un Code de la marine marchande.

Dans cette optique, la CEMAC œuvre pour l'élaboration de normes communes en matière de gestion des ports, de fiscalité maritime et de contrôles douaniers, favorisant ainsi une meilleure fluidité des échanges commerciaux au sein de la région. L'objectif est d'optimiser la compétitivité des ports de la sous-région en facilitant les procédures de transit et en réduisant les coûts logistiques.

Par ailleurs, l'harmonisation passe également par la mise en place de règles communes de gestion environnementale des ports et des eaux maritimes, en intégrant des pratiques visant à réduire l'empreinte écologique des activités portuaires, notamment par le contrôle des rejets polluants et le développement d'initiatives en faveur d'une économie bleue durable.

B. Le développement d'infrastructures portuaires modernes

Le commerce maritime est un moteur essentiel de l'économie des pays membres de la CEMAC, mais son développement est freiné par l'insuffisance et l'obsolescence des infrastructures portuaires. Une grande partie des ports de la région souffre de problèmes d'encombrement, d'un manque de connectivité avec les réseaux de transport terrestre et d'un faible niveau de numérisation des opérations.

Pour y remédier, la CEMAC encourage la modernisation des infrastructures portuaires en mettant l'accent sur plusieurs axes :

- L'agrandissement et la modernisation des terminaux portuaires afin d'accueillir des navires de plus grande capacité et de répondre aux exigences du commerce maritime international.
- L'amélioration des équipements de manutention et de stockage pour accroître l'efficacité des opérations de chargement et de déchargement des marchandises.
- La digitalisation des services portuaires, avec l'introduction de systèmes de gestion automatisés permettant d'optimiser les flux de marchandises et de réduire les délais d'attente des navires.
- Le développement des corridors logistiques, reliant les ports aux grandes villes et aux zones industrielles via des infrastructures ferroviaires et routières adaptées.

Des investissements majeurs ont été engagés, notamment dans les ports de Douala (Cameroun), Pointe-Noire (Congo), Libreville (Gabon) et Malabo (Guinée équatoriale), qui jouent un rôle clé dans le transit des marchandises à destination de l'ensemble de la sous-région. L'objectif à long terme est de faire des ports de la CEMAC des hubs logistiques compétitifs au niveau continental.

C. La sécurité maritime et la lutte contre la piraterie dans le Golfe de Guinée.

Le Golfe de Guinée est l'une des zones maritimes les plus stratégiques au monde en raison de ses importantes ressources pétrolières et halieutiques. Cependant, il est aussi l'un des plus dangereux, étant régulièrement frappé par des actes de piraterie, de trafics illicites et de pêche illégale.

Face à cette menace, la CEMAC s'est engagée dans un renforcement des capacités de surveillance maritime, en partenariat avec les institutions internationales et les organisations régionales telles que la CEDEAO et la CEEAC ainsi que le Centre interrégional de coordination pour la sûreté et la sécurité maritime en Afrique centrale et de l'Ouest (CIC)[28].

---

[28] Voir NGNINTEDEM Jean-Claude (2007), « Le Code de la marine marchande de la CEMAC et la sécurité maritime », *Revue Congolaise des Transports et des Affaires maritimes*, janvier-mai, n°6, p. 71 et s.

Les initiatives mises en place comprennent :

- L'augmentation des patrouilles conjointes entre les marines des États membres, notamment grâce à la coopération entre le Cameroun, le Gabon, le Congo et la Guinée équatoriale.
- L'implantation de centres de surveillance maritime équipés de technologies avancées pour détecter et suivre les activités suspectes en mer.
- Le renforcement du cadre juridique régional pour sanctionner les actes de piraterie et de pêche illégale.

En complément, la CEMAC travaille avec des partenaires internationaux tels que l'Union européenne et les États-Unis, qui apportent un soutien logistique et technique dans la lutte contre la criminalité maritime.

D. Un levier stratégique pour le développement régional

À travers ses initiatives en matière de réglementation maritime, de modernisation portuaire et de sécurité, la CEMAC ambitionne de positionner l'Afrique centrale comme un acteur majeur du commerce maritime continental et international. L'amélioration des infrastructures portuaires et l'harmonisation des politiques maritimes devraient permettre à la région de mieux tirer parti de ses atouts maritimes, tout en renforçant sa sécurité et en assurant une exploitation durable de ses ressources.

L'avenir du secteur maritime en Afrique centrale dépendra cependant de la capacité des États membres à mettre en œuvre ces réformes et à garantir une coopération efficace pour relever les défis communs liés à la gestion de leurs espaces maritimes.

Paragraphe 2 : Communauté Economique des États de l'Afrique de l'Ouest (CEDEAO) et la gouvernance maritime.

La Communauté Économique des États de l'Afrique de l'Ouest (CEDEAO), qui regroupe 15 pays (Bénin, Burkina Faso, Cap-Vert, Côte d'Ivoire, Gambie, Ghana, Guinée, Guinée-Bissau, Libéria, Mali, Niger, Nigeria, Sénégal, Sierra Leone et Togo), joue un rôle fondamental dans la structuration et le développement du secteur maritime en Afrique de l'Ouest. Avec une façade maritime s'étendant du Sénégal au Nigeria, cette région est une plaque tournante essentielle pour le commerce international, notamment grâce à ses ports stratégiques comme ceux de Lagos, Abidjan, Dakar et Tema.

Face aux défis liés à la sécurité maritime, à la régulation des activités portuaires et à la gouvernance maritime, la CEDEAO a mis en place plusieurs initiatives visant à améliorer la gestion de l'espace maritime régional et à en faire un levier de développement économique durable.

A. Un cadre régional de sécurité maritime pour lutter contre les menaces dans le Golfe de Guinée.

Le Golfe de Guinée est l'une des zones maritimes les plus vulnérables au monde en raison de la recrudescence de la piraterie, du trafic de drogue et d'armes, et de la pêche illégale. En 2021, plus de 130 marins ont été kidnappés dans cette région, ce qui représente plus de 90 % des enlèvements en mer à l'échelle mondiale. La sécurité maritime est donc devenue une priorité stratégique pour la CEDEAO, qui a adopté plusieurs mesures pour coordonner la lutte contre ces menaces.

Dans ce cadre, l'organisation a mis en place un Cadre régional de sécurité maritime, qui repose sur :

- Le Code de conduite de Yaoundé (2013), signé en collaboration avec la CEEAC et la Commission du Golfe de Guinée, qui établit un système de coopération et d'échange d'informations entre les États membres. Ce code encourage la mutualisation des efforts pour lutter contre la piraterie, le trafic illicite et la criminalité maritime.
- La mise en place de zones maritimes de surveillance divisées en trois centres de coordination :
    - La Zone Ouest (Côte d'Ivoire, Guinée, Sierra Leone et Libéria) basée à Abidjan.
    - La Zone Centre (Ghana, Togo, Bénin, Nigeria) basée à Accra.
    - La Zone Est (Cameroun, Gabon, Congo) basée à Pointe-Noire.

  Ces centres facilitent le partage des renseignements et la coordination des interventions en mer.
- L'augmentation des patrouilles conjointes entre États membres, visant à dissuader les actes de piraterie et à renforcer la surveillance des zones de pêche et de transit maritime.
- Le renforcement des capacités des forces navales et garde-côtes, avec un appui logistique et technique des partenaires internationaux comme l'Union européenne, l'ONU, les États-Unis et la Chine.

B. Appui à la surveillance et à la réglementation des activités portuaires

Les ports d'Afrique de l'Ouest jouent un rôle central dans l'économie régionale, représentant plus de 90 % du commerce international des États membres. Cependant, plusieurs défis compromettent leur compétitivité, notamment :

- La congestion portuaire, qui entraîne des retards et des coûts supplémentaires pour les opérateurs économiques.
- Le manque de coordination dans la réglementation des activités portuaires, chaque pays appliquant des règles spécifiques, ce qui entrave la fluidité du commerce intrarégional.

- L'insuffisance des infrastructures de surveillance et de sécurité, qui facilite la contrebande et les pratiques illégales.
  Pour répondre à ces problématiques, la CEDEAO a mis en œuvre plusieurs initiatives :
- L'harmonisation des normes et des réglementations portuaires, afin de faciliter les échanges commerciaux et de garantir des standards uniformes en matière de sûreté et de sécurité maritime.
- Le développement de systèmes de suivi et de traçabilité des navires, pour améliorer la surveillance des entrées et sorties des ports et lutter contre la fraude et le trafic illicite.
- L'amélioration des infrastructures portuaires à travers des investissements dans la modernisation des équipements de manutention, l'agrandissement des terminaux et la numérisation des processus logistiques.
- Le renforcement de la sûreté portuaire en conformité avec le Code ISPS (International Ship and Port Facility Security), qui impose des mesures strictes pour prévenir les menaces terroristes et criminelles.

C. Renforcement des capacités des Etats en matière de gouvernance maritime

Un autre enjeu crucial pour la CEDEAO est le renforcement des capacités institutionnelles et humaines des États membres pour assurer une gouvernance maritime efficace et durable. Aujourd'hui, plusieurs pays de la région font face à des défis tels que le manque d'expertise maritime, l'absence de politiques nationales cohérentes et la faiblesse des cadres juridiques en matière de gestion des ressources maritimes.

Pour remédier à cette situation, la CEDEAO s'engage dans plusieurs actions :

- La formation des professionnels du secteur maritime, notamment à travers des partenariats avec des écoles et instituts spécialisés comme l'Académie Régionale des Sciences et Techniques de la Mer (ARSTM) en Côte d'Ivoire et l'Institut Maritime du Golfe de Guinée au Ghana. Ces formations couvrent des domaines clés tels que la gestion portuaire, la surveillance maritime, la lutte contre la pollution marine et la gestion durable des ressources halieutiques[29].
- Le renforcement des cadres juridiques et réglementaires en matière de droit maritime et de gouvernance des espaces marins. La CEDEAO encourage l'adoption de législations conformes aux conventions internationales telles que la Convention des Nations unies sur le droit de la mer (UNCLOS) et les réglementations de l'Organisation maritime internationale (OMI).

---

[29]Voir COUSSOUD-MAVOUNGOU Martin Parfait Aimé (2017), *op.cit.,* p. 125 et s.

- L'appui technique et financier pour le développement de politiques maritimes intégrées, qui permettent aux États membres de mieux structurer leurs stratégies nationales en cohérence avec les objectifs régionaux.
- L'accompagnement des pays enclavés (Burkina Faso, Mali, Niger) pour faciliter leur accès aux infrastructures portuaires et optimiser la gestion des corridors de transport reliant les ports aux hinterlands.

D. Vers une intégration maritime plus forte en Afrique de l'Ouest

À travers ses actions en matière de sécurité maritime, de modernisation des infrastructures portuaires et de gouvernance maritime, la CEDEAO cherche à consolider l'intégration régionale et à renforcer le rôle stratégique du secteur maritime dans le développement économique de l'Afrique de l'Ouest.

Toutefois, la mise en œuvre efficace de ces initiatives nécessite une coopération accrue entre les États membres, un engagement politique fort et des investissements soutenus. La capacité de la CEDEAO à mobiliser des financements, à favoriser les échanges d'expertise et à renforcer la coordination avec d'autres organisations régionales et internationales sera déterminante pour relever les défis maritimes de la région et exploiter pleinement le potentiel de l'économie bleue ouest-africaine.

Paragraphe 3 : Organisation Maritime de l'Afrique de l'Ouest et du Centre (OMAOC) : un pilier de la coopération maritime régionale

L'Organisation Maritime de l'Afrique de l'Ouest et du Centre (OMAOC) est une institution intergouvernementale qui regroupe 25 pays côtiers et enclavés de ces deux régions. Son rôle est de coordonner les politiques maritimes, d'harmoniser la réglementation régionale et de promouvoir la compétitivité des ports africains afin de soutenir l'intégration régionale et le développement économique. Créée en 1975 sous l'égide de la CNUCED (Conférence des Nations unies sur le commerce et le développement), l'OMAOC dont le Congo est membre depuis sa création vise à améliorer la gouvernance maritime et à renforcer la coopération entre les États membres pour garantir un développement efficace et durable du transport maritime et de la logistique portuaire[30].

A. L'amélioration de la gestion portuaire et de la compétitivité des ports africains

L'un des axes prioritaires de l'OMAOC est l'amélioration de la gestion portuaire et de la compétitivité des ports africains. Aujourd'hui, les infrastructures portuaires en Afrique de l'Ouest et du Centre sont confrontées à de nombreux

[30] Voir COUSSOUD-MAVOUNGOU Martin Parfait Aimé (2017), *op.cit.*, p. 59 et s.

défis, notamment des équipements vieillissants, des goulets d'étranglement logistiques et une connectivité insuffisante avec les réseaux terrestres et ferroviaires. Ces faiblesses nuisent à la fluidité du commerce régional et international, limitant la capacité des États à tirer pleinement parti de leur potentiel maritime.

Pour répondre à ces défis, l'OMAOC s'engage à harmoniser les procédures portuaires en instaurant des normes de gestion uniformes qui s'alignent sur les standards internationaux, notamment ceux définis par l'Organisation Maritime Internationale (OMI). L'organisation encourage également la modernisation des infrastructures en facilitant l'accès à des financements nationaux et internationaux destinés à la réhabilitation et à l'expansion des terminaux portuaires. Elle soutient l'adoption de technologies avancées telles que la digitalisation des opérations portuaires et la mise en place de guichets uniques électroniques, permettant une gestion plus efficace des flux de marchandises et une réduction des coûts logistiques en matière portuaire, son organe spécialisé est l'association de gestion des ports de l'Afrique de l'Ouest et du Centre (AGPAOC) qui regroupe les ports des Etats membres[31].

B. La formation des acteurs du secteur maritime

Parallèlement à ces efforts, l'OMAOC accorde une grande importance à la formation des acteurs du secteur maritime. La région souffre d'un manque d'expertise spécialisée, ce qui ralentit la professionnalisation du secteur et freine la compétitivité des ports et des compagnies maritimes locales. Afin de remédier à cette situation, l'OMAOC développe des programmes de formation destinés aux gestionnaires portuaires, aux officiers de la marine marchande, aux agents de douane et aux experts en gouvernance maritime. Ces formations sont mises en œuvre en collaboration avec des institutions telles que l'Académie Régionale des Sciences et Techniques de la Mer (ARSTM) en Côte d'Ivoire et l'Institut Maritime du Golfe de Guinée au Ghana[32].

L'objectif de ces initiatives est de garantir que les professionnels du secteur possèdent les compétences nécessaires pour gérer efficacement les infrastructures maritimes, assurer la sûreté des opérations et adapter les pratiques aux évolutions du commerce international. De plus, l'OMAOC œuvre pour que les certifications maritimes délivrées en Afrique de l'Ouest et du Centre soient reconnues sur le plan international, permettant ainsi une meilleure employabilité des travailleurs du secteur et une montée en compétences des administrations maritimes nationales.

[31] Voir FORTEAU Mathias, THOUVENIN Jean-Marc (2017),*op. cit.*, p. 187.
[32] Voir COUSSOUD-MAVOUNGOU Martin Parfait Aimé (2017 *op.cit.*

C. Le développement de partenariats internationaux dans le domaine maritime

Un autre volet essentiel de l'action de l'OMAOC concerne le développement de partenariats internationaux dans le domaine maritime. Consciente que le renforcement du secteur maritime africain passe par des collaborations avec des acteurs internationaux, l'organisation s'emploie à établir des relations avec des institutions financières, des organisations spécialisées et des entreprises privées. Elle facilite l'accès aux financements de la Banque Africaine de Développement (BAD), de la Banque mondiale et d'investisseurs privés pour soutenir la modernisation des ports et des corridors logistiques.

L'OMAOC travaille en étroite collaboration avec l'Organisation Maritime Internationale (OMI) pour aligner la réglementation maritime régionale avec les normes internationales, notamment en matière de sécurité, de sûreté et de protection de l'environnement marin. Des accords de coopération sont également développés avec l'Union Européenne et les Nations Unies pour lutter contre la piraterie maritime et encadrer la gestion des ressources halieutiques. De plus, des partenariats avec des pays comme la Chine, les Émirats arabes unis et Singapour permettent de bénéficier d'une expertise avancée dans la gestion portuaire et d'attirer des investissements pour le développement des infrastructures.

D. Vers une intégration maritime plus efficace en Afrique de l'Ouest et du Centre

Grâce à ces différentes initiatives, l'OMAOC joue un rôle central dans la transformation du secteur maritime en Afrique de l'Ouest et du Centre. Toutefois, des défis importants demeurent, notamment la lente harmonisation des réglementations entre les États membres, le retard dans la modernisation des infrastructures portuaires et la persistance de menaces sécuritaires, notamment la piraterie dans le Golfe de Guinée[33].

En poursuivant ses efforts pour améliorer la gouvernance maritime, renforcer les capacités humaines et développer des infrastructures modernes, l'OMAOC contribue à faire de l'Afrique de l'Ouest et du Centre une région maritime plus compétitive et mieux intégrée à l'économie mondiale. L'avenir du secteur dépendra néanmoins de la volonté des Etats membres à mettre en œuvre ces réformes et à approfondir la coopération régionale afin de surmonter les obstacles et d'exploiter pleinement le potentiel maritime du continent. Il est à saluer le rôle remarquable que joue l'Union des conseils des chargeurs Africain (UCCA) qui est son organe spécialisé pour la défense des intérêts des chargeurs[34].

[33] Voir MOMBO Mivy-Grady (2024), *op. cit.*, p. 37 et s.

[34] Voir THIAM DIOP Serigne (2018), L'évolution *des transports maritimes en Afrique de l'Ouest et du Centre*, Editions L'Harmattan Sénégal, p. 73 et s.

Paragraphe 4 : L'Union Africaine (UA) et la gouvernance maritime continentale

L'Union Africaine (UA), en tant qu'organisation continentale, joue un rôle fondamental dans la structuration des politiques maritimes en Afrique, en assurant la coordination, l'harmonisation et la promotion des initiatives maritimes parmi ses États membres. Face à la richesse des espaces maritimes africains et aux défis liés à leur gestion, l'UA œuvre pour renforcer la souveraineté maritime des États africains, développer l'économie bleue et garantir la sécurité des eaux territoriales et internationales.

L'Afrique possède un littoral de plus de 30 000 km, 38 États côtiers et plus de 13 millions de km^2 de zones économiques exclusives (ZEE), ce qui en fait une région stratégique pour le commerce international, l'exploitation des ressources marines et la biodiversité océanique. Toutefois, le continent fait face à de nombreux défis, notamment l'exploitation illégale des ressources halieutiques, la pollution marine, la piraterie, la faiblesse des infrastructures portuaires et la fragmentation des cadres réglementaires. C'est pour répondre à ces problématiques que l'UA a adopté plusieurs initiatives majeures destinées à établir une gouvernance maritime efficace et durable.

A. La mise en œuvre de la Stratégie AIM 2050 : un cadre pour la souveraineté maritime africaine

L'un des piliers de l'action de l'UA en matière maritime est la Stratégie africaine intégrée pour les mers et les océans à l'horizon 2050 (Stratégie AIM 2050), qui représente le cadre directeur pour la gouvernance maritime africaine. Cette stratégie, adoptée en 2014, a pour objectif principal de fournir une vision unifiée pour la gestion des espaces maritimes africains en intégrant les aspects économiques, environnementaux, sécuritaires et juridiques.

Cette stratégie repose sur quatre axes fondamentaux :

- La coopération et l'harmonisation des politiques maritimes entre les Etats membres pour garantir une gestion efficace et concertée des ressources maritimes. Jusqu'à présent, chaque pays appliquait ses propres réglementations, ce qui entraînait des disparités et limitait la coordination régionale.
- Le renforcement de la sécurité maritime et la lutte contre les menaces transnationales, notamment la piraterie, la pêche illégale, le trafic de drogues et d'armes. Cette menace est particulièrement préoccupante dans des zones comme le Golfe de Guinée, qui représente l'un des principaux foyers de piraterie au monde.

- L'exploitation durable des ressources maritimes, avec une meilleure gestion des stocks halieutiques, la mise en place de normes environnementales pour l'extraction des ressources sous-marines et la promotion des énergies marines renouvelables.
- Le développement des infrastructures portuaires et logistiques pour renforcer la compétitivité maritime du continent, favoriser le commerce intra-africain et attirer les investissements étrangers.

La mise en œuvre de cette stratégie nécessite un engagement actif des États membres ainsi que des financements adéquats pour moderniser les équipements de surveillance, renforcer la formation des professionnels du secteur maritime et harmoniser les cadres réglementaires. L'UA collabore ainsi avec des partenaires tels que l'Organisation Maritime Internationale (OMI), l'Union européenne (UE), la Banque Africaine de Développement (BAD) et les Nations Unies pour mobiliser les ressources nécessaires à son application.

B. La promotion de l'économie bleue et de la durabilité des ressources maritimes

L'UA met également un accent particulier sur l'économie bleue, qui représente une opportunité majeure pour la diversification économique du continent. Aujourd'hui, le commerce maritime mondial dépend en grande partie des ports africains, notamment ceux situés le long des routes commerciales de l'océan Atlantique et de l'océan Indien. Pourtant, l'Afrique ne capte qu'une fraction des bénéfices de cette activité, en raison de la faiblesse de ses infrastructures portuaires, de la fragmentation des réglementations et du manque de valeur ajoutée locale.

L'UA s'emploie à développer des secteurs clés de l'économie bleue pour garantir un développement durable des ressources maritimes. Parmi ces secteurs figurent :

- La pêche et l'aquaculture, qui doivent être mieux encadrées pour lutter contre la surpêche et la pêche illégale, qui coûtent chaque année à l'Afrique entre 1,3 et 2,3 milliards de dollars en pertes économiques. L'UA encourage la création de zones de protection marine, la modernisation des flottes de pêche africaines et le renforcement des réglementations contre la pêche INN (illégale, non déclarée et non réglementée).
- Les énergies marines renouvelables, notamment l'éolien offshore, l'énergie des vagues et des courants marins, qui représentent un potentiel considérable pour réduire la dépendance du continent aux énergies fossiles et assurer une transition énergétique durable.
- Le tourisme côtier et maritime, qui constitue un levier important pour la croissance économique, notamment en Afrique du Nord et en Afrique de l'Est, mais qui nécessite une meilleure régulation environnementale pour éviter la dégradation des littoraux.

- Le transport maritime et les infrastructures portuaires, qui doivent être modernisés pour améliorer la compétitivité du commerce intra-africain, en particulier dans le cadre de la Zone de Libre-Échange Continentale Africaine (ZLECAF). L'UA travaille sur l'élaboration d'un réseau intégré de corridors maritimes et logistiques, reliant les ports aux zones économiques spéciales et aux hubs industriels du continent.

Ces initiatives visent à faire de l'économie bleue un moteur de développement économique et social, tout en garantissant la préservation des écosystèmes marins et la résilience des communautés côtières face aux effets du changement climatique.

C. Le soutien aux États membres pour la mise en conformité avec les normes internationales

L'un des rôles essentiels de l'UA est d'accompagner les États membres dans l'adoption et l'application des normes internationales en matière de gouvernance maritime. Beaucoup de pays africains rencontrent encore des difficultés à aligner leurs législations nationales avec les réglementations internationales, ce qui limite leur intégration dans le commerce maritime mondial et les expose à des sanctions internationales.

L'UA collabore avec plusieurs organisations internationales pour renforcer les capacités des États dans la mise en œuvre de normes internationales de sécurité maritime, de protection de l'environnement marin et de droit maritime. Elle encourage notamment :

- L'adoption de la Convention des Nations Unies sur le Droit de la Mer (UNCLOS), qui définit les droits et devoirs des Etats en matière de souveraineté maritime et de gestion des ZEE.
- L'application du Code ISPS (International Ship and Port Facility Security), qui vise à renforcer la sûreté des installations portuaires et à prévenir les actes de terrorisme maritime.
- La mise en place de réglementations environnementales strictes, notamment pour encadrer l'exploitation minière des fonds marins et réduire la pollution issue du transport maritime.
- La formation des autorités maritimes africaines, en partenariat avec l'OMI et d'autres institutions spécialisées, pour renforcer la surveillance des eaux territoriales et lutter contre les activités maritimes illégales.

En jouant ce rôle de coordination, de facilitation et d'accompagnement technique, l'UA cherche à garantir une meilleure intégration maritime de l'Afrique dans l'économie mondiale et à renforcer la souveraineté des États africains sur leurs espaces maritimes.

Toutefois, la réussite de ces initiatives dépend de l'engagement politique des États membres, de la disponibilité des ressources financières et de la capacité des institutions africaines à mettre en œuvre des réformes structurelles. En poursuivant ses efforts, l'UA ambitionne de transformer les océans africains en un levier de développement durable, de croissance économique et de stabilité régionale.

Conclusion

Le cadre juridique et institutionnel de la gouvernance maritime en Afrique témoigne de la volonté du continent de structurer et de sécuriser ses espaces maritimes tout en valorisant leurs potentialités économiques et écologiques. A travers l'adoption de conventions internationales, de chartes régionales et d'initiatives continentales, les États africains s'efforcent de concilier exploitation durable des ressources maritimes, protection de l'environnement et lutte contre les menaces maritimes telles que la piraterie, la pêche illégale et la pollution.

Toutefois, malgré ces avancées, de nombreux défis subsistent. La fragmentation des cadres réglementaires, le manque de coordination entre les États et les capacités institutionnelles limitées entravent l'application effective des normes établies. De plus, la gouvernance maritime africaine doit faire face à des enjeux globaux tels que le changement climatique, la montée du niveau de la mer et la compétition pour le contrôle des ressources océaniques.

Pour renforcer son cadre juridique et institutionnel, l'Afrique devra miser sur une meilleure harmonisation des politiques maritimes, un renforcement des capacités techniques et humaines, ainsi qu'un engagement accru dans la coopération régionale et internationale. La mise en œuvre effective des stratégies telles que l'Agenda 2063 et la Stratégie AIM 2050 sera déterminante pour transformer les océans africains en un moteur de développement durable et de stabilité régionale.

En définitive, une gouvernance maritime robuste et intégrée permettra à l'Afrique d'exploiter de manière optimale ses ressources maritimes tout en garantissant leur préservation pour les générations futures.

TITRE 2

L'engagement du Congo dans la gouvernance maritime

L'analyse de cet engagement va nous conduire à voir d'abord quelle est la politique maritime du Congo, ensuite nous présenterons la façade maritime du Congo et ses potentialités, enfin nous parlons du secteur informel dans l'économie maritime.

CHAPITRE 1

Politique maritime du Congo

Le secteur maritime joue un rôle crucial dans l'économie du Congo, notamment en raison de son emplacement stratégique sur la côte Atlantique, facilitant le commerce international et l'exploitation de ses ressources naturelles maritimes. Le Port Autonome de Pointe-Noire (PAPN), en tant que principal port du pays, constitue un axe central pour cette dynamique, en agissant comme une porte d'entrée et de sortie pour les marchandises transitant par le pays. La politique maritime du Congo repose sur un cadre législatif et réglementaire qui englobe des lois nationales, des décrets et des conventions internationales ratifiées par le pays, telles que MARPOL pour la prévention de la pollution marine et SOLAS pour la sécurité en mer. Ces conventions sont essentielles pour structurer et réguler les activités maritimes, assurer la sécurité des navires et protéger l'environnement marin. Toutefois, la mise en œuvre de cette politique rencontre plusieurs défis récurrents et émergents, notamment les limitations en matière d'infrastructures portuaires, la gestion des ressources maritimes et la pollution. Ce chapitre explore les éléments clés de ce cadre législatif, les institutions responsables de sa mise en œuvre, le rôle stratégique du PAPN et les défis rencontrés dans la régulation des activités maritimes au Congo.

Section 1 : Cadre législatif et réglementaire

Le cadre législatif et réglementaire du Congo est fondamental pour assurer la gestion durable de ses ressources maritimes et garantir la sécurité en mer, tout en protégeant l'environnement marin. Ce cadre législatif comprend des lois nationales, des décrets, des règlements, ainsi que des conventions internationales ratifiées par le pays. Ces textes visent à encadrer toutes les activités maritimes, allant de la navigation à la gestion des ports, tout en intégrant la protection de l'environnement. Ce chapitre propose une analyse détaillée des textes législatifs et des institutions responsables, en mettant l'accent sur l'application de ces normes.

Paragraphe 1 : Code de la marine marchande

Le Code de la marine marchande est un texte fondamental pour la régulation des activités maritimes commerciales au Congo. Ce cadre juridique permet de structurer, organiser et contrôler la navigation, la gestion des navires, ainsi que la régulation des ports. Il s'inspire principalement des normes et standards internationaux définis par l'Organisation Maritime Internationale (OMI), notamment pour garantir la sécurité maritime, la gestion environnementale et la compétitivité du secteur maritime. Ce Code joue un rôle clé dans le développement économique du Congo en renforçant la compétitivité du secteur maritime et en facilitant son intégration dans le commerce international[35].

A. Navigation et exploitation des navires

L'un des aspects les plus importants du Code de la Marine marchande est sa réglementation sur la navigation et l'exploitation des navires. Le Code fixe les règles relatives à la navigation des navires dans les eaux territoriales et internationales. Ce cadre juridique encadre la sécurité de la navigation et l'intégrité des navires, en vue de garantir une exploitation maritime sûre et conforme aux normes internationales. Ces règles s'appliquent à tous les navires sous pavillon congolais, qu'ils soient en activité dans les eaux territoriales ou qu'ils effectuent des trajets internationaux.
Les principales règles relatives à la navigation et l'exploitation des navires sont les suivantes :

- Immatriculation des navires : Tous les navires opérant sous pavillon congolais doivent être immatriculés auprès des autorités maritimes locales. Cette procédure d'immatriculation vise à assurer une identification unique de chaque navire, garantissant ainsi une traçabilité et une conformité aux exigences légales. Le Code définit également les modalités de cette immatriculation, les documents nécessaires et les contrôles préalables à effectuer avant d'autoriser la mise en exploitation du navire.
- Contrôles périodiques : Une fois un navire immatriculé, il doit se soumettre à des inspections et contrôles périodiques pour vérifier la conformité avec les normes de sécurité maritime. Ces inspections concernent aussi bien l'état technique du navire que la formation de l'équipage et la validité des documents réglementaires. Ces inspections sont réalisées par des autorités compétentes, telles que la Direction générale de la marine marchande, qui s'assure que le navire reste opérationnel et respectueux des standards de sécurité (Congo, 2015).

---

[35] Voir DIBAS-FRANCK Eric (2012), « Quelques remarques sur le code de la marine marchande de la CEMAC de 2012 », Droit Maritime Français, n° 801, avril 2018, n° 2, pp. 458-470 ; Voir également DIBAS-FRANCK Eric (2018), *Le droit maritime dans la zone CEMAC,* Editions L'Harmattan, 258 p.

- Exploitation commerciale des navires : Le Code régit aussi les conditions d'exploitation des navires dans le cadre du transport de marchandises ou de passagers. Cela inclut des obligations sur la maintenance des navires, l'équipement obligatoire à bord, ainsi que les règles de navigation dans les zones à risque ou sujettes à des conditions météorologiques extrêmes. Le Code impose également une gestion adéquate des équipements à bord, tels que les dispositifs de sauvetage et les équipements de communication.

B. Contrôle de la sécurité maritime

Un principe fondamental du Code de la Marine marchande est la sécurité maritime. Le Code définit un ensemble de règles et de procédures destinées à garantir la sécurité des navires, de leurs équipages et de leurs passagers. La sécurité en mer est une priorité essentielle pour prévenir les accidents maritimes, limiter les risques pour l'environnement et assurer la continuité des opérations commerciales maritimes. Le Code réglemente notamment les actions à prendre en cas d'accident en mer, en prévoyant des mesures d'urgence adaptées[36].

Les principaux aspects du contrôle de la sécurité maritime sont les suivants :

- Sécurité des équipages et des passagers : Le Code impose aux armateurs de garantir que les navires respectent les normes de sécurité pour l'équipage et les passagers. Cela inclut des règles strictes sur les équipements de sauvetage, la formation obligatoire des équipages, et les procédures à suivre en cas d'incident en mer, comme les incendies, les collisions, ou les naufrages. Les navires doivent être équipés de radeaux de sauvetage, de gilets de sauvetage et de systèmes de communication pour assurer une évacuation rapide et sécurisée.
- Plan de sécurité maritime : Chaque navire doit disposer d'un plan de sécurité qui définit les actions à entreprendre en cas d'urgence. Ce plan inclut des procédures détaillées pour lutter contre les incendies, les déversements de polluants, ou tout autre incident. Le Code prévoit que ce plan soit régulièrement mis à jour et testé par l'équipage pour s'assurer de son efficacité en situation réelle.
- Contrôles réguliers et inspections de sécurité : Le Code stipule que des inspections régulières de sécurité doivent être effectuées pour vérifier la conformité aux normes de sécurité. Cela comprend l'évaluation des installations de sécurité à bord, la vérification des qualifications de l'équipage, et la conformité aux normes internationales de sécurité, telles que celles définies par la Convention SOLAS. Ces inspections permettent de garantir que les navires congolais respectent des standards de sécurité internationaux rigoureux.

---

[36] Voir NGNINTEDEM Jean-Claude (2007), « Le Code de la marine marchande de la CEMAC et la sécurité maritime », *Revue Congolaise des Transports et des Affaires maritimes*, janvier-mai, n°6, p.88 et s.

C. Réglementation des ports et des installations portuaires

Le Code de la Marine marchande régule également les ports et les installations portuaires. Il établit des normes de sécurité et de gestion pour assurer le bon fonctionnement des ports et garantir la sécurité des opérations portuaires, notamment le chargement et le déchargement des marchandises, ainsi que l'accueil des navires.

Les principales dispositions relatives aux ports sont les suivantes :

- Organisation des infrastructures portuaires : Le Code définit les principes d'organisation et de gestion des ports, en détaillant les rôles des autorités portuaires, des opérateurs privés, et des autorités maritimes. Il impose des obligations pour la mise en place de structures adaptées aux différents types de navires, et garantit que les infrastructures portuaires respectent des normes de sécurité pour les activités de manutention des marchandises.
- Sécurité des cargaisons : Une attention particulière est portée à la gestion des cargaisons, notamment les matières dangereuses, les produits chimiques et les combustibles. Le Code impose des procédures strictes pour la manutention de ces marchandises afin de prévenir les accidents comme les incendies ou les déversements. Des exigences supplémentaires sont aussi définies pour le stockage sécurisé des produits dans les zones portuaires, minimisant ainsi les risques pour l'environnement[37].
- Prévention des incendies et gestion des urgences : Le Code impose la mise en place de systèmes de prévention des incendies dans les ports, en particulier dans les zones de stockage des produits inflammables. Des plans d'urgence doivent également être établis pour gérer les situations de crise, telles que les accidents industriels ou les déversements de produits polluants. Les autorités portuaires sont responsables de la coordination des secours et de l'activation des procédures d'urgence.

D. Responsabilité environnementale des armateurs

En réponse aux défis environnementaux, le Code de la Marine marchande impose aux armateurs de prendre des mesures préventives pour éviter la pollution marine. Le Code repose sur des principes de développement durable en imposant des règles strictes en matière de gestion des déchets à bord des navires et de lutte contre les déversements accidentels[38].

Les principales responsabilités environnementales des armateurs comprennent :

- Gestion des déchets à bord des navires : Le Code oblige les armateurs à adopter des systèmes de gestion des déchets efficaces, incluant la collecte, le stockage et le traitement des déchets générés à bord. Cela inclut les eaux

---

[37] Voir les articles 352 et 353 du CCMM.

[38] Voir le titre XVIII du CCMM.

usées, les huiles usées, les produits chimiques et les déchets solides. Les navires doivent être équipés d'installations permettant de traiter ces déchets conformément aux normes environnementales.

- Prévention des déversements accidentels : Le Code impose des mesures de prévention et de gestion des déversements accidentels, en particulier ceux de pétrole ou de produits chimiques. Les armateurs doivent se conformer aux normes internationales définies par la Convention MARPOL (Marine Pollution), qui réglemente les rejets polluants des navires dans les océans. Les navires doivent être équipés de systèmes de rétention pour éviter tout rejet accidentel de polluants dans l'eau.

Le Code de la marine marchande est un cadre juridique essentiel pour assurer la gestion efficace et responsable des activités maritimes au Congo. Il garantit la sécurité maritime, régule les ports et installations portuaires, et impose des règles strictes pour la protection de l'environnement marin. En s'inspirant des normes internationales, notamment celles de l'OMI, le Code établit un environnement législatif favorable à la croissance du secteur maritime tout en garantissant des pratiques sûres et durables.

Paragraphe 2 : Lois relatives à la protection de l'environnement marin

La protection de l'environnement marin est devenue une priorité de plus en plus cruciale pour de nombreux pays, dont le Congo, qui est particulièrement vulnérable aux menaces écologiques pesant sur ses zones côtières et ses écosystèmes marins. La Côte Atlantique du Congo est riche en biodiversité, avec des écosystèmes marins variés, allant des mangroves aux récifs coralliens, en passant par les herbiers marins. Ces écosystèmes jouent un rôle clé dans la régulation du climat, la protection des côtes, et la biodiversité. Ils sont également des ressources vitales pour les communautés locales qui dépendent de la pêche et du tourisme.

Face à ces enjeux, le Congo a mis en place plusieurs lois et régulations pour limiter la pollution marine et préserver ces écosystèmes vitaux. Ces législations sont alignées avec les standards internationaux, tout en prenant en compte les spécificités environnementales du pays. Les principales mesures législatives et réglementaires sont détaillées ci-dessous[39].

A. Prévention de la pollution par les navires

L'une des sources majeures de pollution marine provient des activités maritimes, notamment les déversements d'hydrocarbures, les rejets de déchets industriels et

[39] Voir notamment la loi n°33-2023 du 17 novembre 2023 sur la protection de l'environnement.

les eaux usées des navires. Le Congo a adopté plusieurs lois et régulations pour prévenir cette pollution et garantir que les navires opérant sous son pavillon respectent des normes strictes de gestion des déchets.

Principaux dispositifs législatifs et réglementaires :

- L'adoption de la Convention MARPOL (Marine Pollution) : Le Congo a ratifié la Convention MARPOL (1973/1978) qui impose des normes internationales pour prévenir la pollution des mers par les navires. Cette convention est l'un des principaux instruments juridiques mondiaux pour lutter contre la pollution marine par les hydrocarbures, les eaux usées, les substances chimiques et les déchets solides provenant des navires.

  - Normes MARPOL : La convention définit des normes strictes concernant les rejets des navires, notamment l'interdiction de déversements accidentels d'hydrocarbures dans les eaux maritimes, l'interdiction de rejets de déchets plastiques et la gestion des eaux de ballast. MARPOL impose également des exigences pour le stockage et le traitement des déchets à bord des navires, afin de garantir qu'ils ne soient pas déversés dans l'océan.
  - Surveillance et inspection des navires : La mise en œuvre de MARPOL au Congo inclut la surveillance continue des navires et des ports pour vérifier que les protocoles de gestion des déchets sont respectés. Des inspections régulières sont menées sur les navires pour s'assurer qu'ils sont conformes aux exigences environnementales, et des sanctions sont prévues pour les contrevenants.

- Législation nationale sur la gestion des hydrocarbures et autres polluants : Le Congo a mis en place des législations spécifiques sur la gestion des risques liés aux hydrocarbures et aux substances polluantes transportées par les navires. Par exemple, la loi sur la gestion des risques et des incidents environnementaux impose des responsabilités aux exploitants portuaires et aux armateurs en cas de déversement accidentel. Les protocoles de réponse rapide en cas de pollution par les hydrocarbures comprennent des dispositifs de récupération et de nettoyage des déversements, ainsi que des procédures de compensation (Congo, 2015).

B. Zonage écologique et aires marines protégées (AMP)

Le gouvernement congolais a également mis en place un système de zonage écologique pour protéger certaines zones maritimes particulièrement sensibles. Ces zones sont classées comme aires marines protégées (AMP), où les activités humaines sont strictement régulées pour préserver la biodiversité marine et les écosystèmes fragiles. Ce système est crucial pour la protection des récifs coralliens, des mangroves et des herbiers marins, qui jouent un rôle essentiel dans la filtration de l'eau, la régulation de la qualité de l'air et la préservation de la faune aquatique[40].

Mesures clés dans le cadre des aires marines protégées :

- Définition des AMP et protection de la biodiversité : Le Congo a désigné certaines de ses zones maritimes comme des aires marines protégées, où les activités humaines, telles que la pêche industrielle, la construction ou l'exploitation minière, sont strictement régulées. Ces zones sont souvent situées près des côtes, là où les écosystèmes marins sont les plus vulnérables. Par exemple, les mangroves et les récifs coralliens sont classés parmi les écosystèmes les plus sensibles et les plus riches en biodiversité.
- Réglementation stricte de la pêche : Dans les AMP, la pêche est souvent restreinte ou interdite pour protéger les espèces marines menacées. Des périodes de pêche interdites sont définies pour permettre aux populations de poissons de se reproduire et maintenir l'équilibre écologique. Les pêcheurs doivent obtenir des licences spécifiques et suivre des règlements stricts concernant les méthodes de pêche afin de préserver la biodiversité marine (PNUD, 2020).
- Activités touristiques durables : Les AMP du Congo sont également ouvertes à un tourisme écologique, mais sous des règles strictes afin de minimiser les impacts environnementaux. Le gouvernement a mis en place des régulations pour limiter l'impact du tourisme sur les récifs coralliens, les mangroves et d'autres habitats sensibles. Cela inclut des réglementations sur l'utilisation de la plaisance, l'accès aux sites de plongée et les pratiques de snorkeling respectueuses de l'environnement.

C. Gestion des déchets marins et recyclage

La gestion des déchets marins est un autre domaine clé de la législation environnementale du Congo. La pollution plastique et le rejet des déchets solides en mer sont des problèmes mondiaux majeurs, et le Congo a mis en place des politiques pour lutter contre ces phénomènes.

Mesures législatives et réglementaires sur les déchets marins :

- Réduction des plastiques et des déchets solides en mer : Le Congo a introduit des lois pour interdire le rejet des déchets plastiques dans les océans, en particulier à partir des navires et des installations portuaires. Le pays a adhéré aux conventions internationales qui interdisent le rejet de déchets plastiques

[40] Voir la loi n°37-2008 du 28 novembre 2008 sur la faune et les aires protégées.

dans les mers et océans. De plus, des réglementations ont été mises en place pour encourager le recyclage des plastiques et des déchets solides dans les ports et à bord des navires.

- Responsabilité des armateurs et des ports : Le Code de la Marine marchande impose aux armateurs des navires et aux exploitants de ports de gérer les déchets générés pendant les activités maritimes de manière écologique. Cela inclut la collecte et le traitement des déchets plastiques, des huiles usées et des produits chimiques. Des installations de recyclage sont nécessaires dans les ports pour assurer un traitement approprié des déchets avant leur élimination ou leur recyclage (PNUD, 2020).
- Campagnes de sensibilisation et gestion des déchets à terre : Le Congo mène également des campagnes de sensibilisation pour encourager la réduction des déchets plastiques à la source, en particulier dans les zones côtières et les communautés locales qui dépendent de la mer pour leur subsistance. Des programmes éducatifs sont mis en place pour promouvoir des pratiques de gestion des déchets durables et la participation des citoyens dans le recyclage des plastiques et autres matériaux polluants.
  Les lois relatives à la protection de l'environnement marin au Congo sont un ensemble de mesures législatives et réglementaires visant à limiter la pollution marine, protéger les écosystèmes marins et promouvoir une gestion durable des ressources maritimes. En s'appuyant sur des conventions internationales comme MARPOL, le Congo met en place des normes strictes pour prévenir la pollution par les navires et les activités portuaires. Le pays a également institué des aires marines protégées pour préserver les habitats fragiles, tout en mettant en place des programmes de sensibilisation et de recyclage pour réduire l'impact des déchets marins. Ce cadre législatif démontre l'engagement du Congo à protéger son environnement marin pour les générations futures.

Paragraphe 3 : Conventions internationales ratifiées par le Congo

A. Conventions internationales ratifiées par le Congo

Le Congo, en tant qu'État membre de la communauté internationale, a ratifié plusieurs conventions maritimes mondiales visant à encadrer les activités maritimes et protéger les océans. Parmi les plus importantes figurent les conventions MARPOL et SOLAS.

- Convention MARPOL : Adoptée sous l'égide de l'OMI en 1973, la Convention MARPOL est un accord international qui régit la prévention de la pollution marine causée par les navires. Elle impose des règles strictes pour la gestion des déchets à bord, en particulier ceux qui peuvent polluer les océans (hydrocarbures, matières chimiques, eaux usées, etc.) (International Maritime Organization, 2013). Le Congo, en ratifiant cette convention, s'engage à appliquer des normes de sécurité renforcées pour la gestion des déchets marins dans ses ports et à bord des navires.

- Convention SOLAS : La Convention SOLAS[41] est l'une des conventions les plus importantes pour la sécurité maritime mondiale. Elle définit des normes minimales pour la construction des navires, leur équipement de sécurité, et les procédures de sauvetage en mer (International Maritime Organization, 2014). Le Congo a ratifié cette convention afin de garantir la sécurité des navires et des équipages opérant dans ses eaux territoriales, tout en se conformant aux standards internationaux.
- Autres conventions et protocoles : Le Congo a également ratifié des conventions et protocoles relatifs à la gestion durable des ressources maritimes, comme la Convention sur la diversité biologique (CBD), qui inclut des engagements pour la protection des écosystèmes marins et des espèces marines menacées (CBD, 2020)[42].

B. Implications des conventions internationales ratifiées par le Congo

Les conventions internationales que le Congo a ratifiées en matière maritime, telles que la Convention MARPOL, la Convention SOLAS, et la Convention sur la diversité biologique[43] (CBD), ont des implications profondes pour la gouvernance de ses ressources maritimes et la protection de ses écosystèmes marins. Ces conventions imposent des obligations spécifiques au pays et ont des impacts significatifs à différents niveaux : légal, environnemental, économique, et social.

B.1. Implications légales et institutionnelles

L'une des principales implications de la ratification de conventions internationales est la nécessité pour le Congo de renforcer son cadre législatif national afin de se conformer aux obligations internationales. Cela implique plusieurs mesures :

- Alignement avec le droit international : La ratification de conventions telles que MARPOL et SOLAS oblige le Congo à adapter ses lois nationales pour

[41] La Convention SOLAS, adoptée initialement en 1914 en réaction au naufrage du Titanic, a connu plusieurs révisions majeures en 1929, 1948 et 1960. La version en vigueur aujourd'hui, dite Convention SOLAS de 1974, a été adoptée le 1er novembre 1974 et est entrée en vigueur le 25 mai 1980. Depuis lors, elle a été régulièrement mise à jour et modifiée afin de répondre aux évolutions du transport maritime.

[42] Voir le Code communautaire de la marine marchande de la CEMAC de 2012 dont les dispositions pertinentes de ces conventions ont été intégrées.

[43] Cette convention a été ouverte à la signature la Conférence des Nations Unies sur l'environnement et le développement, souvent appelé le « Sommet de la Terre » de Rio.

les rendre compatibles avec les normes internationales. Le pays doit mettre en place des réglementations détaillées et spécifiques pour gérer les déchets marins, les émissions de gaz à effet de serre provenant des navires, et les protocoles de sécurité maritime. Par exemple, la loi sur la pollution marine doit inclure des dispositions détaillées sur les actions à prendre en cas de déversement d'hydrocarbures ou d'autres polluants marins.

- Création d'agences et d'organismes de régulation : Pour garantir la conformité avec les conventions, le Congo doit renforcer et/ou créer des institutions nationales spécialisées. Cela comprend la mise en place d'agences de surveillance environnementale, telles que la direction de la marine marchande, pour inspecter les navires, surveiller les ports et s'assurer que les navires opérant sous pavillon congolais respectent les standards de MARPOL et SOLAS. De plus, des institutions de recherche et de gestion des aires marines protégées (AMP) doivent être créées ou renforcées pour assurer la conservation des écosystèmes marins fragiles, conformément à la CBD.
- Renforcement des capacités judiciaires : Pour appliquer correctement ces conventions, le Congo doit également développer des mécanismes juridiques adaptés, ce qui inclut des tribunaux spécialisés ou des procédures administratives permettant de sanctionner les violations des normes maritimes et environnementales. Par exemple, les lois concernant les déversements de pétrole doivent prévoir des amendes substantielles et des sanctions pénales, tout en donnant la possibilité de recourir à des tribunaux ou des juridictions internationales compétentes pour les litiges transfrontaliers liés à la pollution marine.

B.2. Implications environnementales

Les implications environnementales de la ratification de ces conventions sont significatives, tant au niveau national qu'international. L'application de ces conventions vise à protéger les écosystèmes marins, limiter la pollution, et garantir une gestion durable des ressources océaniques.

- Protection des écosystèmes marins et de la biodiversité : La CBD impose au Congo de prendre des mesures spécifiques pour préserver la biodiversité marine, y compris les récifs coralliens, les mangroves, et les herbiers marins, qui sont des écosystèmes essentiels pour la régulation du climat, la protection des côtes, et le maintien de la pêche durable. Le pays doit donc mettre en œuvre des politiques de conservation qui incluent la création d'aires marines protégées (AMP), la réduction de la pêche illégale, et des actions pour limiter la pollution par les plastiques et autres déchets (CBD, 2020). Ces mesures contribuent à la préservation des écosystèmes marins essentiels pour les générations futures et assurent leur résilience face aux changements climatiques.

- Réduction de la pollution marine : La ratification de MARPOL impose au Congo de gérer efficacement les déchets marins et d'adopter des technologies de prévention pour éviter les déversements d'hydrocarbures et autres polluants. Cela implique la mise en place de systèmes de réception et de traitement des déchets dans les ports, ainsi que des normes strictes concernant le stockage et le transport des matières dangereuses par les navires. Par exemple, l'application de la réglementation MARPOL permettra de réduire considérablement la pollution par les hydrocarbures dans les eaux du Congo, contribuant à la préservation des habitats marins sensibles comme les mangroves et les récifs coralliens.
- Adaptation aux changements climatiques : La gestion des ressources maritimes, dans le cadre des conventions internationales, aide le Congo à s'adapter aux effets des changements climatiques. En préservant les écosystèmes marins, qui jouent un rôle clé dans la régulation du climat, notamment à travers le stockage du carbone (les herbiers marins, par exemple, sont de puissants puits de carbone), le Congo contribue à la réduction des émissions de gaz à effet de serre et à la résilience des communautés côtières face aux catastrophes naturelles telles que les vagues de chaleur ou les élévations du niveau de la mer.

B.3. Implications économiques

Les conventions internationales imposent au Congo de moderniser ses infrastructures maritimes et portuaires, ce qui peut avoir des implications économiques importantes :

- Investissements dans les infrastructures portuaires : L'application de MARPOL et SOLAS oblige le Congo à améliorer ses infrastructures portuaires, notamment pour la gestion des déchets marins et la sécurité des navires. Cela peut entraîner des investissements substantiels dans des équipements de gestion des déchets et des systèmes de traitement des eaux usées dans les ports. Cependant, ces investissements peuvent également offrir des opportunités économiques à long terme, en stimulant la croissance du secteur maritime, en attirant des partenaires internationaux soucieux de la conformité environnementale et en améliorant la compétitivité des ports congolais sur le marché mondial.
- Création d'emplois verts : La mise en œuvre de la CBD, ainsi que les efforts pour réduire la pollution et créer des AMP, peut créer des emplois dans des secteurs tels que la gestion des aires marines protégées, la surveillance de la biodiversité, et la restauration des écosystèmes marins. De plus, les programmes de formation des marins et des autorités portuaires pour se conformer à SOLAS et MARPOL génèrent des opportunités d'emploi dans le domaine de la sécurité maritime et de la gestion environnementale.

- Impact sur les secteurs de la pêche et du tourisme : La ratification des conventions internationales peut également renforcer les secteurs économiques du tourisme écologique et de la pêche durable. En protégeant les récifs coralliens, les mangroves et les zones de reproduction marine, le Congo peut développer un tourisme axé sur l'observation de la faune marine, comme la plongée sous-marine, ainsi qu'une pêche durable qui préserve les ressources halieutiques pour les générations futures.

B.4. Implications sociales et de gouvernance

Les conventions internationales ont également des implications sociales, notamment pour les communautés côtières, qui dépendent directement des ressources maritimes pour leur subsistance.

- Participation des communautés locales : L'application des conventions comme la CBD encourage la participation des communautés locales à la gestion des ressources maritimes. Les pêcheurs, les autorités locales et les groupes communautaires sont impliqués dans la surveillance de la pêche illégale, dans la gestion des AMP et dans des initiatives de restauration des écosystèmes. La sensibilisation des populations locales aux enjeux environnementaux maritimes renforce l'adhésion aux politiques de conservation et soutient le développement d'une gouvernance participative.
- Amélioration de la gestion des ressources maritimes : L'adoption de pratiques durables, en conformité avec MARPOL, SOLAS et la CBD, améliore la gestion des ressources maritimes et réduit les conflits liés à l'exploitation des ressources. En assurant une gestion transparente et respectueuse des normes internationales, le Congo peut éviter des crises telles que la surexploitation des stocks de poissons ou la destruction d'habitats marins sensibles, contribuant ainsi à la stabilité des communautés côtières.

  Les conventions internationales ratifiées par le Congo, telles que MARPOL, SOLAS, et la CBD, ont des implications profondes et multiples. En ratifiant ces conventions, le Congo s'engage à protéger son environnement marin, à garantir la sécurité en mer, et à gérer durablement ses ressources maritimes. Ces engagements impliquent des ajustements législatifs, des investissements dans les infrastructures, et la création de mécanismes de gouvernance. Les bénéfices à long terme sont significatifs, incluant une meilleure gestion des écosystèmes marins, des opportunités économiques dans les secteurs du tourisme et de la pêche, et un rôle actif dans la gouvernance mondiale des océans.

Paragraphe 4 : Défis récurrents et émergents des conventions internationales ratifiées par le Congo

Bien que la ratification des conventions internationales maritimes telles que MARPOL, SOLAS, et la Convention sur la biodiversité biologique (CBD) marque l'engagement du Congo envers la préservation de l'environnement marin et la sécurité en mer, la mise en œuvre de ces engagements présente des défis récurrents et émergents. Ces défis découlent principalement de l'adaptation du cadre législatif national, de la gestion des ressources maritimes, de l'infrastructure insuffisante, et des obstacles économiques et sociaux. Ci-dessous, nous analysons les défis clés auxquels le Congo fait face en appliquant ces conventions, avec des exemples précis.

A. Défis récurrents

A.1. Insuffisance des infrastructures et des équipements de surveillance

L'un des défis majeurs rencontrés par le Congo est le manque d'infrastructures maritimes adaptées pour respecter les engagements pris dans les conventions internationales. La gestion des déchets marins, en particulier la réception des déchets de navires conformément à MARPOL, nécessite des équipements et infrastructures portuaires adéquats pour recevoir, traiter et éliminer correctement les déchets. Cependant, plusieurs ports congolais, notamment le Port Autonome de Pointe-Noire (PAPN), ne disposent pas d'installations modernes et suffisantes pour gérer cette pollution efficacement.

Exemple concret : Malgré la ratification de la Convention MARPOL, la gestion des déchets marins reste un défi. Par exemple, les navires en transit dans les eaux congolaises ne peuvent pas toujours trouver des installations portuaires adéquates pour disposer de manière responsable des déchets solides, plastiques, ou des eaux usées. L'absence de telles infrastructures entraîne des rejets illégaux en mer, mettant en péril les écosystèmes marins.
Conséquence : La pollution par les hydrocarbures et autres substances marines persiste, malgré les règles strictes imposées par la convention.

A.2. Application des normes de sécurité maritime (SOLAS)

Le respect des normes de sécurité en mer, définies dans la Convention SOLAS, est une autre difficulté persistante. Bien que la convention impose des exigences de sécurité pour les navires, y compris des équipements de sauvetage et de communication, un certain nombre de navires opérant sous pavillon congolais ne respectent pas toujours ces normes.
Exemple concret : Des inspections récentes ont révélé que certains navires sous pavillon congolais naviguent sans avoir mis à jour leurs équipements de

sauvetage, ou ne respectent pas les normes relatives à la stabilité des navires et à la conception de leurs infrastructures. Cela présente un risque pour la sécurité de l'équipage et des passagers en cas d'incident maritime.

Conséquence : Ces infractions mettent en danger la vie humaine et retardent l'intégration du Congo dans des réseaux de transport maritime international respectant les plus hauts standards de sécurité.

A.3. Difficulté de financement pour la mise en œuvre des conventions

La ratification des conventions internationales, telles que MARPOL et SOLAS, impose au Congo d'investir dans des programmes de gestion environnementale et de sécurité maritime. Cependant, le manque de ressources financières pour ces investissements est un défi récurrent. Les coûts associés à la modernisation des infrastructures portuaires, la formation du personnel, la mise en place de systèmes de contrôle efficaces, et la gestion des aires marines protégées exigent des financements importants.

Exemple concret : La mise en œuvre d'un système de surveillance de la pollution marine dans le golfe de Guinée, incluant l'installation de stations de réception des déchets des navires, nécessiterait des investissements lourds que le Congo peine à financer.

Conséquence : L'absence de financement adéquat peut entraîner un retard dans la mise en œuvre des règles et une non-conformité aux engagements internationaux, comme l'interdiction du rejet de plastiques en mer ou la gestion des déversements de pétrole.

B. Défis émergents

B.1. Changements climatiques et impact sur les écosystèmes marins

Les changements climatiques représentent un défi émergent pour la mise en œuvre de la Convention sur la biodiversité biologique (CBD). Le réchauffement des océans, l'acidification de l'eau de mer, et la montée du niveau de la mer sont des phénomènes qui affectent directement la biodiversité marine, notamment les récifs coralliens et les mangroves. Ces écosystèmes sont essentiels pour la conservation de la biodiversité et pour la régulation des ressources halieutiques.

Exemple concret : Les récifs coralliens au large de la côte congolaise sont menacés par l'élévation des températures de l'eau et l'acidification des océans, des conséquences directes du changement climatique. Cette situation complique la

mise en œuvre des engagements du Congo sous la CBD pour la conservation des récifs coralliens et des espèces marines menacées.
Conséquence : L'impact du changement climatique pourrait rendre de plus en plus difficile la préservation des aires marines protégées (AMP) et la conservation des espèces marines menacées, comme les tortues marines et les poissons migrateurs, malgré les engagements pris.

B.2. Pêche illégale, non déclarée et non réglementée (INN)

La pêche illégale, non déclarée et non réglementée (INN) est un problème croissant dans de nombreuses régions maritimes, y compris au Congo. Cela constitue une menace majeure pour la biodiversité marine et les efforts de conservation sous la CBD. L'absence de moyens de surveillance suffisants pour contrôler la pêche dans les zones maritimes protégées facilite cette pêche illégale.
Exemple concret : Des rapports de l'Organisation des Nations Unies pour l'alimentation et l'agriculture (FAO) ont montré que la pêche illégale est courante au large des côtes congolaises, où des navires étrangers pratiquent la pêche en dehors des zones autorisées, mettant en danger les stocks de poissons.

Conséquence : La pêche INN menace la sécurité alimentaire locale, la durabilité des pêcheries et entrave les objectifs de conservation des ressources maritimes fixés par la CBD et les autres conventions.

B.3. Pression croissante pour l'exploitation des ressources maritimes

L'exploitation des ressources maritimes, notamment les ressources pétrolières et gazières, pose un autre défi émergent. Le développement de l'industrie pétrolière et gazière en mer est souvent en contradiction avec les efforts de conservation des écosystèmes marins sous la CBD et la gestion des risques de pollution maritime sous MARPOL.

Exemple concret : L'augmentation des activités pétrolières dans le golfe de Guinée, en particulier au large des côtes du Congo, a entraîné des déversements de pétrole dans les eaux marines. Ces déversements ont affecté les écosystèmes côtiers, notamment les mangroves, qui sont des habitats essentiels pour de nombreuses espèces marines.

Conséquence : L'exploitation des ressources naturelles dans les zones sensibles perturbe les écosystèmes et complique la mise en œuvre des politiques de conservation des ressources maritimes et de la biodiversité. Il y a un risque d'atteinte aux objectifs de durabilité et de préservation des écosystèmes marins.

Bien que le Congo ait pris des engagements forts en ratifiant des conventions internationales comme MARPOL, SOLAS, et la CBD, il fait face à des défis récurrents et émergents dans la mise en œuvre de ces engagements. Ces défis sont de nature institutionnelle, financière, environnementale, et économique. Les insuffisances en matière d'infrastructures portuaires, le manque de moyens de surveillance, les impacts du changement climatique, la pêche illégale et l'exploitation des ressources maritimes sont des obstacles importants. La coopération internationale, le financement accru, et une gestion plus intégrée et durable des ressources maritimes seront cruciaux pour surmonter ces défis et atteindre les objectifs fixés par ces conventions.

Section 2 : Acteurs nationaux (État, entreprises, communautés locales)

Paragraphe 1 : Institutions responsables de l'application des régulations maritimes

Pour garantir l'application effective des lois et conventions internationales relatives aux activités maritimes, plusieurs institutions nationales jouent un rôle clé dans le Congo. Ces institutions sont responsables de la gestion, de la régulation et de la supervision des activités maritimes afin de respecter les normes de sécurité, protéger l'environnement marin et assurer une gestion durable des ressources maritimes. Ces structures comprennent le Ministère des transports maritimes, la Direction Générale de la marine marchande (DIGEMAR) et le Port Autonome de Pointe-Noire (PAPN). Chacune de ces institutions possède des rôles et responsabilités distincts, mais elles collaborent pour garantir que les engagements internationaux du pays soient respectés.

A. Ministère des transports maritimes

Le Ministère des transports maritimes est l'autorité centrale chargée de l'élaboration, de la mise en œuvre et de la supervision des politiques nationales en matière de transport maritime. Il joue un rôle crucial dans la planification et la gestion du secteur maritime, en veillant à ce que les infrastructures maritimes répondent aux besoins de développement du pays tout en respectant les engagements internationaux. Ce ministère est également responsable de la coordination des actions des autres institutions en charge du secteur maritime, en particulier en matière de sécurité maritime, de régulation des navires et de gestion des ressources maritimes.

Rôles et responsabilités du ministère des transports maritimes :

- Planification et développement des infrastructures maritimes : Le ministère est responsable de la planification, de la conception et du développement des infrastructures maritimes essentielles, telles que les ports, les quais et les installations de stockage. Cela comprend également l'aménagement de nouvelles infrastructures pour accueillir un trafic maritime croissant et le respect des normes internationales en matière de sécurité et d'environnement.

- Application des conventions internationales : Le Ministère des transports maritimes est responsable de l'application des conventions internationales auxquelles le Congo a adhéré, telles que la Convention SOLAS (sécurité maritime), MARPOL (prévention de la pollution marine) et la Convention des Nations Unies sur le droit de la mer (CNUDM). Cela inclut la traduction de ces conventions en lois nationales, la mise en œuvre de protocoles et la coordination des actions des autres institutions maritimes pour veiller à leur conformité.
- Coordination de la sécurité maritime : Le ministère assure également la sécurité des activités maritimes, en particulier la surveillance des navires, l'inspection des navires, et la gestion des risques en mer. Il veille à ce que tous les acteurs du secteur maritime, y compris les armateurs et les autorités portuaires, respectent les normes de sécurité stipulées dans la Convention SOLAS.

  Le Ministère des transports maritimes est ainsi un acteur clé dans la mise en œuvre des politiques publiques maritimes et joue un rôle central dans la régulation des activités maritimes au Congo.

B. Direction Générale de la Marine Marchande (DIGEMAR)

La Direction Générale de la Marine Marchande (DIGEMAR) est une institution spécialisée qui a pour mission de superviser et de réguler les activités maritimes du Congo. DIGEMAR est chargée de veiller à la conformité des activités maritimes avec les normes nationales et internationales en matière de sécurité maritime, de gestion des ressources maritimes et de protection de l'environnement. Elle est l'une des principales entités exécutives responsables de l'application des lois et conventions maritimes.

Rôles et responsabilités de la DIGEMAR :

- Immatriculation des navires : la DIGEMAR est responsable de l'immatriculation des navires sous pavillon congolais. Cela comprend la délivrance des documents nécessaires à la navigation des navires, tels que les certificats de sécurité, d'inspection et d'enregistrement, conformément aux normes définies par les conventions internationales, notamment la Convention SOLAS. L'agence veille à ce que chaque navire respectant les conditions d'immatriculation soit soumis à des inspections régulières pour garantir sa conformité aux exigences internationales de sécurité et d'environnement (Congo, 2015).
- Contrôle de la sécurité maritime : la DIGEMAR assure la surveillance et le contrôle des activités maritimes, en inspectant les navires et en veillant à leur

conformité avec les règles de sécurité et les normes environnementales. Ces inspections permettent de s'assurer que les navires opérant sous pavillon congolais respectent les exigences de SOLAS et MARPOL, concernant notamment la sécurité des passagers et l'absence de pollution des eaux maritimes.

- Régulation de la sécurité des opérations portuaires : la DIGEMAR est également responsable de l'application des règles de sécurité dans les ports. Elle coordonne la gestion des installations portuaires pour éviter les accidents, prévenir la pollution et garantir que les marchandises sont manipulées conformément aux normes de sécurité. L'agence supervise aussi les activités de transport maritime, en s'assurant que les règles de protection de l'environnement et de gestion des déchets sont suivies dans les zones portuaires.
- Mise en œuvre des engagements internationaux : la DIGEMAR joue un rôle clé dans l'application des conventions internationales ratifiées par le Congo, telles que la Convention MARPOL, la Convention SOLAS et les normes de l'Organisation Maritime Internationale (OMI). Elle est responsable de l'application des protocoles de pollution marine, de la gestion des eaux usées et des déchets à bord des navires, et de la protection des écosystèmes marins.

En somme, la DIGEMAR est l'organe exécutif principal pour le suivi et la mise en œuvre de la régulation maritime au Congo. Sa mission s'étend de l'immatriculation des navires à la gestion des risques environnementaux et à la surveillance des activités portuaires.

C. Port Autonome de Pointe-Noire (PAPN)

Le Port Autonome de Pointe-Noire (PAPN) est établissement public à caractère industriel et commercial (article 1er de l'ordonnance n° 2 - 2000 du 16 février 2000 portant création du port autonome de Pointe-Noire et décret n° 2006-638 du 30 octobre 2006 portant approbation de ses statuts). Cette institution centrale dans la gestion des infrastructures portuaires du Congo est dotée de l'autonomie financière et de gestion. Le port de Pointe-Noire, étant le principal port maritime du pays, joue un rôle fondamental dans l'économie du Congo[44], en tant que point d'entrée et de sortie des marchandises. Il dispose de 1 800 mètres linéaires de quai et d'une profondeur de 16 mètres, avec environ 800 000 m² d'aire de stockage[45].

[44] Lire sur la question de l'importance économique des ports : KANE Khalifa Ababacar (2012) *Droit portuaire en Afrique : aspects juridiques de la gestion et de l'exploitation portuaires au Sénégal*, L'Harmattan, p. 21 ;

[45]Agence pour la Promotion des Investissements (2023-2024), *Yearbook Congo : Rapport économique, 2023-2024*, p.85, disponible sur : https://apicongo.cg/YEARBOOK-CONGO-2023-2024.pdf

En janvier 2025, Congo Terminal, entreprise opératrice exclusive du terminal à conteneurs de Pointe-Noire, annonçait avoir dépassé le seuil d'un million de conteneurs manutentionnés pour la troisième année consécutive, avec un total de 1.046.064 conteneurs traités en 2024. Ce développement témoigne de l'évolution des activités portuaires, d'autant plus remarquable que, lors du début de la concession, les volumes traités étaient estimés à seulement 200 000 EVPQ[46]. Cette entreprise envisage de traiter plus de 2 400 000 EVP par an d'ici 2027, grâce à la construction d'un nouveau terminal à conteneurs, le "Môle Est", au Port autonome de Pointe-Noire, dont la une mise en service est prévue pour 2027[47]. Le PAPN assure la gestion des installations portuaires et veille à la conformité de ces activités avec les normes internationales en matière de sécurité, de gestion des déchets et de protection de l'environnement marin[48].

Rôles et responsabilités du PAPN :

- Gestion des infrastructures portuaires : Le PAPN supervise la gestion et le développement des infrastructures portuaires du pays, en particulier le port de Pointe-Noire. Cela comprend la gestion des quais, des entrepôts, des équipements de déchargement et de chargement des navires, et des installations de stockage. Le PAPN veille à ce que les infrastructures respectent les normes de sécurité et qu'elles soient adaptées aux besoins du commerce maritime international.
- Sécurité des opérations portuaires : Le PAPN est responsable de la mise en œuvre des normes de sécurité pour les opérations portuaires. Cela inclut la gestion des risques liés aux marchandises dangereuses, la prévention des incendies, la sécurité des employés et la protection des navires pendant leurs opérations de chargement et de déchargement. Le PAPN coordonne également la gestion de la sécurité autour du trafic maritime dans le port, en veillant à ce que les mesures de sécurité soient respectées en tout temps.
- Prévention de la pollution marine : En lien avec les engagements internationaux du Congo, le PAPN joue un rôle central dans la prévention de la pollution marine dans le port. Le port de Pointe-Noire est une zone sensible en termes d'écosystème marin, et le PAPN doit s'assurer que toutes les opérations portuaires respectent les normes environnementales stipulées par la Convention MARPOL. Le PAPN est responsable de l'installation

---

[46]Africa Global Logistics group (2025), « Congo terminal franchit le cap du million de conteneurs manutentionnés pour la troisième année consécutive », mis en ligne le 30 janvier 2025, disponible sur : https://www.aglgroup.com/congo-terminal-franchit-le-cap-du-million-de-conteneurs-manutentionnes-pour-la-troisieme-annee-consecutive, disponible sur : https://www.aglgroup.com/congo-terminal-franchit-le-cap-du-million-de-conteneurs-manutentionnes-pour-la-troisieme-annee-consecutive.

[47]Les Dépêches de Brazzaville, « Port de Pointe-Noire : Congo Terminal renforce ses capacités opérationnelles », ADIAC Congo, mis en ligne le 7 novembre 2025, consulté à l'adresse :https://www.adiac-congo.com/content/port-de-pointe-noire-congo-terminal-renforce-ses-capacites-operationnelles-166199.

[48] Voir LIHOUSSOU Messan, STECK Benjamin (2018) (sous la dir.), *Moderniser les ports ouest-africains-Enjeux et perspectives*, éditions EMS, p. 13.

d'infrastructures pour la réception et le traitement des déchets des navires, ainsi que de la surveillance des activités dans le port pour éviter toute pollution accidentelle des eaux maritimes.
- Gestion des risques environnementaux : Le PAPN est également impliqué dans la gestion des risques environnementaux, notamment en ce qui concerne les déversements de matières polluantes, les hydrocarbures, ou les substances chimiques dans le port. En cas de déversement accidentel, le PAPN a la responsabilité d'activer les protocoles d'urgence pour minimiser l'impact environnemental, conformément aux normes internationales.

Le PAPN est donc une institution clé pour la gestion des infrastructures portuaires, la sécurité des opérations, et la prévention de la pollution marine dans le cadre des engagements internationaux du Congo.

Le Ministère des Transports Maritimes, la Direction Générale de la Marine Marchande (DIGEMAR), et le Port Autonome de Pointe-Noire (PAPN) sont des acteurs essentiels dans la régulation et la gestion des activités maritimes au Congo. Chacune de ces institutions joue un rôle fondamental dans la mise en œuvre des lois et des conventions internationales, telles que MARPOL et SOLAS, pour garantir la sécurité maritime et la protection de l'environnement marin. Leur collaboration et leur efficacité sont cruciales pour la gestion durable des ressources maritimes du pays et pour respecter les engagements internationaux en matière de protection des océans.

Paragraphe 2 : Défis récurrents et émergents des institutions responsables de la régulation maritime au Congo

Les institutions responsables de la régulation des activités maritimes au Congo, telles que le Ministère des Transports Maritimes, la Direction Générale de la Marine Marchande (DIGEMAR), et le Port Autonome de Pointe-Noire (PAPN), jouent un rôle clé dans la mise en œuvre des politiques maritimes et des conventions internationales. Cependant, plusieurs défis récurrents et émergents limitent leur capacité à atteindre leurs objectifs. Ces défis peuvent être soutenus par des données quantitatives qui illustrent la gravité de la situation, y compris des chiffres concernant la pollution marine, les infrastructures portuaires et les activités de pêche.

A. Défis récurrents

A.1. Insuffisance des ressources financières et humaines

Le manque de ressources financières et humaines reste l'un des principaux obstacles pour la mise en œuvre des politiques maritimes. Selon une étude de la Banque Mondiale, le secteur maritime congolais manque d'investissements pour mettre en place des infrastructures maritimes modernes et des systèmes de surveillance. Par exemple, les investissements nécessaires pour moderniser les infrastructures portuaires du Congo sont estimés à près de 500 millions de dollars US pour les 5 prochaines années, mais seulement 20 % de ce financement est disponible.

Exemple concret : Le Port Autonome de Pointe-Noire (PAPN) souffre d'un déficit d'investissements pour améliorer les infrastructures de gestion des déchets marins. Le manque d'infrastructures modernes de traitement des déchets dans les ports empêche le pays de respecter pleinement ses obligations sous la Convention MARPOL, bien que des données indiquent que plus de 200 000 tonnes de déchets plastiques sont rejetées dans l'océan Atlantique chaque année, une grande partie de ces déchets étant générée par le transport maritime.

A.2. Manque de coordination entre les institutions

Les institutions maritimes du Congo manquent souvent de coordination dans la gestion des activités maritimes, notamment entre la DIGEMAR et le PAPN. En 2020, un rapport de l'Organisation Maritime Internationale (OMI) a souligné que la non-coordination entre les autorités maritimes et portuaires dans plusieurs pays africains, y compris le Congo, conduit à des lacunes dans l'application des règles de sécurité et de la réglementation environnementale. En particulier, des inspections incomplètes sont menées, ce qui entraîne des risques accrus de non-conformité avec les conventions internationales.

Exemple concret : la DIGEMAR rapporte que 30 % des navires opérant sous pavillon congolais ne sont pas inspectés dans les délais nécessaires, en grande partie en raison du manque de coordination avec les autres autorités maritimes, ce qui représente une lacune dans l'application des normes de sécurité et environnementales.

A.3. Insuffisance de la capacité de surveillance

Le Congo manque de moyens adéquats pour surveiller efficacement ses eaux territoriales et ses zones maritimes. Une étude de l'Organisation des Nations Unies pour l'alimentation et l'agriculture (FAO) en 2020 a révélé que les pays côtiers d'Afrique subsaharienne, y compris le Congo, sont confrontés à un manque d'infrastructures de surveillance maritime avancées, telles que les radars, les drones et les systèmes de surveillance satellite.
Exemple concret : Le Congo ne dispose pas de suffisamment de moyens pour surveiller ses 37 000 kilomètres carrés de zone économique exclusive (ZEE), une zone particulièrement vulnérable à la pêche illégale et à la pollution marine. Un rapport de la FAO a estimé que 30 % des activités de pêche en Afrique de l'Ouest sont illégales, non déclarées et non réglementées, avec une estimation de 200 000 tonnes de poissons pêchés illégalement chaque année dans la région.

Conséquence : Cette insuffisance de surveillance rend difficile la détection des violations des règles maritimes, notamment la pollution par les hydrocarbures ou les pratiques de pêche illégale.

B. Défis émergents

B.1. Changement climatique et impact sur les infrastructures portuaires

Les changements climatiques posent un défi de plus en plus pressant pour les infrastructures portuaires. Selon un rapport de la Banque mondiale (2021), le niveau de la mer dans le golfe de Guinée devrait augmenter de 20 à 50 cm d'ici 2050, menaçant les infrastructures portuaires situées à faible altitude, comme celles du Port Autonome de Pointe-Noire (PAPN).

Exemple concret : En 2021, une étude commandée par le PAPN a révélé que des tempêtes et des inondations associées à des événements climatiques extrêmes ont causé des dommages à hauteur de 5 millions de dollars US aux infrastructures portuaires de Pointe-Noire au cours des cinq dernières années. Ce phénomène a contribué à la fermeture temporaire de certains quais et à des perturbations dans les opérations de déchargement des navires.
Conséquence : Le manque de mesures d'adaptation et de résilience face aux effets du changement climatique pourrait entraîner des perturbations majeures dans les activités portuaires, augmentant ainsi les coûts d'entretien et les risques pour la sécurité des installations maritimes.

B.2. Augmentation de la pression sur les ressources maritimes

L'augmentation de l'exploitation des ressources maritimes, notamment en matière de pétrole et de gaz, crée des tensions entre développement économique et préservation de l'environnement. Le secteur pétrolier et gazier est l'une des principales sources de revenus pour le Congo, mais il est aussi une source majeure de pollution marine.

Exemple concret : L'exploration pétrolière dans le golfe de Guinée a entraîné de nombreux incidents de pollution. Selon un rapport de Greenpeace (2019), environ 12 000 tonnes de pétrole ont été déversées dans l'océan Atlantique entre 2018 et 2019 par des plateformes pétrolières opérant en dehors des zones protégées. Le Congo, bien que signataire de la Convention MARPOL, peine à mettre en œuvre des systèmes de prévention et de nettoyage de ces déversements.

Conséquence : Les déversements de pétrole continuent de nuire aux écosystèmes marins, notamment les mangroves et les herbiers marins, qui sont essentiels pour la biodiversité et la résilience des écosystèmes côtiers. Cela empêche le pays de respecter pleinement ses engagements de conservation des écosystèmes sous la CBD.

B.3. Pêche illégale, non déclarée et non réglementée (INN)

La pêche illégale, en particulier la pêche illégale, non déclarée et non réglementée (INN), est un défi émergent. Une étude menée par la FAO en 2020 a estimé que la pêche INN représente environ 30 % des captures maritimes mondiales, ce qui met en péril la durabilité des pêcheries et la sécurité alimentaire des populations locales.
Exemple concret : Les zones maritimes du Congo sont touchées par la pêche illégale, notamment dans les zones proches des aires marines protégées (AMP). En 2020, un rapport de PNUD a estimé qu'environ 25 000 tonnes de poissons sont pêchées illégalement chaque année dans les eaux congolaises, représentant une perte économique annuelle de 10 millions de dollars US pour le pays. Cette situation résulte en grande partie de la surveillance insuffisante et du manque de moyens de contrôle.

Conséquence : La pêche illégale menace non seulement les écosystèmes marins, mais aussi la durabilité des ressources halieutiques locales, affectant la sécurité alimentaire et les moyens de subsistance des communautés côtières.

Les institutions responsables de la régulation des activités maritimes au Congo font face à des défis récurrents tels que le manque de ressources financières et humaines, la coordination insuffisante entre les institutions, et l'incapacité de surveiller efficacement les activités maritimes. Parallèlement, des défis émergents, comme l'impact du changement climatique, la pression sur les ressources maritimes et la pêche illégale, compliquent davantage la gestion du secteur maritime. L'insuffisance de financement pour les infrastructures, les effets du changement climatique sur les ports, ainsi que la croissance de la pêche illégale, nécessitent une attention urgente et un renforcement des capacités institutionnelles pour garantir la durabilité du secteur maritime du Congo.

Section 3 : Infrastructures et logistique portuaire (Port Autonome de Pointe-Noire)

Le Port Autonome de Pointe-Noire (PAPN), en tant que principal port commercial du Congo, joue un rôle crucial dans l'économie nationale et dans le commerce régional en Afrique centrale. Ce port est essentiel non seulement pour l'exportation des ressources naturelles du pays, mais aussi pour le transit de marchandises entre l'Afrique centrale et le reste du monde. Cependant, malgré son importance stratégique, le PAPN fait face à plusieurs défis en matière d'infrastructures, de logistique et de gestion environnementale. Ces défis ont un impact direct sur l'efficacité du port et la compétitivité de l'économie maritime du Congo. Cette section s'attarde sur les infrastructures existantes, les défis logistiques rencontrés par le PAPN et les mesures prises pour améliorer ses opérations.

Paragraphe 1 : Infrastructures portuaires du Port Autonome de Pointe-Noire

Les infrastructures portuaires du PAPN sont cruciales pour faciliter le commerce international, et bien qu'elles aient fait l'objet de modernisation au fil des années, elles restent encore insuffisantes pour répondre aux exigences d'un trafic maritime croissant. Le port de Pointe-Noire est principalement orienté vers le traitement des produits pétroliers, miniers, et des produits de consommation en grande quantité. Cependant, cette spécialisation est à la fois un avantage et un inconvénient, car elle crée des vulnérabilités face aux fluctuations du marché mondial.

A. Quais et terminaux spécialisés

Le port de Pointe-Noire dispose de plusieurs quais, chacun destiné à un type particulier de cargaison, et offre ainsi des services spécialisés adaptés aux différentes industries. Les infrastructures portuaires du PAPN sont divisées en quais pour les pétroliers, terminaux pour les porte-conteneurs, zones pour les marchandises en vrac (comme les minerais), et quais pour les matières dangereuses.

Exemple concret : Le terminal pétrolier du PAPN est l'un des plus importants du pays, avec une capacité de traitement de près de 5 millions de tonnes de produits pétroliers par an. Le port joue donc un rôle central dans l'exportation des hydrocarbures, qui représentent environ 60 % des revenus d'exportation du pays. En outre, les infrastructures portuaires sont adaptées pour accueillir des navires de grande capacité, notamment des superpétroliers et des porte-conteneurs, ce qui permet au Congo de maintenir une place importante dans le commerce international.
Toutefois, bien que les infrastructures soient en grande partie modernes, leur capacité de traitement est limitée et nécessite des investissements supplémentaires pour répondre à l'augmentation du volume de marchandises, notamment à la suite de la croissance de la demande internationale.

B. Entrepôts et zones de stockage

Le PAPN dispose également d'un nombre important d'entrepôts pour stocker les produits importés et exportés. Le port est équipé de zones de stockage spécialisées pour différents types de marchandises. Ces entrepôts sont vitaux pour gérer les produits agricoles, les biens de consommation et les matières premières en transit. La gestion des entrepôts et la capacité à stocker et à traiter les marchandises de manière efficace sont un élément clé de la compétitivité du port.

Cependant, le défi majeur réside dans la saturation des zones de stockage. Le port de Pointe-Noire a un volume d'activité qui ne cesse d'augmenter, ce qui exerce une pression croissante sur les infrastructures existantes. Le manque d'espace de stockage, combiné à l'inefficacité de certaines opérations logistiques, entraîne des embouteillages dans le traitement des marchandises et augmente les coûts d'entreposage.

C. Infrastructures de gestion de la pollution et des déchets

Le PAPN a mis en place des infrastructures pour la gestion des déchets marins, principalement issus des navires, afin de respecter les engagements du Congo sous la Convention MARPOL. Ces installations de réception des déchets sont utilisées pour collecter les déchets solides, les hydrocarbures, ainsi que les eaux usées provenant des navires qui accostent au port. Le port est également équipé de systèmes de filtration pour traiter les eaux de ballast et réduire la pollution marine.

Exemple concret : Le système de récupération des hydrocarbures est conçu pour répondre à la pollution par les déversements accidentels en mer. Toutefois, bien que le système soit fonctionnel, sa capacité de traitement est limitée, surtout en période de forte activité maritime. En 2020, des rapports indiquent que près de 15 000 tonnes de pétrole ont été traitées par les installations du port, mais une partie des déchets marins a été rejetée illégalement faute de capacité de stockage adéquate.

Ce manque d'infrastructure moderne pour le traitement des polluants marins pourrait nuire à la réputation du port et compromettre ses engagements environnementaux, malgré les efforts faits pour se conformer à MARPOL.

Paragraphe 2 : Défis logistiques du Port Autonome de Pointe-Noire

Malgré ses infrastructures relativement modernes, le PAPN rencontre plusieurs défis logistiques qui freinent son efficacité. Ces défis se manifestent par la congestion portuaire, le manque d'intégration des technologies modernes, ainsi que la gestion des risques environnementaux.

A. Congestion et saturation des infrastructures

Un problème récurrent est la congestion des quais et des terminaux.
L'insuffisance de moyens de manutention et pas nécessairement l'augmentation du trafic maritime, conjuguée à une gestion inefficace des flux de marchandises, engendre des embouteillages dans le port[49]. Par exemple, certains terminaux, notamment ceux spécialisés dans le transbordement de conteneurs, sont souvent incapables de traiter tous les navires qui arrivent, entraînant des retards importants et une augmentation des coûts logistiques.
Exemple concret : En 2020, le PAPN a signalé que 30 % des navires en escale ont connu des retards allant de 2 à 3 jours, principalement en raison de la congestion dans les zones de déchargement et d'embarquement.
Aujourd'hui, avec le projet de construction du quai du Môle Est, l'on peut relever que le PAPN mise sur la modernisation des infrastructures comme réponse à la congestion.

B. Manque d'intégration des technologies de gestion portuaire

Le port de Pointe-Noire est encore partiellement numérisé, ce qui entrave la gestion efficace des flux commerciaux. Les systèmes de gestion informatisée pour les marchandises et les conteneurs sont souvent défaillants, et le suivi en temps réel des cargaisons n'est pas encore complètement automatisé. Le PAPN souffre ainsi d'un manque de transparence et de retards dans la gestion des informations relatives à la marchandise et aux activités portuaires.

Exemple concret : En 2021, une évaluation des systèmes de gestion portuaire a révélé que seulement 40 % des opérations portuaires étaient gérées à l'aide de technologies avancées, alors que la majorité des opérations, comme l'enregistrement des cargaisons et les inspections, sont encore réalisées de manière manuelle, ce qui crée des erreurs humaines et des inefficacités.

C. Sécurité portuaire et risques environnementaux

En raison de son importance stratégique, le PAPN fait face à des défis de sécurité, tant pour les navires que pour les infrastructures portuaires. Bien que des dispositifs de sécurité soient en place, notamment pour la gestion des incidents industriels et des déversements de produits pétroliers, le port est exposé à des risques environnementaux significatifs, notamment la pollution marine et la gestion des déchets générés par les navires.

---

[49] Lire à ce propos, HONGOCEAN. (2025). *Explication de la congestion portuaire : causes, impacts et solutions*, mis en ligne le 9 juillet 2025, disponible sur https://hongocean.com/fr/explaining-port-congestion-causes-impacts-and-solutions/; MIOSSEC Jean-Marie (2016), *Le conteneur et la nouvelle géographie des océans et des rivages de la mer. Dans le sillage de la CMA CGM*, L'Harmattan, pp. 59-104.

Exemple concret : En 2019, le port a enregistré deux incidents majeurs de pollution par hydrocarbures, entraînant des dommages environnementaux dans les zones côtières voisines. Ce type d'incident met en lumière les lacunes dans la gestion des risques environnementaux et le manque de dispositifs de nettoyage à grande échelle.

D. Dépendance aux ressources naturelles

Le PAPN, bien que diversifié, reste largement dépendant du secteur pétrolier et gazier. En 2020, environ 60 % des exportations du port étaient constituées de produits pétroliers, et cette spécialisation augmente la vulnérabilité du port face aux fluctuations mondiales des prix du pétrole. La diversification des activités commerciales et l'intégration de nouveaux secteurs, tels que le tourisme maritime et la logistique intermodale, sont nécessaires pour garantir la compétitivité à long terme du port.

Exemple concret : En 2020, environ 60 % du volume de marchandises traitées par le PAPN était constitué de produits pétroliers, un secteur vulnérable aux fluctuations des prix mondiaux du pétrole.

Paragraphe 3 : Perspectives de développement des infrastructures et de la logistique

Pour relever ces défis, plusieurs mesures doivent être mises en place :

- Modernisation des infrastructures portuaires : L'amélioration des quais et des terminaux pour augmenter la capacité de traitement des marchandises et la fluidité des opérations.
- Intégration de technologies avancées : Développer un système de gestion portuaire informatisé pour assurer une gestion des flux commerciaux plus rapide et plus efficace.
- Renforcement de la sécurité et de la gestion environnementale : Augmenter les investissements dans les infrastructures de prévention de la pollution et améliorer les dispositifs de nettoyage rapide.
- Diversification des activités économiques du port : Promouvoir des secteurs alternatifs comme le tourisme maritime et le transbordement intermodal, pour réduire la dépendance du port au secteur pétrolier et gazier.

Le Port Autonome de Pointe-Noire est un élément clé du commerce maritime du Congo et joue un rôle central dans l'économie nationale. Bien qu'il dispose d'infrastructures modernes et stratégiques, des défis logistiques importants demeurent, notamment en matière de congestion portuaire, de technologies de gestion, et de gestion des risques environnementaux. Pour que le port reste compétitif et durable, il est essentiel d'investir dans des infrastructures modernes, d'améliorer la gestion des flux commerciaux, et de renforcer les capacités en matière de sécurité et de protection de l'environnement. Ces efforts permettront au PAPN de s'adapter aux défis contemporains et de jouer pleinement son rôle dans le développement économique du Congo et de la région.

Conclusion

Le secteur maritime, et en particulier le Port Autonome de Pointe-Noire (PAPN), représente un moteur essentiel pour l'économie du Congo. Grâce à son emplacement stratégique et à son rôle clé dans le commerce international, il contribue de manière significative aux échanges commerciaux mondiaux et à l'exploitation des ressources naturelles maritimes. La politique maritime du pays, soutenue par un cadre législatif fondé sur des conventions internationales telles que MARPOL et SOLAS, cherche à garantir la sécurité en mer, la gestion durable des ressources maritimes et la protection de l'environnement. Cependant, des défis importants subsistent, notamment en matière d'infrastructures portuaires, de coordination institutionnelle et de gestion des risques environnementaux. Le Congo doit surmonter ces défis en renforçant ses capacités institutionnelles, modernisant ses infrastructures portuaires et mettant en place des stratégies d'adaptation face aux pressions environnementales croissantes. Le PAPN demeure un acteur clé dans cette dynamique, et sa capacité à évoluer face à ces défis déterminera en grande partie l'avenir de la politique maritime du pays et son rôle sur la scène mondiale.

CHAPITRE 2

La façade maritime du Congo et ses potentialités

La façade maritime de la République du Congo, bien que limitée en longueur, constitue un espace stratégique aux potentialités économiques, géopolitiques et environnementales considérables. Située au cœur du Golfe de Guinée, elle offre au pays un accès crucial à l'économie mondiale tout en constituant un levier de développement national et régional. Ce chapitre vise à analyser de manière systémique les différentes dimensions de cette façade : son positionnement géographique, les enjeux de souveraineté maritime, la valorisation des ressources halieutiques, énergétiques et minières, ainsi que son rôle central dans le commerce extérieur. À travers une approche comparative et multidisciplinaire, l'objectif est de mettre en lumière les opportunités et les défis liés à la gestion durable de cet espace maritime.

Section 1 : Aperçu géographique et stratégique

Cette première section de ce chapitre établit les fondements géographiques et géopolitiques de la façade maritime congolaise. Elle examine la portée stratégique du littoral national dans l'économie régionale et internationale, en mettant l'accent sur le rôle structurant du port de Pointe-Noire et les interactions géopolitiques que suscite cette portion côtière. À travers une mise en perspective régionale, elle montre que malgré une étendue modeste, la façade maritime du Congo recèle des atouts majeurs dans le contexte du commerce globalisé et des rivalités maritimes croissantes.

Paragraphe 1 : Etendue et importance stratégique de la façade maritime du Congo

La République du Congo possède une façade maritime de 170 kilomètres, relativement modeste en comparaison avec certains de ses voisins, comme le Gabon (environ 800 km) ou l'Angola (plus de 1 600 km). Cependant, cette côte, bien que restreinte, est stratégique pour les échanges commerciaux et les industries, et elle joue un rôle fondamental dans l'économie régionale et internationale. Située dans le Golfe de Guinée, une zone maritime clé, la République du Congo se trouve à la jonction de deux puissances régionales : le Gabon au nord et l'Angola au sud. Cette localisation géographique en fait un point de passage important pour les marchandises transitant entre l'Afrique, l'Europe, l'Amérique et l'Asie.

Le port de Pointe-Noire, situé à environ 400 km au sud de la capitale Brazzaville, est un acteur majeur pour l'économie congolaise. Ce port est l'un des plus importants de la région, jouant un rôle clé dans l'exportation des produits pétroliers, des minerais, du bois et des produits agricoles. En 2019, Pointe-Noire a traité environ 6,7 millions de tonnes de marchandises, avec une majorité de produits pétroliers et gaziers, constituant ainsi la pierre angulaire de l'industrie pétrolière du pays. Ce volume de trafic est comparable à celui de Douala, au Cameroun, mais avec une spécialisation marquée dans l'exploitation des hydrocarbures, ce qui distingue Pointe-Noire des autres ports de la région.

La ville de Pointe-Noire est un centre industriel et logistique dynamique, avec des infrastructures adaptées à l'exportation de ressources naturelles, notamment les hydrocarbures, dont le pays est un important producteur. En 2018, la République du Congo a produit environ 350 000 barils de pétrole par jour, plaçant le pays parmi les plus grands producteurs de pétrole d'Afrique centrale. Ce secteur est dominé par des entreprises multinationales comme Total et Eni, qui exploitent les gisements offshores du pays, renforçant ainsi la position stratégique de Pointe-Noire dans les chaînes d'approvisionnement énergétique.

Le rôle de Pointe-Noire en tant que porte d'entrée maritime pour les pays enclavés est également un facteur clé. Le Tchad, la République centrafricaine et même le Cameroun dépendent du port pour leurs importations et exportations, renforçant son rôle de hub régional. Le port est équipé pour recevoir des marchandises en transit, facilitant l'intégration des économies de la région. En 2020, environ 1,2 million de tonnes de marchandises en transit ont été traitées à Pointe-Noire, provenant principalement du Tchad et de la République centrafricaine.

La République du Congo est également un des principaux producteurs de bois tropicaux en Afrique centrale, et le port de Pointe-Noire joue un rôle clé dans l'exportation de ces ressources. En 2019, le pays a exporté près de 1,5 million de mètres cubes de bois, principalement à destination de l'Europe et de l'Asie. Ces exportations font de la République du Congo le quatrième plus grand exportateur de bois d'Afrique, après le Gabon, le Cameroun et la République démocratique du Congo. Ce secteur complémentaire, aux côtés des hydrocarbures, contribue à diversifier les flux commerciaux du pays et à renforcer la position stratégique de Pointe-Noire.

Un autre aspect important de cette façade maritime est la protection environnementale. Le parc marin de la Pointe Indienne, situé à l'embouchure du fleuve Kouilou, est une zone protégée d'une grande biodiversité, abritant plusieurs espèces marines et d'oiseaux migrateurs. Ce parc s'étend sur environ 2 000 hectares, et il constitue un modèle de préservation dans une zone où les préoccupations environnementales sont souvent reléguées après les impératifs de développement économique. Ce souci de l'environnement, couplé avec l'exploitation durable des ressources naturelles, marque une différence notable par rapport à d'autres régions de l'Afrique de l'Ouest et du Sud où les problématiques écologiques sont parfois mises de côté au profit de l'industrialisation rapide.

Si des ports comme Lagos (Nigeria) ou Abidjan (Côte d'Ivoire) sont des géants régionaux en termes de trafic commercial, avec des volumes dépassant les 20 millions de tonnes de marchandises traitées chaque année, Pointe-Noire se distingue par sa spécialisation dans l'exportation d'hydrocarbures, de minerais et de bois. Cela lui permet de jouer un rôle unique dans l'économie de la République du Congo et des pays voisins, tout en demeurant plus modeste en termes de volume de trafic total. Par exemple, en 2020, Abidjan a traité environ 24 millions de tonnes de marchandises, dont une large part provenait des secteurs agricoles et industriels. Pointe-Noire, avec son infrastructure spécialisée dans les hydrocarbures, se concentre davantage sur des volumes plus réduits mais hautement stratégiques pour l'économie régionale.

La façade maritime de la République du Congo, bien que limitée en termes de kilomètres, se distingue par son rôle stratégique dans le Golfe de Guinée. Le port de Pointe-Noire est un carrefour régional crucial pour l'exportation de ressources naturelles, notamment les hydrocarbures et le bois, tout en jouant un rôle clé pour les pays enclavés d'Afrique centrale. Avec un volume de trafic en constante augmentation et des infrastructures portuaires modernes, la République du Congo est bien positionnée pour devenir un acteur encore plus influent dans les échanges commerciaux mondiaux, tout en intégrant des pratiques environnementales respectueuses dans le développement de sa façade maritime.

Paragraphe 2 : Enjeux géopolitiques et stratégiques de la façade maritime congolaise

L'accès à l'océan Atlantique place la République du Congo dans une position stratégique convoitée. En effet, les routes maritimes qui traversent le golfe de Guinée sont vitales pour le commerce international, notamment en matière d'hydrocarbures, de minerais et de ressources halieutiques. L'importance de ces routes pour l'économie mondiale fait de la région un espace où les puissances étrangères, telles que les États-Unis, la Chine et l'Union européenne, investissent dans la sécurisation et le développement des infrastructures portuaires[50].

Cependant, la façade maritime congolaise est également un point sensible en matière de sécurité maritime. Le golfe de Guinée est considéré comme l'une des zones les plus dangereuses au monde en raison de la piraterie, du trafic illicite et de la pêche illégale. Selon un rapport de l'Office des Nations Unies contre la drogue et le crime (UNODC, 2021), environ 90 % des actes de piraterie enregistrés dans le monde en 2020 ont eu lieu dans cette région. Cette situation entraîne des pertes économiques importantes pour les États côtiers, y compris le Congo, et impose la nécessité d'une coopération renforcée entre les pays riverains pour assurer la sécurité maritime.

A. Délimitation des frontières maritimes et gestion des espaces maritimes

La République du Congo partage des frontières maritimes avec l'Angola et la République démocratique du Congo (RDC). La délimitation de ces frontières repose sur des traités et des principes du droit international, notamment la Convention des Nations Unies sur le droit de la mer (CNUDM) de 1982. Cependant, la complexité de ces délimitations réside dans la superposition des revendications des États riverains sur des zones maritimes stratégiques.

Le différend entre le Congo et l'Angola concerne principalement les ressources pétrolières situées dans la zone frontalière maritime adjacente à l'enclave de Cabinda. Les revendications se chevauchent, notamment en ce qui concerne l'extension des zones économiques exclusives (ZEE) et l'exploitation des gisements offshore. Ce type de contentieux s'inscrit dans une dynamique plus large qui affecte plusieurs États du golfe de Guinée, où les richesses sous-marines suscitent de nombreuses tensions.

B. Le plateau continental : enjeux et contestations

Le plateau continental représente une extension naturelle du territoire sous-marin d'un État côtier. Selon la CNUDM, un pays peut revendiquer une extension au-delà de 200 milles nautiques à condition de prouver la continuité de son plateau continental par des données scientifiques et géologiques. La République du Congo, à l'instar de plusieurs pays du golfe de Guinée, a soumis une demande à la Commission des limites du plateau continental des Nations Unies (CLPC) pour revendiquer une portion plus large de son plateau continental, permettant ainsi une exploitation accrue des ressources minérales et énergétiques situées en haute mer.

---

[50] Voir LIHOUSSOU Messan, STECK Benjamin (2018) (sous la dir.), *op.cit.*, p. 14 et s.

Cependant, cette revendication pose plusieurs défis diplomatiques. D'une part, elle implique une concertation avec les États voisins pour éviter des conflits d'intérêts. D'autre part, elle nécessite des ressources financières et techniques considérables pour fournir des études géologiques et bathymétriques justifiant l'extension. Le cas du différend entre le Ghana et la Côte d'Ivoire, qui a été réglé par le Tribunal international du droit de la mer (TIDM) en 2017, constitue un précédent pertinent. Cette décision a permis de clarifier les critères de délimitation des plateaux continentaux et pourrait servir de référence pour le Congo dans ses propres négociations maritimes.

C. Approches juridiques, diplomatiques et administratives pour la gestion des conflits maritimes

Les différends maritimes en Afrique sont généralement résolus par trois principales approches :

- Les négociations bilatérales : Elles permettent d'éviter des contentieux longs et coûteux devant les tribunaux internationaux. Par exemple, le Nigeria et le Sao Tomé-et-Principe ont signé un accord en 2001 pour la gestion conjointe d'une zone maritime contestée, évitant ainsi un litige prolongé.
- Le recours aux juridictions internationales : En cas d'impasse diplomatique, les États peuvent saisir la CIJ ou le TIDM. Le règlement du différend maritime entre le Ghana et la Côte d'Ivoire a démontré l'efficacité de ce mécanisme en fournissant un arbitrage neutre et définitif.
- Les cadres régionaux et la coopération multilatérale : L'Union africaine et la CEEAC encouragent la coopération maritime à travers des programmes comme la Stratégie africaine intégrée pour les mers et les océans (AIMS 2050), qui vise à renforcer la sécurité et la gouvernance maritime sur le continent.

D. Comparaisons avec d'autres pays

L'expérience d'autres nations africaines met en évidence différentes stratégies de gestion des conflits maritimes :

- Le Gabon et la Guinée équatoriale : Les tensions sur l'île Mbanié ont failli dégénérer en conflit armé, mais les deux États ont opté pour un règlement par la CIJ.
- Le Nigeria et le Cameroun : Après des années de tensions sur la péninsule de Bakassi, le Nigeria a accepté le verdict de la CIJ en 2002 et transféré pacifiquement la souveraineté à son voisin camerounais, démontrant la viabilité du recours judiciaire international.
- Le Sénégal et la Mauritanie : La gestion conjointe des ressources halieutiques dans les eaux frontalières a permis d'éviter des conflits et d'optimiser l'exploitation des ressources maritimes.

L'exemple du Ghana et de la Côte d'Ivoire montre qu'un recours aux instances internationales, associé à une coopération régionale, peut constituer la meilleure approche pour résoudre pacifiquement les conflits liés à la délimitation maritime.

Section 2 : Souveraineté maritime

La souveraineté maritime de la République du Congo repose sur son droit d'exercer un contrôle exclusif sur ses eaux territoriales et sa zone économique exclusive (ZEE), conformément aux principes établis par la Convention des Nations Unies sur le droit de la mer (CNUDM). Cette convention, entrée en vigueur en 1994, attribue aux États côtiers des droits souverains sur les zones maritimes adjacentes à leurs côtes pour exploiter les ressources naturelles, gérer les activités économiques et protéger l'environnement marin.

Cette deuxième section explore les dimensions juridiques, institutionnelles et politiques de la souveraineté maritime congolaise. En s'appuyant sur les cadres internationaux comme la Convention des Nations Unies sur le droit de la mer (CNUDM), elle analyse l'étendue de la Zone Économique Exclusive (ZEE), les mécanismes de protection des ressources naturelles et les instruments de lutte contre la criminalité maritime. Cette section vise à démontrer comment la souveraineté sur les espaces maritimes constitue à la fois un droit fondamental et une responsabilité stratégique pour la République du Congo.

Paragraphe 1 : Etendue de la zone économique exclusive (ZEE)

La Zone Economique Exclusive (ZEE) de la République du Congo s'étend jusqu'à 200 milles nautiques (environ 370 km) au large de ses côtes. Cette extension découle de la Convention des Nations Unies sur le droit de la mer (CNUDM), qui accorde aux États côtiers des droits souverains sur l'exploitation des ressources marines présentes dans cette zone.

Dans cette ZEE, la République du Congo exerce un contrôle exclusif sur l'exploration, l'exploitation, la conservation et la gestion des ressources naturelles, qu'elles soient biologiques ou non biologiques. Cela inclut les ressources halieutiques, les hydrocarbures offshore, les gisements de gaz, ainsi que des minerais marins comme les nodules polymétalliques et les sulfures hydrothermaux.

L'importance économique de cette zone est indéniable. En 2018, le pays a enregistré une production de 350 000 barils de pétrole par jour, une grande partie provenant de gisements offshore situés dans la ZEE (Agence Internationale de l'Énergie, 2019). Ces ressources pétrolières jouent un rôle crucial dans le développement économique du pays, constituant la principale source de revenus du gouvernement.

A. Défis liés à la gestion de la ZEE

Malgré son potentiel économique, la gestion de la ZEE congolaise présente plusieurs défis :

- Pêche illégale et surexploitation des ressources halieutiques : L'exploitation non contrôlée des ressources marines par des flottes étrangères entraîne une baisse des stocks de poissons et impacte les communautés de pêche artisanale locales.
- Exploitation pétrolière et impact environnemental : La production offshore, bien qu'essentielle pour l'économie, pose un risque pour l'écosystème marin. Des marées noires et des déversements accidentels ont déjà été signalés, mettant en péril la biodiversité marine.
- Problèmes de délimitation et conflits potentiels : La ZEE du Congo est adjacente à celles de l'Angola et de la RDC, et certaines zones restent sujettes à des revendications concurrentes, notamment en raison de la présence de gisements d'hydrocarbures partagés.
- Capacité de surveillance maritime limitée : L'État congolais ne dispose pas de moyens suffisants pour assurer un contrôle efficace de son espace maritime, ce qui favorise l'exploitation illégale des ressources.

B. Solutions et perspectives pour une meilleure gestion de la ZEE

Pour améliorer la gestion de sa ZEE, la République du Congo pourrait adopter plusieurs mesures stratégiques :

- Renforcer les moyens de surveillance maritime : L'acquisition de patrouilleurs modernes et l'augmentation des ressources dédiées à la marine nationale pourraient permettre un meilleur contrôle des activités dans la ZEE.
- Coopération régionale et accords bilatéraux : Une collaboration plus étroite avec les pays voisins, notamment via des mécanismes comme la Commission du golfe de Guinée, pourrait aider à résoudre les différends maritimes et à sécuriser les zones contestées.
- Promotion de l'économie bleue : Développer des initiatives de pêche durable et encourager l'aquaculture pour réduire la dépendance aux hydrocarbures et diversifier l'économie maritime.
- Encadrement plus strict de l'industrie pétrolière offshore : Renforcer les réglementations environnementales et les mécanismes de suivi pour minimiser l'impact écologique des activités pétrolières.

C. Exemples de succès et défis

Un exemple réussi de coopération en matière de souveraineté maritime est la mise en place du Système de Gestion des Informations Maritimes (MIMS), un programme régional lancé en 2015 en partenariat avec l'ONU et des organisations régionales. Ce système permet de suivre en temps réel les activités maritimes dans le Golfe de Guinée et d'identifier rapidement les navires impliqués dans des activités suspectes, telles que la piraterie ou la pêche illégale. Grâce à ce système, le Congo a pu intercepter plusieurs navires de pêche illégale en 2019 et 2020, réduisant ainsi l'impact négatif de ces activités sur les ressources maritimes locales.

Cependant, malgré ces progrès, la République du Congo continue de faire face à plusieurs défis. L'une des difficultés majeures reste le manque d'équipements adaptés à la surveillance des vastes étendues de sa ZEE. En 2020, une étude de la Banque mondiale a estimé que les capacités maritimes du pays restent insuffisantes pour assurer une surveillance complète de ses eaux territoriales et de sa ZEE (Banque Mondiale, 2020). De plus, la piraterie et la pêche illégale continuent de poser des défis malgré les efforts conjoints, en raison des réseaux criminels internationaux qui profitent des zones maritimes mal contrôlées.

La souveraineté maritime du Congo repose sur une gestion rigoureuse de sa ZEE, qui lui confère des droits exclusifs sur les ressources maritimes. Le pays a pris des mesures significatives pour renforcer la sécurité maritime, lutter contre la piraterie, la pêche illégale et les trafics illicites, à travers des partenariats régionaux et des initiatives internationales.

Cependant, des défis demeurent, notamment en ce qui concerne la surveillance maritime et l'efficacité des contrôles dans des zones maritimes vastes et difficiles à gérer. Le Congo continue néanmoins de jouer un rôle clé dans la coopération régionale pour la sécurité maritime et la préservation des ressources naturelles dans le Golfe de Guinée.

D. Comparaisons avec d'autres pays

D'autres nations africaines ont mis en place des stratégies efficaces pour gérer leur ZEE :

- Le Sénégal : Grâce à une réglementation stricte sur la pêche et des accords de partenariat avec l'Union européenne, le pays a réduit la pêche illégale et amélioré la conservation de ses ressources halieutiques.
- Le Ghana : Ce pays a renforcé la surveillance de sa ZEE avec l'aide de la marine américaine et de drones, réduisant ainsi les incursions illégales et les actes de piraterie (Chatham House, 2022).
- L'Angola : Par un développement maîtrisé de son industrie pétrolière offshore et une diversification de son économie bleue, l'Angola parvient à mieux gérer les impacts environnementaux de son exploitation pétrolière.

En s'inspirant de ces modèles, la République du Congo pourrait optimiser l'exploitation de sa ZEE tout en assurant une gestion durable de ses ressources maritimes.

Paragraphe 2 : Protection des ressources naturelles

La gestion et la protection de cette vaste zone maritime sont essentielles pour la préservation des ressources naturelles. La pêche, un secteur clé pour la sécurité alimentaire et économique, est particulièrement vulnérable à l'exploitation illégale. Selon un rapport de la FAO (2020), environ 30 % des pêches mondiales sont réalisées de manière illégale, ce qui a des conséquences dramatiques sur les stocks marins et menace la biodiversité océanique.

A. Exploitation illégale des ressources halieutiques dans la ZEE

L'exploitation illégale des ressources halieutiques dans la ZEE congolaise est en grande partie due à l'intrusion de navires étrangers, souvent issus de grandes flottes industrielles asiatiques et européennes. Ces navires pratiquent la pêche non déclarée et non réglementée (INN), ce qui entraîne une surexploitation des stocks de poissons et réduit les prises des pêcheurs locaux, compromettant leur subsistance. Par ailleurs, le braconnage des espèces marines protégées, telles que certaines variétés de thon et de requins, a un impact négatif sur l'équilibre des écosystèmes marins.

Face à cette menace, la République du Congo a renforcé ses efforts pour lutter contre la pêche illégale en adoptant plusieurs stratégies :

1. Mise en place de mécanismes de surveillance maritime : Le pays a accru ses capacités de surveillance grâce à des patrouilles maritimes conjointes avec ses voisins du Golfe de Guinée et à l'utilisation de technologies de suivi par satellite. Cela a permis d'identifier et d'intercepter plusieurs navires pratiquant la pêche illégale au large des côtes congolaises.

2. Partenariats avec des organisations internationales et des États voisins : La République du Congo coopère avec l'Union européenne dans le cadre de l'Accord de Partenariat de Pêche Durable (APPD), qui impose des quotas stricts et des obligations de traçabilité pour les navires étrangers exploitant les ressources marines congolaises. De plus, des initiatives de coopération régionale comme la Commission des pêches du Golfe de Guinée (CPG) facilitent le partage d'informations et la coordination des politiques de surveillance.

3. Renforcement du cadre juridique et institutionnel : Le gouvernement congolais a adopté une législation plus stricte pour réguler la pêche industrielle et sanctionner les infractions. Des amendes lourdes et des

sanctions pénales ont été introduites pour dissuader les acteurs de la pêche INN. De plus, la mise en place de zones protégées dans la ZEE vise à reconstituer les stocks halieutiques et à préserver les écosystèmes marins vulnérables.

4. Promotion de la pêche durable et de l'aquaculture : La République du Congo encourage le développement de l'aquaculture comme alternative viable pour réduire la pression sur les stocks marins. Des programmes de formation et de soutien aux communautés de pêcheurs ont été mis en place pour améliorer les pratiques de pêche durable et garantir une meilleure gestion des ressources maritimes.

B. Défis persistants et perspectives d'avenir

Malgré ces efforts, plusieurs défis subsistent :

- Insuffisance des moyens logistiques : La marine nationale manque de navires de patrouille modernes et de moyens financiers pour assurer une surveillance constante sur l'ensemble de la ZEE (Chatham House, 2022).
- Complicité locale et corruption : Certains acteurs locaux facilitent l'entrée illégale de navires étrangers en échange de pots-de-vin, compliquant l'application des réglementations en vigueur (UNODC, 2021).
- Changements climatiques et impacts sur les stocks halieutiques : La hausse des températures océaniques et l'acidification des mers affectent la répartition et la reproduction des espèces marines, ce qui aggrave la pression sur les pêcheries locales.

Pour surmonter ces défis, la République du Congo pourrait renforcer ses alliances avec les organisations internationales spécialisées, investir davantage dans la modernisation de sa flotte de surveillance et promouvoir des initiatives d'économie bleue intégrant une gestion durable des ressources marines.

C. Comparaisons avec d'autres pays

Certains pays africains ont mis en place des stratégies efficaces pour lutter contre la pêche illégale et protéger leurs ressources naturelles :

- Le Sénégal : Grâce à un partenariat renforcé avec l'Union européenne et l'instauration de patrouilles maritimes conjointes, le pays a réussi à réduire considérablement les activités de pêche INN et à renforcer la traçabilité des produits halieutiques.
- Le Ghana : En intégrant des drones et des systèmes de surveillance avancés pour détecter les infractions en haute mer, le Ghana a réduit les intrusions de flottes étrangères dans sa ZEE.
- La Namibie : Ce pays a adopté une politique de gestion durable stricte avec des quotas de pêche rigoureusement appliqués et un fort contrôle des licences attribuées aux navires étrangers.

L'exemple de ces pays montre qu'une combinaison de surveillance technologique, de coopération régionale et de sanctions sévères peut permettre une gestion plus efficace des ressources maritimes. La République du Congo pourrait ainsi renforcer ses capacités et mieux protéger sa ZEE contre l'exploitation illicite tout en assurant un développement durable de son économie maritime.

Paragraphe 3 : Lutte contre la piraterie et les trafics illicites

A. Lutte contre la piraterie et les trafics illicites : un défi majeur pour la sécurité maritime du Congo

La piraterie maritime et les trafics illicites constituent des menaces majeures pour la stabilité économique et sécuritaire des États côtiers du Golfe de Guinée, une région qui s'étend du Sénégal à l'Angola. Depuis plus d'une décennie, cette zone est considérée comme l'un des principaux foyers mondiaux d'attaques de pirates, dépassant même le Golfe d'Aden en nombre d'incidents. Selon le Bureau Maritime International (IMB), environ 90 % des actes de piraterie recensés en Afrique en 2019 ont eu lieu dans le Golfe de Guinée (IMB, 2020). Ces actes criminels, qui incluent les détournements de navires, les enlèvements d'équipages contre rançon, la contrebande d'armes, le trafic de drogue et la pêche illégale, ont un impact économique direct sur le commerce maritime, l'exploitation pétrolière offshore et les activités de pêche[51].

Face à cette menace, le Congo a pris des mesures fermes pour sécuriser ses eaux territoriales et sa Zone Économique Exclusive (ZEE), qui couvre une superficie maritime stratégique pour le pays. L'insécurité maritime dans cette région met en péril les investissements dans le secteur des hydrocarbures et du transport maritime, qui sont des piliers essentiels de l'économie congolaise. De plus, la pêche illégale pratiquée par des navires étrangers prive les communautés locales de ressources marines vitales et compromet la durabilité des stocks halieutiques.

B. Une coopération régionale renforcée pour une action plus efficace

Le Congo a compris que la lutte contre la piraterie et les trafics illicites ne peut être menée efficacement sans une coopération régionale et internationale. Le pays a ainsi multiplié les accords bilatéraux et multilatéraux avec ses voisins, en particulier le Gabon, l'Angola, le Cameroun et le Nigeria, pour coordonner les efforts en matière de surveillance maritime et de réponse aux menaces sécuritaires[52].

---

[51] Voir NDENDE Martin (2014), « Le Code de conduite de Yaoundé et la stratégie de lutte contre la piraterie et la criminalité maritime dans le Golfe de Guinée », *Revue africaine des affaires maritimes et des transports,* août, n°6, pp.10-19.
[52] *Idem*, p. 14.

Le Congo est également engagé dans une série de programmes régionaux et internationaux visant à garantir la sécurité maritime et à protéger les ressources marines. Il fait partie de la Communauté Economique des États de l'Afrique Centrale (CEEAC), une organisation sous-régionale qui a mis en place un cadre de coopération pour améliorer la sécurité maritime dans le Golfe de Guinée. Ce cadre inclut des patrouilles conjointes, des exercices de simulation de crise et des échanges d'informations pour prévenir les incidents de piraterie et de trafic de drogue (CEEAC, 2019).

En outre, le Congo collabore avec des organisations internationales, telles que l'Organisation Maritime Internationale (OMI) et l'Union Africaine, pour mettre en œuvre des politiques de sécurité maritime au niveau mondial. Ces collaborations ont permis au pays d'améliorer la gestion de sa ZEE, en partageant des informations sur les activités maritimes illégales et en recevant un soutien financier pour le renforcement de ses capacités de surveillance.

Une initiative clé dans cette coopération est l'Opération "Cobalt", lancée en 2012. Ce programme régional a permis d'améliorer la coordination entre les marines des pays du Golfe de Guinée, facilitant ainsi le partage d'informations, la mise en place de patrouilles conjointes et l'intervention rapide en cas d'attaque. Grâce à ces efforts, plusieurs opérations de neutralisation de pirates et de réseaux de contrebande ont été menées avec succès (PNUD, 2020). Par ailleurs, le Congo participe activement aux travaux de l'Architecture de Yaoundé, un cadre stratégique mis en place par la Communauté Économique des États de l'Afrique Centrale (CEEAC) et la Communauté Économique des États de l'Afrique de l'Ouest (CEDEAO) pour renforcer la sécurité maritime dans le Golfe de Guinée.

En plus des partenariats régionaux, le Congo collabore avec des acteurs internationaux, notamment l'Union européenne (UE), les Nations Unies (ONU) et les États-Unis, qui apportent un soutien technique et logistique à travers des formations, du matériel de surveillance et des exercices militaires conjoints avec la marine congolaise.

C. Modernisation des infrastructures et des équipements de surveillance

Outre la coopération internationale, le Congo a investi dans la modernisation de ses capacités de surveillance maritime afin d'améliorer le contrôle de son espace maritime. Plusieurs mesures ont été mises en place :

- Acquisition de nouveaux navires de patrouille : Le gouvernement congolais a renforcé sa flotte avec des bâtiments modernes équipés de systèmes de navigation et de détection avancés. Ces navires sont capables de repérer et intercepter rapidement les embarcations suspectes, limitant ainsi les activités criminelles dans les eaux congolaises.

- Déploiement de technologies de surveillance avancées : Des radars longue portée, des satellites de surveillance maritime et des drones ont été mis en place pour assurer un contrôle permanent des eaux territoriales et détecter toute activité anormale.
- Formation et professionnalisation du personnel maritime : Le renforcement des capacités humaines est essentiel dans la lutte contre la piraterie. Le gouvernement congolais, en partenariat avec des institutions spécialisées, a mis en place des programmes de formation pour les membres de la Garde côtière, de la Marine nationale et des douanes.

D. Sensibilisation et implication des communautés locales

Outre les mesures militaires et technologiques, le Congo mise sur une approche plus inclusive et participative, impliquant les populations locales et les acteurs du secteur maritime dans la lutte contre la piraterie et les trafics illicites. Plusieurs campagnes de sensibilisation ont été menées pour :

- Informer les pêcheurs et les transporteurs maritimes sur les risques liés à la piraterie et leur apprendre les protocoles à suivre en cas d'attaque.
- Encourager les communautés côtières à signaler toute activité suspecte et à collaborer avec les forces de l'ordre.

E. Vers un cadre juridique plus strict et une coopération judiciaire renforcée

La lutte contre la piraterie ne peut être efficace sans un cadre juridique adapté et une coopération judiciaire renforcée. Le Congo a ainsi adopté des lois plus strictes contre la piraterie et les trafics illicites, criminalisant ces actes avec des sanctions sévères pour les auteurs et complices.

Conclusion :

Grâce à ces efforts, le Congo a réussi à réduire significativement le nombre d'incidents de piraterie dans ses eaux et à renforcer sa coopération avec ses voisins et la communauté internationale. Toutefois, la menace demeure, et le pays doit poursuivre ses efforts en intensifiant ses moyens de surveillance, en renforçant la formation de ses forces maritimes et en s'assurant d'une coopération judiciaire et sécuritaire encore plus efficace (IMB, 2020).

Section 3 : Ressources maritimes (halieutiques, énergétiques, minérales, hydrocarbures)

La troisième section du chapitre s'intéresse à la richesse naturelle du domaine maritime congolais, en particulier les ressources halieutiques, les hydrocarbures offshores et les minéraux sous-marins. Elle met en lumière l'importance économique de ces ressources tout en soulignant les menaces pesant sur leur durabilité. Par une analyse des dynamiques d'exploitation et des politiques de régulation, cette section propose une réflexion sur les voies d'une gestion responsable, inclusive et résiliente de ces biens communs marins.

Paragraphe 1 : Les ressources halieutiques : un levier stratégique pour la sécurité alimentaire et le développement côtier[53]

La façade maritime de la République du Congo, d'environ 170 kilomètres, constitue une zone d'intérêt stratégique, non seulement en raison de sa situation géographique dans le Golfe de Guinée, mais aussi pour la richesse de ses écosystèmes marins. Cette bande côtière abrite une biodiversité halieutique remarquable, nourrie par les remontées d'eaux froides du courant de Benguela, qui favorisent une forte productivité biologique (FAO, 2022). Exploitées principalement à travers la pêche artisanale et industrielle, ces ressources jouent un rôle crucial dans la sécurité alimentaire, la création d'emplois et le développement économique local. Toutefois, leur durabilité est compromise par des pratiques de pêche non durables et une gouvernance encore insuffisamment structurée.

A. Une biodiversité halieutique à fort potentiel économique

Le plateau continental congolais héberge une grande variété d'espèces marines, parmi lesquelles des poissons pélagiques (sardinelles, maquereaux, chinchards), des poissons démersaux (pageots, capitaines), des crustacés (crevettes, crabes) et des mollusques (seiches, poulpes). Ces espèces sont essentielles pour la consommation locale et représentent un potentiel d'exportation important, en particulier vers l'Union européenne, qui est un marché exigeant en matière de traçabilité et de durabilité.

La productivité halieutique du Congo est estimée entre 100 000 et 150 000 tonnes par an, mais reste sous-exploitée dans certaines zones en raison du manque d'infrastructures portuaires adaptées, de capacités de conservation limitées et de faibles investissements dans la filière (FAO, 2022). Cette situation contraste avec le potentiel réel du secteur, qui pourrait générer davantage de revenus et d'emplois en milieu côtier si les conditions d'exploitation durable étaient réunies.

B. Un secteur socio-économique vital pour les communautés côtières

La pêche artisanale emploie environ 20 000 personnes directement, sans compter les nombreux emplois indirects liés à la transformation, au transport et à la commercialisation des produits halieutiques (Ministère de la Pêche et de

[53] Voir FORTEAU Mathias, THOUVENIN Jean-Marc (2017), *op. cit.* p.703 et s.

l'Aquaculture, 2020). Cette pêche se pratique à l'aide de pirogues motorisées ou non motorisées, et repose sur un savoir-faire ancestral transmis de génération en génération. Les femmes y jouent un rôle central, notamment dans les activités de post-récolte telles que le fumage, le séchage et la vente sur les marchés locaux. La pêche industrielle, quant à elle, est dominée par des sociétés mixtes ou étrangères opérant sous licences. Elle représente la principale source de produits exportés, mais suscite des tensions avec les pêcheurs artisanaux en raison de conflits d'usage des zones de pêche et d'un accès inégal aux ressources.

C. Les menaces croissantes de la surexploitation et de la pêche INN

Malgré son importance, le secteur halieutique congolais est confronté à des défis critiques liés à la durabilité des ressources. L'intensification des efforts de pêche, sans mécanismes efficaces de régulation, entraîne une surexploitation progressive des stocks halieutiques. Des études récentes indiquent que certaines espèces, telles que les sardinelles, montrent déjà des signes de déclin en raison de captures excessives.

À cela s'ajoute la problématique de la pêche illicite, non déclarée et non réglementée (INN), qui représenterait jusqu'à 30 % des captures effectuées dans les eaux congolaises, selon les estimations de Greenpeace (2020). Cette pêche INN est souvent menée par des navires étrangers qui opèrent sans autorisation ou qui dissimulent leurs captures réelles. Elle a pour conséquence directe la perte de revenus pour l'État, la dégradation des écosystèmes marins et la concurrence déloyale pour les pêcheurs locaux.

Les faibles capacités de surveillance maritime, l'absence de systèmes de suivi efficaces des navires (VMS, AIS), ainsi que le manque de coopération régionale renforcent la vulnérabilité du pays face à ces pratiques illégales.

D. Vers une gouvernance durable et inclusive des pêches

Pour faire face à ces enjeux, le Congo s'est engagé dans plusieurs réformes institutionnelles, notamment à travers l'élaboration de plans d'aménagement des pêcheries et l'adhésion à des cadres internationaux de gouvernance comme l'Accord de la FAO sur les mesures du ressort de l'État du port, destiné à lutter contre la pêche INN.

Il est toutefois nécessaire d'aller plus loin, en renforçant les capacités du ministère de la Pêche, en améliorant la collecte de données scientifiques sur les stocks, et en mettant en œuvre un système de gestion participative impliquant les communautés locales. L'adoption d'une approche écosystémique des pêches, combinée à des investissements dans les infrastructures portuaires, les systèmes de traçabilité, et l'accès aux financements pour les pêcheurs artisanaux, est essentielle pour garantir la durabilité du secteur.

De plus, la coopération régionale à travers des organisations comme la Commission Sous-Régionale des Pêches (CSRP) ou la COMHAFAT est indispensable pour gérer efficacement les ressources partagées du Golfe de Guinée et harmoniser les efforts de lutte contre la pêche INN.

Paragraphe 2 : La crise de durabilité des ressources halieutiques congolaises : dynamiques, enjeux et voies de transformation

Le domaine maritime de la République du Congo, bien que relativement modeste en superficie, présente une richesse biologique marine considérable. Grâce aux remontées d'eaux froides du courant de Benguela, les eaux congolaises sont particulièrement fertiles, propices à une importante concentration d'espèces halieutiques, à la fois pélagiques, démersales, mais aussi benthiques. Ce potentiel constitue un socle important pour la sécurité alimentaire, l'emploi local et la génération de devises via les exportations. Toutefois, cette richesse est gravement menacée par une combinaison de facteurs structurels, politiques et écologiques. En l'absence d'un encadrement rigoureux, la surexploitation des stocks, la pêche illicite, et la faible capacité de régulation risquent de transformer ce potentiel en crise systémique.

A. Une richesse halieutique réelle, mais peu valorisée

La biodiversité marine congolaise repose sur un écosystème océanique favorable, avec une forte disponibilité de nutriments permettant le développement d'espèces commercialement importantes telles que les sardinelles, chinchards, thons, crevettes, langoustes, mérous et autres poissons démersaux. Bien que les estimations du rendement maximum durable (RMD) situent le potentiel halieutique entre 100 000 et 150 000 tonnes annuelles, seuls 50 à 60 % de ce potentiel sont actuellement exploités.

Cette sous-exploitation apparente ne reflète pas une gestion durable, mais plutôt des dysfonctionnements structurels. D'une part, l'absence d'infrastructures modernes (ports de débarquement, chambres froides, unités de transformation) limite l'absorption et la valorisation locale des captures. D'autre part, la dépendance à l'égard d'armateurs étrangers dans le segment industriel fait que les bénéfices économiques ne sont que partiellement réinvestis dans le tissu socio-économique local. À cela s'ajoute le manque de données biologiques précises, ce qui empêche une gestion écosystémique différenciée selon les zones et les espèces.

B. Des stocks biologiques de plus en plus fragilisés

L'intensification de l'effort de pêche au cours des deux dernières décennies, sans mécanisme efficace de contrôle, a conduit à la déstabilisation progressive de nombreux stocks halieutiques. Les petits pélagiques, qui représentent une composante essentielle de la sécurité alimentaire des populations côtières, sont particulièrement touchés. Selon les données de la FAO (2022), les captures de sardinelles, espèce historiquement dominante, sont en déclin constant depuis 2015, ce qui laisse présager une surexploitation des reproducteurs.

En l'absence de quotas biologiques fixés sur la base d'évaluations scientifiques, les prélèvements s'effectuent de manière aveugle, souvent en dehors des périodes de repos biologique. Par ailleurs, les engins utilisés par de nombreux opérateurs ne sont pas conformes aux normes de sélectivité, ce qui favorise la capture des juvéniles et des espèces non ciblées. Cette pression non maîtrisée accélère l'effondrement des chaînes trophiques locales et diminue la capacité des écosystèmes à se régénérer.

La fragmentation institutionnelle du secteur – entre les ministères chargés de la pêche, de l'environnement et de la défense – empêche la mise en place d'un système de régulation cohérent et intégré. Il en résulte une situation où la ressource est considérée comme librement accessible, ce qui conduit à une "tragédie des biens communs" typique des zones de pêche non régulées.

C. La pêche INN : un facteur d'instabilité systémique

La pêche illicite, non déclarée et non réglementée (INN) constitue l'une des menaces les plus graves à la durabilité des ressources halieutiques congolaises. Elle s'inscrit dans une dynamique régionale complexe, impliquant des flottes étrangères opérant en dehors des cadres légaux, utilisant des pavillons de complaisance, falsifiant les journaux de bord et débarquant les captures dans des ports non surveillés.

Cette pêche clandestine est souvent invisible pour les autorités congolaises, en raison de la faiblesse des systèmes de suivi des navires (VMS), du manque de coopération inter-agences et de la rareté des moyens logistiques pour la surveillance maritime. Elle engendre des pertes économiques massives, estimées entre 10 et 20 millions USD par an pour le seul Congo, sans compter les effets secondaires sur les marchés locaux et les tensions sociales entre pêcheurs.

Le pays a certes ratifié l'Accord de la FAO sur les mesures du ressort de l'État du port mais les procédures d'inspection, de sanction, et de traçabilité des produits halieutiques restent embryonnaires. Le résultat est un déséquilibre profond entre les intentions politiques affichées et les capacités opérationnelles réelles.

D. Vers une gouvernance durable, équitable et participative du secteur halieutique

Face à ces défis, il est impératif de repenser en profondeur la gouvernance du secteur des pêches au Congo. Une première priorité est d'investir dans la

production de connaissances scientifiques indépendantes, afin d'établir des plans d'aménagement des pêcheries basés sur des indicateurs biologiques et socio-économiques crédibles. Ces plans doivent inclure la définition de quotas, de périodes de fermeture saisonnière, et de zones d'exclusion, en particulier au bénéfice de la pêche artisanale.
Par ailleurs, une clarification des droits d'usage des ressources halieutiques est nécessaire pour mettre fin à la compétition anarchique entre flottes artisanales et industrielles. Cela passe par la reconnaissance légale des zones de pêche traditionnelles, la régularisation de l'accès aux engins conformes, et le développement de dispositifs de cogestion impliquant les communautés locales.

L'État doit également renforcer ses capacités de surveillance maritime, en mobilisant des moyens technologiques modernes (drones, radars côtiers, AIS), mais aussi en intensifiant la coopération régionale dans le cadre de la CSRP et de la COMHAFAT. À cela s'ajoute la nécessité de réviser les cadres contractuels avec les armateurs étrangers, afin d'assurer une meilleure redistribution des rentes halieutiques à travers des mécanismes de redevances transparentes.
Enfin, la valorisation du rôle des femmes dans la filière post-capture, la promotion de la pêche responsable par la certification écologique, et la modernisation des infrastructures de débarquement, représentent autant de leviers pour construire une économie halieutique résiliente, inclusive et durable.

Paragraphe 3 : Hydrocarbures offshore dans la ZEE congolaise : entre dépendance économique et nécessité de transition

La zone économique exclusive (ZEE) de la République du Congo constitue l'un des principaux réservoirs d'hydrocarbures du Golfe de Guinée. Elle renferme des gisements significatifs de pétrole brut et de gaz naturel, principalement situés en offshore profond et ultra-profond. Ces ressources énergétiques représentent, depuis plusieurs décennies, le pilier de l'économie congolaise, générant jusqu'à 80 % des recettes d'exportation et plus de 60 % des revenus budgétaires de l'État (Banque mondiale, 2020). Toutefois, cette dépendance pose des défis multidimensionnels, à la fois sur les plans économique, environnemental et géopolitique. À l'heure où les dynamiques mondiales convergent vers la transition énergétique, le Congo doit repenser l'exploitation de ses ressources offshore dans une perspective de durabilité, de souveraineté et de diversification.

A. Un sous-sol marin riche en hydrocarbures stratégiques

La façade maritime congolaise, explorée depuis les années 1970, a révélé la présence de plusieurs bassins pétroliers parmi les plus prometteurs de la région. Les blocs offshores de Pointe-Noire, notamment Nkossa, Moho-Bilondo, Marine XII ou Lianzi, abritent des réserves estimées à plusieurs milliards de barils équivalents pétrole. Le Congo produit en moyenne 300 000 barils par jour, plaçant le pays parmi les cinq premiers producteurs d'Afrique subsaharienne.

Cette production repose sur un partenariat entre l'État congolais, à travers la Société Nationale des Pétroles du Congo (SNPC), et plusieurs compagnies internationales majeures, telles que Total Energies, Eni, Perenco ou Chevron. Le cadre juridique de ces partenariats est généralement fondé sur des contrats de partage de production, qui permettent au pays d'obtenir une part des volumes produits, tout en partageant les risques et les investissements.
Le développement du gaz offshore, longtemps marginalisé, connaît un regain d'intérêt, notamment avec le lancement de projets de liquéfaction (GNL), comme le projet Marine XII opéré par Eni, destiné à exporter du gaz naturel liquéfié tout en valorisant les réserves locales pour la consommation intérieure.

B. Une économie rentière, mais vulnérable aux chocs exogènes

L'économie congolaise repose de manière disproportionnée sur les hydrocarbures. Si ce secteur a permis de financer d'importants projets d'infrastructures et de renforcer les recettes publiques, il a aussi généré une forte exposition aux fluctuations des cours mondiaux du brut. La chute des prix du pétrole en 2014, puis la pandémie de COVID-19 en 2020, ont mis en lumière cette vulnérabilité : en quelques mois, les recettes de l'État ont chuté de plus de 40 %, entraînant des retards de paiement, des gels de projets publics, et une explosion de la dette.

Cette dépendance aux hydrocarbures a également freiné la diversification économique, en attirant l'essentiel des investissements et de la main-d'œuvre qualifiée vers le secteur pétrolier, au détriment de l'agriculture, de l'industrie manufacturière ou de l'économie bleue. En outre, les effets redistributifs de la rente pétrolière restent limités : le secteur emploie directement moins de 5 % de la population active et ses retombées fiscales sont souvent affectées par l'opacité des contrats et les exonérations octroyées aux opérateurs.

C. Enjeux environnementaux et conflits d'usage en zone offshore

L'exploitation des hydrocarbures offshore dans la ZEE congolaise pose des risques environnementaux considérables. Les opérations de forage, les fuites potentielles, et le rejet des boues de forage peuvent avoir un impact direct sur les écosystèmes marins, notamment les zones de mangroves, les herbiers sous-marins et les habitats de reproduction de nombreuses espèces halieutiques.

À ces risques s'ajoute la problématique des conflits d'usage entre activités extractives et autres formes d'exploitation durable de l'espace maritime, comme la pêche artisanale ou l'aquaculture. Les zones de sécurité autour des plateformes pétrolières interdisent l'accès aux pêcheurs locaux, réduisant leurs zones de capture et créant des tensions récurrentes. De plus, les pollutions chroniques ou accidentelles (déversements, torchage de gaz, hydrocarbures dissous) peuvent affecter la qualité des eaux et la salubrité des produits de la mer.

La gouvernance environnementale reste faible dans le secteur, avec une capacité de suivi limitée, des mécanismes de responsabilité peu opérationnels, et une coordination insuffisante entre les agences environnementales, maritimes et pétrolières.

D. Vers une exploitation responsable et une transition énergétique maîtrisée

Pour valoriser durablement ses ressources énergétiques marines, la République du Congo est appelée à adopter une approche stratégique à plusieurs dimensions. Premièrement, il est crucial de renforcer la transparence dans la gestion des revenus issus des hydrocarbures offshore. Cela passe par l'adhésion pleine et entière aux principes de l'Initiative pour la Transparence dans les Industries Extractives (ITIE), l'audit des contrats de partage, et la traçabilité des flux financiers.

Deuxièmement, le pays doit mettre en œuvre une planification spatiale maritime intégrée, qui articule les usages énergétiques avec ceux de la pêche, de la conservation marine et du transport maritime. Cette approche permettrait d'identifier les zones les plus sensibles à préserver, et de minimiser les conflits entre acteurs.

Troisièmement, une réforme du cadre environnemental est nécessaire. Elle devrait inclure l'obligation pour les opérateurs offshore de réaliser des études d'impact rigoureuses, de publier des plans de gestion environnementale, et de contribuer à un fonds de restauration écologique en cas d'accidents.

Enfin, le Congo devrait inscrire le développement du gaz naturel offshore dans une logique de transition énergétique. Utilisé comme carburant relais vers les énergies renouvelables, le gaz peut contribuer à électrifier les zones rurales, à alimenter les industries locales, et à réduire la dépendance au bois-énergie. Cependant, cela nécessite des investissements massifs dans les infrastructures de transformation et de transport, ainsi qu'un cadre réglementaire attractif, stable et aligné avec les objectifs climatiques.

Paragraphe 4 : Ressources minérales sous-marines : un potentiel émergent au croisement des enjeux géoéconomiques et environnementaux

La zone économique exclusive (ZEE) de la République du Congo recèle, au-delà des ressources halieutiques et énergétiques déjà exploitées, un potentiel minier encore largement inexploité. Des campagnes d'exploration géophysique menées ces dernières années par des opérateurs internationaux et appuyées par des institutions spécialisées, ont révélé l'existence probable de gisements de minéraux sous-marins dans le plateau continental congolais. Il s'agit principalement de nodules polymétalliques, d'encroûtements cobaltifères et de sulfures hydrothermaux, des ressources critiques dans le contexte de la transition énergétique mondiale. Leur exploitation, bien que lointaine et complexe, pourrait représenter une nouvelle frontière de la croissance bleue pour le Congo, à condition d'anticiper les risques géopolitiques, technologiques et écologiques associés.

A. Une nouvelle frontière de la géo économie marine

Les minéraux marins, en particulier ceux concentrés dans les grands fonds océaniques, suscitent un intérêt croissant au niveau mondial. Ils contiennent des métaux stratégiques indispensables à la fabrication des technologies bas carbone : batteries lithium-ion, panneaux solaires, aimants pour éoliennes, etc. On y trouve notamment du cobalt, du nickel, du cuivre, du manganèse, mais aussi des terres rares.

Dans la ZEE congolaise, les données issues d'analyses sédimentologiques et de relevés bathymétriques menées entre 2018 et 2021 par des consortiums publics-privés suggèrent la présence de nodules polymétalliques à des profondeurs intermédiaires, entre 1 000 et 2 500 mètres. Ces nodules, qui se forment sur des millions d'années, sont de véritables agrégats métalliques contenant du manganèse, du fer, du cobalt et du nickel.

Bien que l'exploitation ne soit pas encore opérationnelle, plusieurs compagnies minières et énergétiques ont manifesté leur intérêt pour des permis de prospection, en lien avec la montée en valeur stratégique des métaux critiques. La République du Congo, en tant qu'État côtier, a ainsi la possibilité de revendiquer des droits souverains sur l'exploration et l'exploitation de ces ressources dans sa ZEE, tout en participant à la dynamique régionale africaine autour de l'économie bleue minière.

B. Des défis technologiques et réglementaires majeurs

L'exploitation des ressources minérales sous-marines présente des défis techniques de grande envergure. Elle nécessite des équipements spécialisés, capables d'intervenir à des milliers de mètres de profondeur, dans des conditions de haute pression et de faible luminosité. À l'heure actuelle, seuls quelques pays – Chine, Japon, France, Allemagne – disposent des capacités technologiques nécessaires pour mener des opérations pilotes dans ce domaine.
Pour la République du Congo, cela suppose une stratégie claire de transfert de technologies, de partenariat international et de développement des compétences nationales dans les domaines de la géologie marine, de l'ingénierie sous-marine et de la modélisation géo spatiale. Le pays devra aussi s'aligner sur le cadre juridique international encadré par l'Autorité Internationale des Fonds Marins (ISA), notamment en ce qui concerne la protection de l'environnement et le partage équitable des bénéfices.

Sur le plan national, l'absence actuelle de réglementation spécifique sur les ressources minérales marines représente un vide juridique. Il sera indispensable d'élaborer une législation minière maritime adaptée, intégrant des dispositions relatives aux études d'impact environnemental, à la responsabilité des opérateurs, à la fiscalité extractive et à la consultation des parties prenantes.

C. Un équilibre délicat entre exploitation économique et protection des écosystèmes

Les fonds marins constituent des écosystèmes complexes, peu connus, mais d'une richesse biologique exceptionnelle. Les zones ciblées pour l'exploitation minière abritent des espèces endémiques, des coraux d'eau froide, des bactéries extrêmophiles et des structures géologiques rares. La perturbation de ces habitats, que ce soit par l'extraction directe ou par la remise en suspension des sédiments, pourrait entraîner des pertes irréversibles de biodiversité.

Les impacts potentiels incluent la destruction d'habitats benthiques, la pollution sonore, la contamination chimique, et la modification des cycles biogéochimiques. Ces effets sont encore mal connus en Afrique centrale, en raison du manque de recherche océanographique, mais les expériences internationales soulignent la nécessité d'un principe de précaution fort.

Ainsi, la stratégie congolaise en matière de minéraux sous-marins devra impérativement intégrer des considérations environnementales robustes : aires marines protégées, interdictions de forage dans certaines zones sensibles, protocoles de suivi scientifique indépendants, et mesures de réparation en cas de dommage écologique.

D. Perspectives stratégiques pour une gestion anticipée et inclusive des ressources minérales offshore

Dans un contexte où la demande mondiale pour les métaux critiques explose, le Congo a une opportunité stratégique de positionner sa ZEE comme un acteur émergent dans l'exploitation durable des ressources minérales marines. Toutefois, cette ambition nécessite une vision à long terme, construite autour de plusieurs axes stratégiques.

Premièrement, l'État devrait créer une stratégie nationale sur les minéraux marins, en lien avec sa politique de l'économie bleue. Cette stratégie permettrait de clarifier les objectifs, les priorités, et les modalités de gouvernance de ces ressources, tout en intégrant les principes de transparence, de participation publique et de durabilité environnementale.

Deuxièmement, il est essentiel de renforcer les capacités scientifiques nationales, en mobilisant les universités, les centres de recherche et les partenaires techniques internationaux pour développer des connaissances précises sur les fonds marins congolais. Cela implique notamment l'acquisition de navires de recherche, de technologies géophysiques avancées, et de plateformes d'analyse interdisciplinaire.

Troisièmement, le Congo gagnerait à intégrer les communautés locales et la société civile dans les discussions sur l'avenir de l'exploitation minière marine, afin de garantir une répartition équitable des bénéfices, d'éviter les conflits d'usage, et de promouvoir des chaînes de valeur locales.

Enfin, toute démarche d'exploitation devra être précédée par une évaluation stratégique environnementale (ESE), suivie de procédures rigoureuses d'étude d'impact et de mécanismes de redevances affectées à la protection des écosystèmes marins.

Section 4 : Importance économique et commerciale

La dernière section de ce chapitre examine le rôle central que joue la façade maritime dans l'économie extérieure congolaise. En mettant en lumière les fonctions logistiques du port de Pointe-Noire, les exportations maritimes et les corridors de commerce régional, elle analyse les leviers de compétitivité et les perspectives de diversification offerte par l'économie bleue. Cette section explore également les opportunités émergentes dans le tourisme côtier, l'innovation portuaire et les zones économiques spéciales, en vue d'une transformation structurelle plus durable du modèle économique congolais.

Paragraphe 1 : Le port de Pointe-Noire : plateforme logistique stratégique

La façade maritime de la République du Congo trouve sa vitalité économique dans le port autonome de Pointe-Noire, infrastructure centrale du commerce extérieur national et point d'ancrage régional majeur. Grâce à sa localisation géographique privilégiée et à d'importants investissements dans ses capacités logistiques, ce port joue un rôle multidimensionnel : hub d'exportation des matières premières, porte d'entrée des produits manufacturés, et plateforme de transit régional pour les pays enclavés d'Afrique centrale. Son développement illustre l'ambition du Congo de s'inscrire durablement dans la chaîne logistique maritime continentale.

A. Un positionnement géographique stratégique sur la façade atlantique africaine

Le port de Pointe-Noire est situé sur la côte atlantique centrale de l'Afrique, à environ 400 km au nord de l'estuaire du fleuve Congo, sur une zone géographiquement stable et naturellement profonde. Cette localisation lui permet d'échapper aux problématiques de dragage constantes qui affectent de nombreux ports du Golfe de Guinée (CEMAC, 2020). Il est également relativement à l'abri des cyclones tropicaux, ce qui confère une fiabilité climatique précieuse pour les armateurs internationaux.

La proximité du port avec les principales routes maritimes transatlantiques en fait une plateforme idéale pour les échanges intercontinentaux. Il se situe à 12 jours de navigation des ports d'Europe du Nord, à 16 jours de l'Asie du Sud-Est, et à 10 jours des côtes de l'Amérique du Sud, des délais compétitifs dans le transport maritime international (UNCTAD, 2023). Grâce à cet emplacement, Pointe-Noire peut jouer un rôle pivot dans le transbordement régional et le cabotage vers les ports secondaires de la sous-région.

B. Des investissements majeurs pour une infrastructure de classe internationale

Au cours des quinze dernières années, le port de Pointe-Noire a fait l'objet d'un vaste programme de modernisation, estimé à plus de 570 millions d'euros, dans le cadre d'un partenariat public-privé avec Bolloré Ports (Bolloré Ports, 2021). Cette transformation a permis au port de franchir un palier technologique, logistique et opérationnel. Le terminal à conteneurs, cœur de cette modernisation, a été doté d'un quai de plus de 1 200 mètres, capable d'accueillir jusqu'à trois navires Post-Panamax simultanément.

Le dragage du chenal d'accès à une profondeur de -15 mètres permet aujourd'hui la réception de navires de grande capacité, chose encore impossible il y a dix ans. Par ailleurs, l'introduction de portiques de quai (STS), de portiques sur pneus (RTG), ainsi que de systèmes numériques de gestion (Terminal Operating System - TOS) a permis une réduction significative du temps d'escale des navires : de plus de 72 heures en 2010 à moins de 30 heures en 2022.

Le port dispose également d'un terminal minéralier, d'un terminal conventionnel pour les produits forestiers, et d'un terminal pétrolier situé à Djeno, utilisé notamment pour les exportations d'hydrocarbures par les majors comme Total Energies et ENI. Cette diversité de terminaux permet d'absorber différents types de marchandises, augmentant la flexibilité logistique de l'infrastructure.

C. Une plateforme de transit régional pour les pays de l'hinterland

Au-delà de son rôle national, Pointe-Noire s'impose comme un port régional de transit pour plusieurs pays enclavés d'Afrique centrale. La République démocratique du Congo (RDC), notamment sa partie sud-ouest (Kinshasa, Kongo Central), utilise de plus en plus ce port comme alternative au port de

Matadi, souvent engorgé. Des corridors logistiques reliant Pointe-Noire à Kinshasa via le CFCO (Congo-Océan) et le fleuve Congo sont en cours de renforcement pour fluidifier ces échanges.

La République centrafricaine (RCA) et le Tchad, deux pays totalement enclavés, recourent au Corridor Pointe-Noire–Brazzaville–Bangui–Ndjamena pour leurs importations et exportations. Ce corridor figure parmi les corridors stratégiques identifiés par la Commission Économique pour l'Afrique Centrale (CEEAC) et par l'Union africaine dans le cadre du Programme de Développement des Infrastructures en Afrique (PIDA).

Néanmoins, le plein potentiel de cette plateforme de transit est freiné par des insuffisances d'infrastructures terrestres, notamment la vétusté du Chemin de fer Congo-Océan (CFCO), les ruptures de charge à Brazzaville, et les lenteurs administratives aux frontières. Un programme de réhabilitation du CFCO, estimé à plus de 300 millions USD, est en discussion avec la Banque africaine de développement pour améliorer la fluidité du corridor.

D. Un facteur décisif dans la compétitivité des exportations congolaises

Le port de Pointe-Noire constitue l'artère principale des exportations congolaises, qui sont fortement concentrées sur les hydrocarbures (environ 80 % des recettes d'exportation), les produits forestiers transformés, les minerais (potasse, cuivre, or), et les produits halieutiques. La performance logistique du port conditionne directement la compétitivité-prix des produits congolais sur les marchés internationaux.

Les délais portuaires, le coût de la manutention, et l'efficacité douanière sont autant de facteurs qui influencent la rentabilité des exportateurs. Or, malgré les améliorations, le coût moyen de passage portuaire reste supérieur à celui de ports concurrents de la sous-région comme Abidjan ou Tema. Des études de la Banque mondiale montrent que les frais portuaires et logistiques représentent jusqu'à 30 % du prix final des produits exportés depuis Pointe-Noire, contre une moyenne africaine de 22 %.

En réponse, les autorités congolaises projettent de développer une zone économique spéciale (ZES) à proximité du port, destinée à accueillir des industries de transformation (bois, produits agricoles, biens intermédiaires) afin d'augmenter la valeur ajoutée locale et de réduire les exportations brutes non transformées. Cette synergie entre port, industrie et logistique vise à ancrer durablement Pointe-Noire comme un hub intégré de l'économie bleue congolaise et régionale.

Paragraphe 2 : Un corridor de croissance économique régionale

Au-delà de sa fonction nationale, la façade maritime congolaise-structurée autour du port de Pointe-Noire-joue un rôle central dans les dynamiques d'intégration économique et logistique de l'Afrique centrale. Le corridor Pointe-Noire–Brazzaville–Kinshasa–Bangui–N'Djamena constitue aujourd'hui un axe structurant pour la connectivité régionale, reliant les zones enclavées du bassin du Congo au littoral atlantique. Dans une sous-région marquée par la discontinuité des réseaux de transport et les obstacles à la fluidité commerciale, ce corridor offre un potentiel exceptionnel de transformation économique inclusive et durable, à condition d'être structuré autour d'une vision interétatique concertée.

A. L'intégration portuaire et logistique régionale : vers une façade maritime partagée

Le corridor logistique qui part du port de Pointe-Noire ne concerne pas uniquement le Congo, mais s'inscrit dans une dynamique plus large de mise en réseau des économies d'Afrique centrale. Il relie directement cinq pays : République du Congo, République démocratique du Congo (RDC), République centrafricaine (RCA), Tchad et, à moyen terme, le nord de l'Angola et le sud du Cameroun. L'intégration portuaire régionale vise à faciliter l'accès de ces États enclavés à la mer, à réduire les coûts logistiques et à stimuler les exportations extra-africaines comme les échanges intrarégionaux.

L'essor de cette façade maritime partagée s'inscrit dans les orientations de la Zone de libre-échange continentale africaine (ZLECAF), qui prévoit la mise en place de corridors commerciaux performants, capables de soutenir une augmentation de 33 % du commerce intra-africain d'ici 2035. En ce sens, Pointe-Noire est en passe de devenir l'un des hubs logistiques transnationaux les plus stratégiques du continent, au même titre que Durban en Afrique du Sud ou Mombasa au Kenya.

Cette ambition implique cependant des efforts d'harmonisation des politiques douanières, des normes techniques et des régulations portuaires entre les États partenaires. Des initiatives sont en cours, notamment à travers le Programme d'appui à la facilitation des échanges en Afrique centrale (PACAFE), cofinancé par la BAD et la CEEAC.

B. Les infrastructures de liaisons intérieures : atouts et contraintes

La consolidation du corridor régional repose sur un ensemble d'infrastructures interconnectées : voies ferrées, routes bitumées, infrastructures fluviales et plateformes logistiques. Le Chemin de fer Congo-Océan (CFCO) constitue le principal lien entre Pointe-Noire et Brazzaville. Long de 512 km, ce tronçon joue un rôle fondamental dans le transport des marchandises vers l'hinterland, mais son fonctionnement est souvent entravé par une vétusté structurelle, des interruptions de service et des incidents techniques répétés.

Depuis Brazzaville, les marchandises peuvent être acheminées vers Kinshasa par bac fluvial ou par les ponts flottants, bien que la construction du pont route-rail Brazzaville-Kinshasa, prévu depuis 2005 et inscrit dans le PIDA, soit encore en phase de mobilisation financière (UA/NEPAD, 2020). Ce pont, une fois réalisé, réduirait considérablement les délais logistiques entre les deux capitales les plus proches au monde, et dynamiserait le commerce entre la RDC et le Congo.

Pour les pays plus enclavés comme la RCA et le Tchad, le transport se fait par voies terrestres à travers des axes routiers en cours de réhabilitation, notamment la RN1 (Congo–Oyo–Ouesso) et les routes inter-États reliant le nord du Congo à Bangui via Ouesso et à N'Djamena via Sahr. Ces infrastructures, encore incomplètes ou en mauvais état dans plusieurs segments, nécessitent une coordination intergouvernementale étroite et des financements multilatéraux pour devenir des corridors logistiques fiables.

C. Le corridor comme levier d'intégration économique sous-régionale

Le corridor Pointe-Noire–hinterland n'est pas qu'un simple axe de transport ; il constitue un vecteur stratégique d'intégration économique régionale, dans une sous-région historiquement fragmentée par des conflits, des barrières non tarifaires, et une faible complémentarité des structures économiques. En connectant les zones de production agricoles, minières, forestières et industrielles de l'intérieur du continent aux marchés internationaux via Pointe-Noire, ce corridor permet de valoriser les ressources naturelles locales à travers des chaînes logistiques plus compétitives.

Il contribue également à la rationalisation des échanges intrarégionaux, en réduisant la dépendance vis-à-vis des ports étrangers comme Douala ou Matadi. En cela, il répond à une logique d'intégration physique portée par la CEEAC et soutenue par la Communauté économique des États de l'Afrique centrale (CEEAC), qui en a fait un pilier de sa stratégie de développement économique intégré à l'horizon 2030.

Enfin, le corridor favorise l'émergence de zones économiques transfrontalières, comme les projets industriels entre Brazzaville et Kinshasa (zone de Maloukou), et les zones logistiques prévues à Bangui et à N'Djamena. Ce type d'intégration fonctionnelle par les infrastructures ouvre la voie à la formation de bassins économiques intégrés, catalyseurs de transformation structurelle et de création d'emplois.

D. Enjeux et recommandations pour la structuration durable du corridor

Pour que ce corridor régional atteigne son plein potentiel, plusieurs conditions doivent être réunies. D'abord, une gouvernance interétatique renforcée est indispensable pour assurer la cohérence des investissements, éviter les duplications d'efforts, et garantir une maintenance efficace des infrastructures existantes. La mise en place d'un cadre institutionnel transnational de pilotage du corridor, impliquant les ministères sectoriels, les chambres de commerce et les bailleurs, est à ce titre une priorité.

Ensuite, il est crucial de renforcer la connectivité intermodale. L'absence de hubs logistiques intégrés (combinant rail, route, fleuve et port) entraîne des ruptures de charge coûteuses et des pertes de temps. La création de plateformes logistiques multimodales à Brazzaville, Oyo, Ouesso ou Dolisie permettrait de fluidifier le passage des marchandises et de dynamiser les échanges.

Par ailleurs, la réduction des barrières non tarifaires (lenteurs administratives, corruption, lourdeur des procédures douanières) constitue un levier fondamental pour améliorer la compétitivité logistique. La digitalisation des systèmes douaniers, l'harmonisation des normes, et la mutualisation des inspections sont autant de réformes concrètes à engager rapidement.
Enfin, une vision inclusive et territorialisée du corridor est nécessaire. Il ne s'agit pas seulement de faciliter le commerce, mais aussi de stimuler le développement local le long de l'axe : création d'emplois dans la logistique, soutien aux PME, infrastructures sociales, promotion de chaînes de valeur régionales. Le corridor, en tant que territoire économique vivant, doit être au service de la transformation structurelle des économies d'Afrique centrale.

Paragraphe 3 : Exportations maritimes : hydrocarbures, produits forestiers, minerais et agroalimentaire

La façade maritime congolaise joue un rôle vital dans la projection commerciale du pays à l'international. À travers le port de Pointe-Noire, principal débouché maritime du pays, transitent plus de 90 % des exportations nationales, constituant le socle de l'économie extérieure congolaise (Banque mondiale, 2023). Ces exportations sont dominées par les hydrocarbures, mais s'accompagnent d'un tissu croissant de filières secondaires telles que les produits forestiers transformés, les minerais, les produits halieutiques et certains produits agricoles. Dans un contexte international marqué par la montée des exigences environnementales, de traçabilité et de durabilité, la performance portuaire et la qualité des produits exportés sont devenues des déterminants majeurs de compétitivité.

A. Le pétrole brut et les condensats : piliers de l'économie d'exportation

Depuis les années 1970, l'économie congolaise est fortement tributaire de l'exploitation pétrolière offshore. En 2022, la production nationale s'élevait à environ 290 000 barils par jour, dont l'essentiel est exporté par voie maritime à partir du terminal de Djeno.

Les exportations de pétrole brut ont généré plus de 7 milliards USD de recettes en 2022, représentant près de 85 % des revenus d'exportation et environ 60 % du budget de l'État (Banque mondiale, 2023). Ces cargaisons sont principalement destinées à la Chine, à l'Inde, à la Corée du Sud et à certains pays européens, qui utilisent ce brut lourd dans leurs raffineries côtières. Depuis peu, l'émergence du gaz naturel liquéfié (GNL), via le projet FLNG Marine XII opéré par ENI, ouvre de nouvelles perspectives d'exportation vers l'Europe du Sud et l'Asie du Sud-Est.

Cette dépendance aux hydrocarbures, bien qu'économiquement lucrative, place le Congo dans une position de vulnérabilité face à la volatilité des cours mondiaux du brut, aux sanctions internationales, et à la décarbonation progressive des économies importatrices. En outre, les externalités environnementales de l'exploitation offshore (pollution marine, torchage de gaz, érosion côtière) renforcent la pression pour une transition vers des formes de production plus durables et à plus forte valeur ajoutée locale, comme la pétrochimie ou la génération d'électricité à partir du gaz.

B. Produits forestiers transformés : mutation d'une filière vers la durabilité

Le Congo, deuxième pays forestier d'Afrique centrale après la RDC, dispose de 22 millions d'hectares de forêts naturelles, dont une partie importante est exploitée commercialement, notamment dans les départements de la Sangha, de la Likouala et du Niari. Depuis l'entrée en vigueur de l'interdiction d'exporter des grumes en 2022, conformément aux engagements pris dans le cadre du Partenariat pour les Forêts du Bassin du Congo (PFBC), la stratégie nationale vise désormais à favoriser la transformation locale du bois, en cohérence avec les objectifs de la ZLECAF.

Les exportations se concentrent donc sur des produits à valeur ajoutée : bois sciés, placages, contreplaqués, parquets, lambris. Ces produits sont expédiés via le terminal forestier du port de Pointe-Noire, avec des flux réguliers vers la Chine, l'Inde, le Vietnam, ainsi que vers l'Union européenne, où la demande en produits certifiés FSC ou PEFC est en hausse. En 2021, les exportations de produits forestiers transformés ont généré environ 350 millions USD, représentant près de 4 % des recettes nationales d'exportation (Ministère de l'Économie forestière, 2022).

Cependant, la compétitivité de cette filière reste freinée par la sous-capacité de transformation industrielle, la faiblesse des investissements privés, et le manque d'accès à des crédits adaptés. De plus, les entreprises congolaises doivent répondre à des normes strictes en matière de légalité et de traçabilité des bois, exigées notamment par le Règlement européen sur la déforestation (EUDR), applicable à partir de 2024 (Commission européenne, 2023). La mise en place d'un système national de traçabilité (SVL) est donc un impératif stratégique pour garantir l'accès aux marchés à haute valeur.

C. Diversification émergente : agriculture, pêche et matériaux de construction

Malgré leur part encore marginale dans la structure des exportations maritimes, les secteurs de l'agriculture, de la pêche et des matériaux de construction présentent un potentiel croissant à moyen terme. Les produits agricoles destinés à l'exportation depuis Pointe-Noire comprennent notamment le cacao du Niari, le sucre raffiné, les tubercules transformés (manioc, taro), les fruits tropicaux (banane plantain, mangue), ainsi que l'huile de palme issue de plantations industrielles en cours de relance.

En ce qui concerne les produits halieutiques, la pêche artisanale marine – concentrée autour de Pointe-Noire – alimente des circuits d'exportation vers les pays voisins et, à plus petite échelle, vers les marchés européens via des produits transformés (poissons fumés, crevettes séchées). Néanmoins, le manque de stations de froid, de laboratoires de contrôle sanitaire agréés et d'unités certifiées HACCP limite la capacité du pays à répondre aux standards internationaux.

Enfin, les produits minéraux non métalliques (granit, calcaire, argile) et les matériaux transformés (ciment, tuiles, briques) sont de plus en plus exportés vers l'Angola, la RDC et le Cameroun. Ces flux, en hausse, traduisent une évolution du port vers une plateforme de commerce régional de matériaux de construction, appuyée par le développement des Zones Économiques Spéciales (ZES) à Pointe-Noire et Ollombo.

D. Certification, traçabilité et compétitivité environnementale : une condition d'accès aux marchés mondiaux

L'un des défis majeurs pour les exportations congolaises est désormais la conformité aux normes environnementales et sociales des marchés internationaux. Pour les bois transformés, les produits halieutiques ou agricoles, l'accès aux marchés européens, nord-américains ou asiatiques passe par une certification rigoureuse appuyée par des chaînes de traçabilité robustes et des audits externes.

L'Union européenne, par exemple, impose désormais que tout produit forestier ou agricole importé soit traçable jusqu'à son origine géographique et provienne de zones exemptes de déforestation illégale. Le non-respect de ces exigences entraîne des interdictions d'importation, des sanctions commerciales et des pertes de compétitivité. Le Congo doit donc moderniser son cadre institutionnel de certification, renforcer les capacités de ses laboratoires d'analyse (phytosanitaires, halieutiques, bois), et développer une stratégie nationale de conformité aux normes commerciales internationales.

En parallèle, la mise en place de chaînes logistiques vertes – intégrant la réduction de l'empreinte carbone, la rationalisation des flux et la numérisation des procédures douanières – est essentielle pour que les exportations congolaises s'inscrivent dans les nouveaux standards du commerce international durable. Cela constitue une condition stratégique pour attirer des acheteurs responsables, capter les marchés premium, et renforcer la résilience économique du pays à long terme.

Paragraphe 4 : Opportunités émergentes dans l'économie bleue commerciale

La façade maritime congolaise recèle un potentiel de développement bien au-delà de ses fonctions traditionnelles d'exportation de matières premières. Le contexte actuel, marqué par l'essor de l'économie bleue comme nouveau paradigme de croissance durable en Afrique, ouvre au Congo une fenêtre stratégique pour diversifier ses activités maritimes, renforcer la résilience de son économie et créer des emplois pérennes. Cette transformation s'appuie notamment sur quatre dynamiques interconnectées : le développement du transbordement maritime, l'industrialisation via les zones économiques spéciales, l'émergence du tourisme maritime et côtier, ainsi que l'innovation logistique et environnementale dans la gestion portuaire.

- Le transbordement maritime et les services logistiques à haute valeur ajoutée

Grâce à ses caractéristiques physiques avantageuses, notamment sa profondeur naturelle et ses équipements modernes, le port de Pointe-Noire peut évoluer vers une fonction de hub régional de transbordement. Il offre déjà des capacités de réception pour les navires de grand gabarit en provenance d'Asie, d'Europe et des Amériques, mais son rôle pourrait s'élargir dans le réacheminement des cargaisons vers les ports secondaires du Golfe de Guinée, dans une logique de cabotage régional. Ce positionnement permettrait non seulement de réduire les coûts logistiques pour les pays enclavés de la sous-région, mais aussi d'insérer le Congo dans les réseaux de redistribution maritime interafricains.

En parallèle, l'essor des services logistiques à haute valeur ajoutée est une autre opportunité de croissance. Il ne s'agit plus simplement de décharger des marchandises, mais d'offrir des services de stockage, de reconditionnement, d'étiquetage, de gestion d'inventaires ou encore de distribution différée. Cette mutation nécessite l'implantation de plateformes logistiques spécialisées à proximité immédiate du port, capables d'absorber les flux croissants tout en répondant aux standards internationaux de qualité et de rapidité. Ce repositionnement logistique ferait de Pointe-Noire une interface entre l'Afrique et le reste du monde, à l'instar de Tanger Med au Maroc ou de Durban en Afrique du Sud.

- La Zone Économique Spéciale de Pointe-Noire comme levier d'industrialisation maritime

La création de la Zone Économique Spéciale (ZES) de Pointe-Noire représente un tournant dans la stratégie de transformation industrielle du littoral congolais. Implantée sur une superficie de plus de 2 000 hectares en périphérie du port, elle est conçue comme un espace dédié à l'implantation d'unités industrielles tournées vers l'exportation. Les secteurs ciblés incluent la transformation du bois, l'agro-industrie, la pétrochimie, la fabrication légère, ainsi que la production de matériaux de construction. La ZES bénéficie d'un régime fiscal attractif, de facilités administratives, d'une connexion directe avec les infrastructures portuaires, et de la disponibilité d'énergie électrique.

Cette initiative répond à la nécessité de rompre avec le modèle extractiviste dominant, qui voit le pays exporter massivement des matières premières brutes tout en important des produits manufacturés. En encourageant la transformation locale des ressources, la ZES vise à augmenter la valeur ajoutée nationale, à créer des emplois qualifiés, et à stimuler des chaînes de valeur complètes. En 2023, plusieurs investisseurs internationaux avaient déjà manifesté leur intérêt pour s'y implanter, notamment dans le textile, l'emballage, la transformation agroalimentaire et les composants industriels (ZES Pointe-Noire, 2022). Pour réussir pleinement, cette zone devra s'appuyer sur une bonne gouvernance, des infrastructures fiables, et une main-d'œuvre qualifiée, formée aux besoins spécifiques des filières industrielles modernes.

- Le tourisme maritime et côtier comme vecteur de diversification économique

Le littoral congolais, encore largement sous-exploité sur le plan touristique, recèle un fort potentiel de développement. Avec ses plages vierges, ses lagunes, ses mangroves et ses aires protégées comme la réserve de Conkouati-Douli, il offre un cadre naturel exceptionnel pour le développement du tourisme maritime et côtier. Ce secteur, en pleine croissance dans le monde, constitue un levier de diversification pour une économie congolaise encore trop dépendante des hydrocarbures.

La structuration d'une offre touristique pourrait s'articuler autour du tourisme balnéaire dans les zones de Pointe-Noire et de Pointe-Indienne, du tourisme de croisière en intégrant le port comme escale secondaire dans les circuits d'Afrique de l'Ouest, ainsi que du tourisme écologique et communautaire autour des écosystèmes côtiers. Pour cela, le pays devra investir dans les infrastructures de base (accueil portuaire, hébergements, routes côtières), mais aussi dans la formation du personnel, la sécurité des zones touristiques et la promotion à l'international. Le tourisme maritime est porteur d'emplois directs et indirects, notamment pour les jeunes et les femmes, et contribue à la valorisation du patrimoine naturel et culturel.

- L'innovation logistique et la durabilité environnementale au cœur de la transition portuaire

Les mutations du commerce international imposent aux ports de se transformer en plateformes intelligentes, connectées et écologiquement responsables. Dans cette perspective, le port de Pointe-Noire devra intensifier ses efforts en matière de digitalisation, d'efficacité énergétique et de transition verte. La mise en place d'un système intégré de gestion portuaire, fondé sur des technologies numériques avancées comme la blockchain, l'intelligence artificielle ou les jumeaux numériques, permettrait d'optimiser les flux logistiques, de réduire les délais de traitement et d'améliorer la transparence des opérations.
Sur le plan environnemental, les normes internationales imposent désormais une réduction des émissions de gaz à effet de serre, du torchage de gaz à quai, ainsi qu'une meilleure gestion des déchets marins et des eaux de ballast. Le port devra ainsi s'orienter vers un modèle de développement durable, intégrant des sources d'énergie renouvelable, des véhicules électriques pour la manutention, et des certifications de type « port vert » ou « port zéro émission ». Cette transformation représente un coût à court terme, mais une opportunité stratégique à long terme pour répondre aux attentes des chargeurs internationaux et s'intégrer dans les corridors logistiques à faible empreinte carbone.

Conclusion

L'analyse de la façade maritime congolaise révèle une convergence d'enjeux stratégiques majeurs pour le développement national. Elle constitue à la fois un espace de projection géopolitique, un réservoir de ressources naturelles vitales, un pivot logistique régional et un laboratoire d'innovation pour l'économie bleue. Toutefois, ces potentialités demeurent sous-exploitées en raison de multiples contraintes structurelles : gouvernance fragmentée, vulnérabilités sécuritaires, dépendance aux hydrocarbures, et déficit d'infrastructures. Pour tirer pleinement parti de cet atout géographique, la République du Congo doit renforcer ses capacités institutionnelles, sécuritaires et environnementales, tout en inscrivant son action dans une dynamique régionale cohérente. L'avenir de la façade maritime congolaise dépendra ainsi de la capacité du pays à articuler souveraineté, durabilité et intégration dans les chaînes de valeur maritimes mondiales. Observant les initiatives gouvernementales, on peut être convaincue que tous ces obstacles à surmonter sont des préoccupations de grande importance et de constante actualité.

CHAPITRE 3

Le secteur informel dans l'économie maritime

Dans les pays côtiers en développement, l'économie maritime ne se limite pas aux industries organisées et formelles comme le transport international, la pêche industrielle ou l'exploitation portuaire. Une part significative de l'activité économique dans les zones littorales s'inscrit dans le secteur informel, caractérisé par des activités non réglementées, peu fiscalisées, et souvent en dehors des statistiques officielles. Cette réalité, bien que complexe à mesurer, est d'une importance cruciale pour les économies nationales, les moyens de subsistance des populations côtières, et la gestion durable des ressources marines.

Le secteur informel maritime inclut une variété d'activités : pêche artisanale, commerce illicite de marchandises ou de carburant, transport côtier informel, entre autres. Ces pratiques, si elles répondent à des besoins économiques et sociaux réels, posent aussi des défis en matière de gouvernance maritime, de sécurité, de protection de l'environnement et de justice sociale[54]. Ce chapitre propose d'examiner ce secteur en trois volets : une typologie des activités informelles maritimes (Section 1), une analyse de leur impact économique et des difficultés de régulation (Section 2), et enfin une réflexion sur les perspectives d'intégration progressive de ces activités dans une économie bleue inclusive et durable (Section 3).

Section 1 : Les activités informelles maritimes : pêche artisanale, commerce illicite, transport côtier

Paragraphe 1 : La pêche artisanale, pilier socio-économique du secteur informel côtier

---

[54] Voir M. Le Courbis, G. SIMON, Gouverner les territoires de l'informel, l'espace politique 2014, p. 22 et s.

A. Pratiques traditionnelles et ancrage communautaire

La pêche artisanale constitue une activité profondément enracinée dans les pratiques culturelles et les savoirs endogènes des communautés littorales. Elle repose sur l'usage de technologies simples, telles que les pirogues monoxyles, les filets dormants, les lignes à main ou les casiers en bambou, souvent fabriqués localement. Ces outils peu mécanisés, bien qu'anciens, sont adaptés aux particularités des écosystèmes côtiers et aux rythmes naturels des marées, des saisons de reproduction et des migrations halieutiques.

Au-delà de sa dimension technique, cette forme de pêche est intimement liée à la structure sociale des villages côtiers : elle mobilise non seulement les pêcheurs, mais aussi les femmes et les jeunes dans des fonctions de transformation, de fumage, de distribution ou de vente du poisson. Elle s'inscrit dans des logiques de subsistance, de solidarité communautaire et de gestion coutumière des ressources, avec parfois des règles implicites ou des systèmes traditionnels de contrôle d'accès aux zones de pêche. En cela, la pêche artisanale n'est pas seulement une activité économique, mais un mode de vie, un repère identitaire et un espace de transmission intergénérationnelle.

Toutefois, cette organisation traditionnelle, longtemps autonome, se heurte aujourd'hui à des pressions multiples : surexploitation, concurrence industrielle, pollution, changement climatique. Cela fragilise un équilibre social et écologique historiquement préservé. Dès lors, la reconnaissance des pratiques coutumières de pêche dans les politiques publiques et la formalisation d'une co-gestion des ressources marines apparaissent comme des leviers clés pour préserver à la fois l'activité et les communautés qui en dépendent.

B. Rôle socio-économique dans les zones littorales

La pêche artisanale représente une composante fondamentale du tissu socio-économique des communautés côtières, en particulier dans les pays en développement où les alternatives formelles à l'emploi restent limitées. Son importance dépasse largement la seule dimension productive : elle constitue un système économique communautaire, structuré autour d'un enchevêtrement d'activités directes et indirectes qui soutiennent la vie locale.

Sur le plan de l'emploi, la pêche artisanale génère un grand nombre d'opportunités, souvent invisibles dans les statistiques nationales. Chaque pirogue implique non seulement des pêcheurs, mais aussi des réparateurs d'engins, des vendeurs de glace, des fabricants de filets, des mécaniciens de moteurs hors-bord, et surtout un vaste réseau de femmes transformatrices et commerçantes qui assurent le fumage, le séchage, la salaison, la conservation et la distribution des produits halieutiques. Ce maillage économique repose sur des logiques familiales, informelles et territorialisées, qui jouent un rôle crucial dans la cohésion sociale des villages côtiers.

Du point de vue de la sécurité alimentaire, la pêche artisanale permet de nourrir les populations locales à des coûts abordables, notamment par la vente directe sur les plages ou les petits marchés. Elle est à l'origine d'un approvisionnement régulier en protéines animales, accessibles aux classes populaires et rurales. Les poissons issus de cette pêche — sardines, maquereaux, mulets, capitaines, tilapias-sont souvent plus frais, moins transformés et plus adaptés aux goûts locaux que ceux issus des circuits industriels.

Sur un plan plus structurel, la pêche artisanale contribue à la résilience économique des ménages face aux crises économiques, sociales ou climatiques. En période de baisse des revenus agricoles, de pénurie alimentaire ou de chômage urbain, de nombreux jeunes reviennent vers les villages côtiers pour s'insérer dans ce secteur souple, où l'investissement initial est relativement faible et l'apprentissage pratique immédiat. Dans les contextes post-conflit ou de grande instabilité, comme cela a pu être observé dans certains pays d'Afrique centrale ou de l'Ouest, cette activité joue même un rôle de stabilisation sociale, en canalisant les énergies vers une activité productive, pacifique et identitaire.

Cependant, cette contribution essentielle demeure insuffisamment reconnue par les politiques publiques. Le secteur n'est que marginalement intégré dans les plans de développement économique ou les stratégies d'aménagement maritime. Il souffre d'un déficit d'investissement en infrastructures (quais, hangars, chambres froides, marchés), en équipements (glacières, moteurs, filets améliorés), et en services d'appui (accès au crédit, à la sécurité sociale, à l'assurance maritime). Les acteurs artisanaux, souvent non enregistrés, sont exclus des dispositifs d'aide, de subvention ou de formation technique, ce qui freine leur modernisation et perpétue leur vulnérabilité.

Dès lors, la valorisation de la pêche artisanale comme moteur de développement local apparaît comme un levier stratégique pour les États côtiers. Cela suppose une relecture des rapports entre économie formelle et informelle, une révision des politiques halieutiques pour intégrer la réalité sociale du terrain, et la mise en place de mécanismes d'inclusion progressive fondés sur le respect des dynamiques locales, le dialogue avec les organisations communautaires, et la co-construction des politiques publiques.

C. Marginalisation face aux flottes industrielles

La pêche artisanale, bien qu'historiquement dominante dans les économies maritimes locales, est de plus en plus marginalisée par l'essor des flottes industrielles, nationales ou étrangères, dont la puissance de capture, l'organisation capitalistique et l'accès privilégié aux ressources marines modifient profondément les équilibres côtiers. Cette marginalisation est à la fois spatiale, économique, juridique et politique, et elle se traduit par une érosion progressive de la viabilité des systèmes de pêche artisanaux.

Sur le plan spatial, les zones de pêche traditionnellement fréquentées par les artisans, souvent proches des côtes, sont aujourd'hui massivement exploitées par des chalutiers industriels, y compris dans des zones théoriquement interdites à ces navires. Le non-respect des limites de pêche (souvent situées à 6 ou 12 milles nautiques des côtes) par les navires industriels est un phénomène documenté dans de nombreuses régions d'Afrique. Cette intrusion illégale, facilitée par le manque de surveillance et l'absence de radars ou de patrouilles efficaces, provoque des conflits récurrents entre pêcheurs artisanaux et navires industriels, parfois violents, et entraîne la raréfaction des espèces dans les zones accessibles aux petits pêcheurs.

Sur le plan économique, les flottes industrielles disposent d'avantages considérables : capacité de capture élevée, moyens de conservation à bord, accès aux chaînes d'exportation, exonérations fiscales ou subventions, notamment lorsqu'il s'agit de flottes sous pavillon étranger bénéficiant d'accords de pêche avec les États côtiers. À l'inverse, les pêcheurs artisanaux sont confrontés à des coûts croissants (carburant, engins, entretien) et à des débouchés incertains, souvent cantonnés aux marchés locaux à faible pouvoir d'achat. Cette asymétrie structurelle aggrave les inégalités et rend les communautés artisanales de plus en plus vulnérables à l'insécurité alimentaire et au chômage.

Au niveau juridique et institutionnel, la marginalisation s'exprime par une invisibilisation des pêcheurs artisanaux dans les processus décisionnels. Les politiques halieutiques sont souvent élaborées sans consultation réelle des acteurs locaux, ou dans le cadre de cadres technocratiques peu sensibles aux réalités du terrain. Les organisations de pêche artisanale, lorsqu'elles existent, manquent de moyens, de reconnaissance et de capacité de négociation. À cela s'ajoute un déséquilibre dans l'attribution des licences : les licences industrielles sont délivrées dans des conditions opaques, parfois contre des compensations financières dérisoires pour l'État, tandis que les pêcheurs artisanaux opèrent sans droit formel, sans cadastre maritime, et sous la menace permanente d'expulsions ou de sanctions.

Cette marginalisation est également politique, dans la mesure où les intérêts de la pêche industrielle sont souvent représentés par des lobbies puissants, proches des sphères décisionnelles, tandis que les pêcheurs artisanaux, dispersés et peu organisés, peinent à faire entendre leur voix. Les aides publiques à l'équipement, à la modernisation ou à la formation sont orientées prioritairement vers les entreprises formelles ou les projets soutenus par des partenaires extérieurs, laissant les pêcheurs artisanaux en marge des dispositifs de développement.

Dans ce contexte, la marginalisation de la pêche artisanale n'est pas seulement un phénomène économique : elle constitue un enjeu de justice sociale, d'équité territoriale et de durabilité environnementale. La protection des intérêts des pêcheurs artisanaux implique une réforme en profondeur des régimes de gouvernance maritime, une priorisation de l'accès aux ressources en faveur des petits opérateurs, et la mise en œuvre de mécanismes de co-gestion qui reconnaissent le droit des communautés locales à participer aux décisions qui affectent leurs moyens de subsistance.

D. Insuffisance du cadre juridique et des mécanismes de protection

La pêche artisanale, bien qu'elle constitue un pilier de l'économie maritime informelle et un moteur de subsistance pour des millions de personnes, demeure faiblement encadrée par les dispositifs juridiques et institutionnels nationaux. Cette carence réglementaire n'est pas simplement une omission technique : elle reflète une sous-reconnaissance structurelle du secteur dans les politiques publiques, alimentant un cercle vicieux d'exclusion, de précarité et de vulnérabilité pour les acteurs qui y participent.

D'un point de vue légal, de nombreux pays côtiers disposent bien de lois sur la pêche, mais ces textes sont souvent obsolètes, fragmentaires ou trop génériques pour répondre aux réalités contemporaines du secteur artisanal. Les régimes juridiques en vigueur ont longtemps été conçus pour encadrer la pêche industrielle ou les questions d'exportation et de quotas, sans intégrer de manière spécifique les pratiques, les besoins ou les droits des communautés artisanales. Il en résulte une absence de reconnaissance statutaire claire des pêcheurs artisanaux, de leur territoire d'activité, de leurs droits d'accès aux ressources ou de leurs organisations représentatives.

Par ailleurs, le cadastre maritime-outil essentiel pour identifier, cartographier et sécuriser les zones d'activités halieutiques- est souvent inexistant ou inadapté aux contextes locaux. Cette lacune alimente des conflits d'usage entre pêcheurs artisanaux, entreprises industrielles, exploitants pétroliers offshore, zones de conservation ou infrastructures portuaires. Faute de titres d'usage ou de mécanismes de concertation territoriale, les communautés artisanales sont régulièrement déplacées, sans recours juridique ni compensation adéquate.

Sur le plan de la sécurité et de la protection sociale, les pêcheurs artisanaux travaillent dans des conditions très précaires. Ils ne bénéficient ni de couverture santé, ni d'assurance maritime, ni de dispositifs de retraite ou d'indemnisation en cas d'accident ou de perte de matériel. En cas de naufrage, de maladie, ou de conditions météorologiques extrêmes, les familles concernées sont souvent livrées à elles-mêmes. Cette absence de filet de sécurité institutionnel accentue leur vulnérabilité et perpétue une situation d'informalité subie plutôt que choisie.

Du côté des institutions publiques, les administrations en charge de la pêche artisanale sont souvent sous-financées, peu formées et faiblement décentralisées. Leur capacité à recenser, accompagner et encadrer les activités artisanales reste très limitée, d'autant plus que les données statistiques sur le secteur sont lacunaires ou inexistantes. Cette invisibilité institutionnelle prive les pêcheurs artisanaux d'une représentation adéquate dans les instances de gouvernance, où se prennent pourtant les décisions sur l'accès aux ressources, les règlements de pêche, ou la création d'aires marines protégées.

Enfin, l'insuffisance du cadre juridique se double souvent d'un manque de volonté politique, voire d'une vision biaisée qui assimile le secteur artisanal à un archaïsme incompatible avec les objectifs de modernisation. Cette posture conduit à des politiques de remplacement plutôt que d'inclusion : incitations à l'industrialisation, projets de reconversion non adaptés, ou interventions ponctuelles déconnectées des besoins réels du terrain.

Face à cette réalité, il est urgent d'instituer un cadre juridique clair, inclusif et adapté, qui reconnaisse la spécificité de la pêche artisanale, sécurise les droits des communautés côtières, et facilite leur intégration dans une économie bleue équitable et durable. Cela passe par des réformes législatives, mais aussi par une réforme de la gouvernance : co-construction des règles d'accès, participation communautaire à la gestion des ressources, justice sociale dans l'attribution des quotas et accès à la protection sociale.

Paragraphe 2 : Le commerce illicite maritime, entre précarité économique et réseaux parallèles

A. Multiplicité des activités commerciales informelles

Le secteur informel maritime ne se limite pas à la seule activité de pêche artisanale. Il englobe un ensemble d'activités commerciales maritimes et portuaires non réglementées qui, bien qu'en marge des circuits officiels, participent de manière significative à l'économie locale et régionale. Ces échanges se développent dans un environnement caractérisé par la porosité des frontières maritimes, la faiblesse des contrôles étatiques, et une forte demande locale en biens de consommation accessibles. Leur ampleur et leur diversité sont révélatrices des capacités d'adaptation économique des populations côtières[55].

[55] Voir A. NDIAYE, S. GUEYE, Politiques halieutiques et pêche artisanale au Sénégal : entre inclusion et marginalisation, Revue Tiers Monde n°240, p. 55 et s.

Parmi les principales formes de commerce informel maritime, on retrouve tout d'abord les transactions non déclarées de produits halieutiques. Une partie substantielle des captures issues de la pêche artisanale échappe aux circuits de contrôle et de taxation, notamment lorsqu'elles sont écoulées directement sur les plages, dans des marchés secondaires, ou à travers des réseaux de vente ambulants. Ce commerce, bien qu'illégal au regard des règles fiscales ou sanitaires, constitue souvent la principale source de revenus pour les petits pêcheurs et commerçants locaux.

S'ajoutent à cela des formes plus complexes de contrebande maritime, notamment dans les zones proches des frontières. Il peut s'agir du trafic de carburant (gasoil ou essence détaxée), du transport de marchandises manufacturées sans déclaration douanière, ou encore du commerce illicite de médicaments, d'alcool, de vêtements ou de pièces détachées. Ces flux suivent des itinéraires maritimes discrets, entre ports secondaires, criques isolées, ou plateformes flottantes, souvent de nuit ou en dehors des horaires de surveillance.

Dans certaines régions, les échanges transfrontaliers informels sont devenus une réalité structurelle, à cheval entre la tradition et la survie économique. Des familles entières organisent la circulation de produits de première nécessité entre deux pays riverains, en contournant les barrières administratives jugées excessives ou inadaptées. Cette économie grise, tolérée de manière ambivalente par les autorités locales, s'inscrit dans un système de régulation parallèle, fondé sur la confiance, les solidarités communautaires et des accords tacites.

Enfin, on observe également une montée des activités illicites à haute valeur ajoutée, notamment le trafic de ressources naturelles protégées (comme les espèces marines menacées), le commerce de drogues ou le transport d'êtres humains via des réseaux de migration clandestine. Ces formes extrêmes de commerce informel, bien que marginales par rapport au volume global, soulignent le glissement progressif entre informalité de subsistance et criminalité organisée, là où l'absence de gouvernance effective laisse des brèches béantes.

La diversité de ces activités commerciales informelles révèle non seulement une ingéniosité économique face à la précarité, mais aussi un vide institutionnel, que des réseaux locaux comblent par des pratiques alternatives. Comprendre cette pluralité est une condition essentielle pour toute tentative de régulation cohérente, équilibrée et socialement acceptable du secteur maritime informel.

B. Logiques d'adaptation à un environnement contraignant

Le développement du commerce informel maritime dans les zones côtières ne peut être compris sans une lecture fine des contraintes structurelles qui pèsent sur les économies locales. Loin de se réduire à une simple infraction aux règles, l'informalité dans les activités maritimes constitue bien souvent une réponse pragmatique à un environnement institutionnel, économique et social défaillant. Elle exprime la capacité des populations à s'adapter, à contourner ou à réinterpréter les normes officielles lorsque celles-ci deviennent inaccessibles, inefficaces ou injustes.

Dans de nombreux cas, l'émergence de circuits commerciaux parallèles est directement liée à la complexité et à la lourdeur des procédures administratives encadrant le commerce formel. L'obtention de licences d'exploitation, les délais de dédouanement, la multiplication des taxes, ou encore la corruption dans les chaînes logistiques formelles découragent les petits opérateurs, qui n'ont ni les ressources, ni l'expertise juridique, ni le réseau pour naviguer dans ces mécanismes. Le coût d'entrée dans la légalité est trop élevé, ce qui pousse une majorité d'acteurs à préférer les circuits informels, perçus comme plus souples, plus rapides, et mieux adaptés aux volumes réduits de leurs activités.

En outre, l'absence d'infrastructures appropriées (ports secondaires fonctionnels, entrepôts, centres de transformation, voies de transport fiables) dans les zones rurales ou périphériques renforce cette dynamique. Faute de pouvoir stocker, transformer ou distribuer leurs produits selon les standards du marché formel, les opérateurs locaux recourent à des solutions improvisées mais fonctionnelles, souvent en dehors du cadre réglementaire. L'informalité devient ainsi un mode de résilience face à la marginalisation géographique et à l'abandon étatique.

Les logiques d'adaptation sont aussi culturelles et sociales. Dans les zones côtières traditionnellement commerçantes, où les échanges transfrontaliers font partie du quotidien depuis des siècles, les règles étatiques contemporaines sont parfois perçues comme une imposition extérieure, en contradiction avec les pratiques anciennes d'échange communautaire. Le recours à des réseaux informels, basés sur la confiance, la réputation et la solidarité familiale ou ethnique, est souvent considéré comme plus fiable que le système légal, jugé distant ou corrompu. L'économie informelle maritime s'appuie ainsi sur une rationalité sociale qui ne correspond pas nécessairement à celle de l'administration moderne.

Par ailleurs, dans un contexte de pauvreté chronique, de chômage élevé et de rareté des opportunités économiques, l'informalité constitue une stratégie de survie indispensable. Pour les jeunes sans emploi, les femmes chefs de famille, ou les migrants en situation précaire, elle offre une possibilité immédiate de générer un revenu, aussi modeste soit-il, sans avoir à attendre d'hypothétiques politiques de l'emploi. Elle devient un amortisseur économique, sans lequel de nombreux ménages sombreraient dans une précarité plus profonde encore.

En somme, les logiques d'adaptation qui sous-tendent le commerce informel maritime ne sont pas uniquement des déviations individuelles ou des actes de fraude : elles relèvent d'une réponse collective à des défaillances systémiques. Comprendre ces logiques est essentiel pour construire des cadres de régulation qui ne soient pas seulement coercitifs, mais aussi inclusifs, progressifs et socialement légitimes, capables d'intégrer les réalités locales sans les écraser.

C. Conséquences économiques et sécuritaires préoccupantes

Si le secteur informel maritime répond à des logiques d'adaptation et à des besoins socio-économiques réels, il génère en contrepartie un ensemble de conséquences préoccupantes, tant pour l'équilibre macroéconomique des États que pour la sécurité des territoires côtiers et maritimes. Ces externalités négatives, souvent sous-estimées, posent des défis majeurs à la gouvernance publique, d'autant plus qu'elles s'inscrivent dans des dynamiques transfrontalières difficiles à contrôler.

Sur le plan économique, l'ampleur des activités commerciales maritimes informelles entraîne des pertes fiscales significatives pour les États. Les transactions non déclarées échappent aux régimes de taxation, privant les administrations publiques de ressources financières qui pourraient être mobilisées pour les investissements dans les infrastructures portuaires, les services maritimes ou la sécurité sociale des travailleurs du secteur. Cette évasion fiscale structurelle entretient une économie de l'ombre, qui alimente l'inefficacité des politiques publiques, creuse le déficit budgétaire, et limite la capacité des gouvernements à planifier des politiques sectorielles durables.

Ces pertes économiques se combinent à un effet de distorsion de la concurrence, au détriment des opérateurs formels. Les entreprises respectueuses des règles (paiement des droits de douane, enregistrement, conformité sanitaire) subissent une concurrence déloyale de la part des acteurs informels qui opèrent sans charges fiscales ni réglementations contraignantes. Cela décourage l'investissement privé formel, freine l'industrialisation des filières maritimes, et pérennise un climat d'incertitude juridique peu propice à la croissance.

D'un point de vue sécuritaire, les activités informelles maritimes, lorsqu'elles ne sont pas encadrées, peuvent devenir des vecteurs d'instabilité. Le chevauchement entre informalité et criminalité organisée est particulièrement préoccupant dans les zones où les réseaux de contrebande sont infiltrés par des groupes transnationaux impliqués dans le trafic de drogues, d'armes, de carburants ou d'espèces protégées. Le manque de surveillance des espaces côtiers, le faible équipement des garde-côtes et la corruption de certaines autorités locales facilitent l'implantation de routes maritimes clandestines qui échappent à tout contrôle étatique.

Les risques sont également environnementaux. Le commerce non réglementé de produits halieutiques favorise la surexploitation des ressources marines, puisque les prises ne sont pas enregistrées, les quotas ignorés, et les espèces protégées parfois capturées sans distinction. L'absence de traçabilité empêche toute gestion durable de la ressource et compromet les efforts de conservation menés par les États ou les organisations internationales. Par ailleurs, les embarcations informelles, souvent vétustes, polluent les zones côtières par le rejet d'hydrocarbures, de plastiques ou de déchets non traités.

Sur le plan social, l'informalité engendre une forme de précarité structurelle pour les travailleurs concernés. En opérant en dehors de toute reconnaissance légale, ils sont exposés à l'arbitraire, à l'exploitation, à l'insécurité physique (accidents en mer, vols, violences), et à l'exclusion des systèmes de protection (santé, retraite, assistance en cas de sinistre). Cette invisibilité sociale alimente un sentiment d'abandon, qui peut nourrir des tensions locales, des conflits sociaux et une perte de confiance à l'égard des institutions.

En somme, les conséquences économiques et sécuritaires du secteur informel maritime dépassent largement la sphère des échanges locaux : elles touchent au fonctionnement de l'État, à la souveraineté maritime, à la sécurité régionale et à la durabilité des ressources. Ces impacts appellent une réponse globale, qui ne peut se limiter à la répression, mais doit combiner des outils de régularisation, d'inclusion économique, et de consolidation institutionnelle.

Section 2 : Dilemme de la régulation dans les zones à forte vulnérabilité sociale

Paragraphe 1 : Obstacles à la régulation

La régulation du secteur informel maritime se heurte à une série d'obstacles structurels, institutionnels, socioculturels et opérationnels, qui rendent l'intervention publique à la fois complexe, partielle et souvent inefficace. Cette difficulté à encadrer juridiquement et administrativement les activités informelles ne résulte pas seulement d'un déficit de moyens, mais aussi d'un décalage entre les logiques de l'État et celles des acteurs locaux, d'une absence de dialogue entre le formel et l'informel, et d'une gouvernance maritime encore fragmentée.

L'un des premiers obstacles est l'absence de données fiables. Les activités informelles ne sont que rarement recensées dans les statistiques officielles. Les pêcheurs artisanaux, les transporteurs côtiers, les commerçants informels n'étant ni enregistrés, ni fiscalisés, ni cartographiés, les administrations maritimes disposent d'une connaissance lacunaire du terrain, ce qui entrave toute planification sérieuse des politiques de régulation. Cette invisibilité statistique empêche également d'évaluer l'impact réel de l'informalité sur l'économie nationale, les ressources halieutiques ou les recettes fiscales.

À cela s'ajoute un manque criant de moyens techniques et humains au sein des administrations chargées de la surveillance maritime, des affaires maritimes, des douanes et de la police portuaire. Dans de nombreuses zones côtières, notamment rurales ou reculées, la présence de l'État est symbolique : pas de patrouilles maritimes, pas de postes d'inspection sanitaire, pas de guichets administratifs accessibles. Cette faiblesse de l'appareil de contrôle crée un vide de gouvernance dans lequel prospèrent les circuits informels, souvent mieux organisés que les structures publiques locales.

Les obstacles juridiques sont également notables. La plupart des législations maritimes en vigueur ont été conçues dans une logique sectorielle et formelle, sans tenir compte des réalités spécifiques de l'économie informelle. Les textes de loi sont souvent inadaptés, trop rigides, ou difficilement applicables à des micro-activités dispersées et mobiles. Les procédures de régularisation sont perçues comme longues, coûteuses, opaques, et sans bénéfices tangibles immédiats pour les opérateurs concernés. Il en résulte une méfiance généralisée à l'égard de l'État, perçu moins comme un partenaire que comme une source de contraintes, d'amendes ou de harcèlement administratif.

Un autre obstacle fondamental réside dans la dimension socioculturelle de l'informalité. Les acteurs du secteur informel maritime ne sont pas homogènes : ils appartiennent à des communautés diverses, avec leurs propres normes, hiérarchies, réseaux de solidarité et représentations sociales. Les tentatives de régulation venant de l'extérieur sont souvent perçues comme une intrusion dans un ordre local préexistant, surtout lorsqu'elles sont menées sans concertation ni pédagogie. Ce manque de légitimité institutionnelle explique l'échec de nombreuses politiques de formalisation descendantes, qui ignorent les dynamiques locales.

Enfin, la régulation est entravée par des conflits d'intérêts au sein même de l'appareil étatique. Dans certains cas, des agents publics profitent des revenus générés par l'économie informelle (pots-de-vin, prélèvements illégaux, protection informelle), créant ainsi un système de coproduction de l'informalité entre acteurs privés et agents publics. Cette collusion rend toute politique de régularisation incohérente, et alimente le sentiment d'impunité.

Face à ces multiples obstacles, il apparaît que la régulation du secteur informel maritime ne peut reposer uniquement sur des approches normatives ou coercitives. Elle exige une refondation du contrat social maritime, impliquant une meilleure connaissance du terrain, une réforme institutionnelle, une participation active des communautés côtières à la définition des règles, et une vision intégrée de l'économie bleue incluant l'informel comme partenaire du développement, et non comme ennemi de l'ordre public.

Paragraphe 2 : Le transport côtier non réglementé, vecteur de mobilité et d'informalité

A. Fonction sociale et territoriale du transport informel maritime

Le transport maritime informel, souvent assuré par des pirogues motorisées, des barques artisanales ou des embarcations de fortune, constitue un maillon vital de la connectivité dans les régions côtières et insulaires des pays en développement. Dans de nombreux contextes littoraux-notamment en Afrique centrale et occidentale-ce mode de transport ne relève pas d'un choix marginal ou anecdotique, mais d'une nécessité socio-territoriale répondant à l'insuffisance, voire à l'absence, d'infrastructures routières, ferroviaires ou portuaires adaptées.

Sa fonction sociale est évidente : il assure la mobilité quotidienne des populations isolées, facilite les échanges intercommunautaires, soutient l'économie locale en permettant le transport de vivres, de matériaux de construction, de bois, de poisson, ou de produits agricoles, et rend possible l'accès à des services de base situés à plusieurs kilomètres par voie terrestre-postes de santé, écoles, marchés, lieux de culte. Dans les contextes d'archipels fluviaux ou de zones humides peu accessibles, ce transport informel maritime constitue souvent le seul moyen de déplacement disponible.

Au-delà de la mobilité des biens et des personnes, ces embarcations informelles jouent un rôle structurant dans l'économie de subsistance : elles permettent d'écouler les produits de la pêche artisanale vers les centres urbains, d'alimenter les petits marchés en produits frais, et d'approvisionner les pêcheurs ou commerçants en intrants (carburant, filets, glace, sel). Ce système de logistique parallèle, bien qu'informel, constitue une infrastructure socio-économique fonctionnelle, dont la souplesse permet d'assurer la continuité des échanges malgré l'absence de planification formelle.

Il faut également souligner le rôle d'amortisseur social que joue ce transport dans les économies littorales. Il offre des emplois directs et indirects à des milliers de jeunes sans diplôme, de chefs de familles en situation de précarité, ou de migrants n'ayant pas trouvé leur place dans l'économie urbaine. L'achat ou la location d'une pirogue, la vente de places à bord, ou l'acheminement de marchandises à la demande deviennent autant de stratégies d'insertion économique, même à petite échelle.

Enfin, ce type de transport répond souvent à une logique communautaire de solidarité : il est mis à disposition par des chefs de village, des groupements familiaux ou des associations locales. Dans certaines régions, il contribue à la résilience territoriale face aux inondations, à l'érosion côtière ou aux urgences sanitaires, en assurant des liaisons rapides entre zones sinistrées ou enclavées.

Pour toutes ces raisons, le transport maritime informel ne peut être considéré comme un simple secteur marginal ou illégal. Il constitue une réponse locale à des défis systémiques, un vecteur d'ancrage territorial, et un levier potentiel pour une économie bleue inclusive, à condition d'être mieux compris, reconnu et accompagné par les politiques publiques.

B. Faible encadrement technique et risques sécuritaires élevés

Malgré son rôle crucial dans les dynamiques locales de mobilité et d'approvisionnement, le transport maritime informel demeure largement en dehors des dispositifs de régulation technique et de sécurité maritime. Cette absence d'encadrement se manifeste à plusieurs niveaux, allant de la non-immatriculation des embarcations à l'absence d'équipements de navigation et de secours. Ce déficit structurel engendre une situation de risque chronique pour les passagers comme pour les opérateurs, et pose un défi majeur à toute tentative d'intégration du secteur dans une économie maritime durable.

La grande majorité des embarcations utilisées dans le cadre de ces activités — pirogues traditionnelles en bois, canots motorisés, barques artisanales — ne sont ni enregistrées, ni soumises à un contrôle technique régulier. Elles échappent au système de suivi administratif, ne disposent d'aucune autorisation d'exploitation, et ne répondent à aucune norme de sécurité définie. En cas d'accident ou de litige, il n'existe ni responsabilité juridique clairement établie, ni mécanisme de recours ou d'indemnisation pour les victimes. Cette invisibilité institutionnelle confère au transport informel un statut de tolérance fragile, où les risques sont supportés intégralement par les communautés elles-mêmes.

Sur le plan de l'équipement, les embarcations sont souvent sous-dimensionnées par rapport à la charge qu'elles transportent. Elles ne disposent généralement pas de gilets de sauvetage, de bouées, de radios VHF, de lampes de signalisation ou de systèmes de repérage (balises GPS). Leur motorisation est rudimentaire, l'entretien sporadique, et les matériaux de construction rarement conformes aux exigences de flottabilité et de durabilité. Cette situation rend la navigation particulièrement périlleuse, surtout en période de vents violents, de marées hautes ou de fortes pluies, fréquentes dans les zones tropicales.

Les accidents sont fréquents et souvent mortels : chavirements, collisions, noyades, incendies de moteurs, ruptures de coques. Ces événements tragiques sont d'autant plus graves qu'ils ne font l'objet d'aucun système d'alerte structuré ni de base de données officielle. Le manque de prévision météorologique accessible, combiné à l'absence de procédures de secours maritime coordonnées, transforme chaque traversée en une prise de risque calculée. Dans certains cas, les passagers sont embarqués sans même être informés des conditions de sécurité ou des précautions à prendre.

L'aspect sanitaire n'est pas moins préoccupant : le transport de denrées alimentaires et de passagers dans les mêmes conditions, sans séparation physique ni contrôle d'hygiène, expose les produits à des contaminations. Les enfants, les femmes enceintes, les personnes âgées ou malades sont souvent transportées dans des conditions inadaptées, au mépris de leur santé et de leur dignité.

Face à cette réalité, les autorités publiques adoptent généralement deux postures opposées : soit une indifférence fonctionnelle, considérant ce transport comme inorganisable, soit une répression ponctuelle, avec des saisies ou des interdictions d'exploitation, souvent contre-productives. Ces approches manquent d'efficacité, car elles ne s'attaquent pas aux causes structurelles de l'informalité et n'offrent pas d'alternatives viables.

En définitive, le faible encadrement technique du transport informel maritime ne constitue pas seulement un problème de conformité réglementaire, mais un enjeu de sécurité publique, de justice sociale et de droit à la mobilité. Sa régulation progressive nécessite une approche pragmatique, fondée sur la connaissance du terrain, la concertation avec les opérateurs, et la mise en place d'outils adaptés à leur réalité économique et technique, notamment en matière de sécurité, de formation et d'appui à l'équipement.

C. Inexistence de politiques publiques dédiées à ce segment du transport

Malgré son rôle fondamental dans la mobilité des populations littorales, le transport maritime informel reste totalement ignoré ou marginalisé dans les politiques publiques de transport, d'aménagement du territoire ou de développement maritime. Cette omission structurelle témoigne d'une invisibilisation institutionnelle d'un mode de transport pourtant vital dans des contextes géographiques et socio-économiques spécifiques, où l'offre formelle est soit inexistante, soit inaccessible.

Les documents stratégiques nationaux, qu'il s'agisse des plans de transport, des politiques portuaires ou des stratégies d'économie bleue, privilégient quasi exclusivement les grands axes logistiques : corridors maritimes internationaux, développement des ports en eau profonde, infrastructures liées à l'exploitation pétrolière offshore ou à l'import-export. Le transport côtier de proximité- assuré par des embarcations artisanales dans une logique communautaire-n 'y figure généralement pas, faute d'être considéré comme un secteur à potentiel économique structurant. Cette absence de reconnaissance institutionnelle le maintien dans un vide juridique et administratif, qui le prive de toute forme d'investissement public ou d'accompagnement technique.

Ce déficit d'intégration se traduit par l'inadéquation des infrastructures portuaires aux besoins réels des usagers. Les quais, pontons, hangars, débarcadères ou zones de chargement-déchèvement adaptés aux petites embarcations sont souvent inexistants, mal entretenus ou non sécurisés. L'entretien des voies d'accès au littoral, la signalisation nautique ou la gestion des aires d'attente sont absents des priorités budgétaires. En l'absence de ces équipements de base, le transport informel est contraint d'opérer dans des conditions précaires, improvisées et risquées, qui compromettent à la fois l'efficacité du service et la sécurité des personnes.

Le cadre réglementaire applicable à ce segment d'activité est également flou ou inopérant. Dans certains cas, des textes anciens interdisent purement et simplement le transport maritime non agréé, sans pour autant offrir des modalités de régularisation souples et accessibles. Dans d'autres cas, les lois existantes sont inapplicables, car conçues pour des compagnies commerciales structurées, avec des exigences financières, administratives et techniques hors de portée pour les petits opérateurs locaux. Cette situation crée une zone grise, entre tolérance tacite et répression ponctuelle, qui freine toute initiative d'amélioration volontaire du secteur.

Par ailleurs, les institutions publiques compétentes-ministères des Transports, de la Mer, de l'Intérieur, autorités portuaires, collectivités locales-n'ont souvent ni mandat clair, ni coordination interinstitutionnelle pour intervenir de manière cohérente sur ce segment d'activité. Chacune agit selon ses propres priorités, sans vision partagée, sans budget dédié, et parfois sans connaissance précise des réalités locales. Le manque de dialogue entre les pouvoirs publics et les acteurs du terrain aggrave ce cloisonnement, renforçant la méfiance et l'incompréhension mutuelles.

Enfin, cette absence de politique publique spécifique s'explique aussi par un biais idéologique latent, selon lequel ce transport est perçu comme archaïque, informel, et inapte à la modernisation. Cette lecture, souvent portée par une vision technocratique du développement, néglige les dynamiques d'innovation locale, d'adaptation pragmatique et de résilience communautaire à l'œuvre dans ce secteur. Elle conduit à une forme de disqualification symbolique, qui freine toute volonté de reconnaissance ou de transformation progressive du modèle existant.

Pourtant, dans une perspective d'économie bleue durable et inclusive, la prise en compte du transport maritime informel dans les politiques publiques apparaît comme une nécessité stratégique. Cela suppose non seulement d'adapter les cadres juridiques et infrastructurels, mais aussi de concevoir des instruments de régularisation souples, progressifs, et co-construits avec les communautés concernées. Une telle démarche permettrait de transformer un secteur toléré mais risqué en un levier de développement local sécurisé et encadré.

Section 3 : Potentiel d'intégration via des coopératives ou des projets pilotes

Loin d'être figé dans l'illégalité ou l'informalité perpétuelle, le secteur du transport maritime informel recèle un potentiel réel d'intégration progressive dans l'économie formelle et dans les politiques publiques, à condition que les approches adoptées soient inclusives, graduelles et adaptées aux réalités locales. Plutôt que d'imposer des normes rigides déconnectées du terrain, l'État et ses partenaires peuvent miser sur des modèles de transition douce, tels que la création de coopératives, l'expérimentation de projets pilotes, et la mise en place de mécanismes incitatifs favorisant la formalisation volontaire.

Les coopératives de transporteurs maritimes apparaissent comme des instruments particulièrement efficaces pour encadrer l'activité sans la dénaturer. Regroupant des opérateurs partageant des intérêts communs, ces structures permettent une organisation collective des moyens de navigation, une mutualisation des risques, une gestion partagée des revenus et des charges, mais aussi un dialogue plus structuré avec les autorités publiques. En offrant une personnalité juridique à des groupes jusqu'alors atomisés et invisibles, les coopératives facilitent l'accès à des services financiers (crédit, micro-assurance), à des programmes de formation (navigation, sécurité, gestion), et à des subventions ciblées pour l'achat ou la réhabilitation d'équipements.

Dans plusieurs pays africains ou d'Asie du Sud, des projets pilotes ont démontré la faisabilité de démarches d'intégration participative du transport informel maritime. Ces initiatives reposent souvent sur un partenariat entre les collectivités locales, les ONG, les universités techniques et les communautés d'usagers. Elles consistent par exemple à délimiter des zones d'embarquement sécurisées, à mettre en place un système d'immatriculation simplifié, à fournir des kits de sécurité subventionnés, ou encore à expérimenter des tickets de transport régulés dans certaines localités pilotes. Ces projets, parce qu'ils sont conçus de manière participative et qu'ils produisent des bénéfices concrets et rapides, suscitent une adhésion locale importante.

L'intégration peut également passer par des dispositifs d'incitation plutôt que de contrainte. Plutôt que de criminaliser d'emblée les opérateurs informels, les pouvoirs publics peuvent proposer une formalisation progressive en échange d'avantages tangibles : accès à des infrastructures réservées, exonérations fiscales temporaires, formations gratuites, inclusion dans les appels d'offre locaux, ou encore possibilité de contractualiser avec les municipalités pour assurer des services réguliers. Ces mécanismes de régularisation positive, basés sur la confiance et le bénéfice mutuel, permettent de construire des passerelles entre l'informel et le formel, sans rompre avec les dynamiques locales de solidarité et d'autonomie.

L'intégration du transport maritime informel peut également être pensée dans une logique territoriale plus large, en l'articulant aux politiques de décentralisation, d'économie sociale et solidaire, et de planification côtière. Les communes littorales, en tant qu'échelons de proximité, peuvent jouer un rôle clé dans l'encadrement, la reconnaissance et le soutien de ces activités, en lien avec les services déconcentrés de l'État. Cette approche multisectorielle et multi-acteurs est indispensable pour garantir la durabilité des solutions mises en œuvre, et éviter qu'elles ne soient perçues comme des expérimentations isolées ou des dispositifs imposés.

En somme, loin d'être un secteur à éliminer ou à tolérer passivement, le transport maritime informel peut devenir un levier stratégique d'économie bleue inclusive, à condition de mobiliser des outils institutionnels souples, de reconnaître sa fonction territoriale, et de construire avec ses acteurs des modèles hybrides de régulation, entre tradition et modernité, autonomie locale et encadrement public.

Conclusion

Le secteur informel maritime, longtemps relégué aux marges des politiques publiques, constitue pourtant un espace économique, social et territorial d'une importance stratégique dans les pays côtiers en développement. Loin d'être une simple zone d'ombre à éradiquer, il s'agit au contraire d'un système d'activités complexes, dynamiques et adaptatives, qui permettent à des millions de personnes d'accéder à des revenus, à des ressources et à des services essentiels en l'absence d'alternatives formelles efficaces. Ce chapitre a permis de démontrer, à travers une lecture détaillée, que l'informalité maritime n'est pas un accident de l'histoire, mais bien une réponse rationnelle à des déficiences systémiques multiples : pauvreté persistante, faible présence de l'État, infrastructures déficientes, normes inadaptées.

La pêche artisanale, le commerce informel maritime et le transport côtier non réglementé forment les trois piliers d'une économie littorale informelle profondément ancrée dans les territoires. Ils assurent non seulement la subsistance des populations, mais participent aussi à l'approvisionnement des marchés urbains, à la sécurité alimentaire, à la mobilité des biens et des personnes, et à la cohésion sociale des communautés côtières. Toutefois, leur reconnaissance institutionnelle reste limitée, leur intégration dans les dispositifs d'appui quasi inexistante, et leur sécurité économique, physique et juridique fortement compromise.

Les défis posés par ce secteur sont nombreux et interdépendants : risques sécuritaires élevés, pertes fiscales pour l'État, surexploitation des ressources naturelles, concurrence déloyale avec les acteurs formels, et vulnérabilité structurelle des travailleurs. Ces défis ne peuvent être résolus par la seule coercition administrative ni par des logiques de normalisation rigide. Ils appellent une refondation du rapport entre l'État et les économies locales informelles, fondée sur la concertation, la reconnaissance des savoirs endogènes, la flexibilité réglementaire et l'accompagnement graduel.

Dans une perspective d'économie bleue durable et inclusive, il est impératif de reconsidérer le secteur informel non comme une entité à marginaliser, mais comme un acteur à part entière du développement maritime, porteur de solutions adaptées aux réalités de terrain. La mise en place de coopératives locales, de projets pilotes de régulation souple, de formations communautaires, de mécanismes d'enregistrement volontaire et d'appui technique, constitue une voie réaliste et légitime vers une transition progressive du secteur vers davantage de formalisme, sans rupture avec ses fondements sociaux et culturels.

En somme, l'avenir d'une économie maritime juste, résiliente et durable ne peut se construire sans les acteurs du secteur informel. Leur inclusion stratégique dans les politiques de gestion des ressources marines, de mobilité littorale et d'économie territoriale est une condition essentielle à la réussite des objectifs de développement durable, notamment en matière de réduction des inégalités (ODD 10), de travail décent (ODD 8), de vie aquatique (ODD 14) et de lutte contre la pauvreté (ODD 1). Le défi est de réconcilier le local et le global, le coutumier et le normatif, l'informel et l'institutionnel, dans une approche renouvelée de la gouvernance maritime

DEUXIEME PARTIE

UNE CONTRIBUTION A L'EMERGENCE VOULUE

Dans cette partie, nous verrons d'abord les facteurs clés pour une gouvernance maritime efficace, ensuite la construction d'un état de droit.

TITRE 1

Facteurs clés pour une gouvernance maritime efficace

Les facteurs clés pour une gouvernance maritime efficace se traduisent, par des capacités de ressources humaines, mais aussi pour une analyse scrupuleuse des questions d'accidents et d'assurance ainsi que l'analyse des critères de performances des activités maritimes.

CHAPITRE 1

Capacités des ressources humaines et compétences nationales

La structuration d'un secteur maritime performant et durable repose de manière fondamentale sur la qualité, la disponibilité et l'adéquation des ressources humaines qui l'animent. En République du Congo, la mer, les fleuves et les zones côtières recèlent un potentiel économique considérable, susceptible d'être pleinement mobilisé dans le cadre d'une stratégie d'économie bleue. Toutefois, ce potentiel reste largement sous-exploité en raison d'un déficit structurel en matière de compétences nationales. Ce constat soulève une problématique centrale : comment doter le pays d'un capital humain maritime capable de répondre aux exigences d'un secteur en mutation, tout en assurant une insertion équitable et territorialisée de ses populations dans les dynamiques de professionnalisation ?

Ce chapitre propose une analyse approfondie des enjeux liés aux ressources humaines maritimes au Congo. Il s'organise en trois sections. La première dresse un état des lieux des compétences existantes, en mettant en lumière la diversité des métiers maritimes, les déséquilibres territoriaux, les insuffisances structurelles et le besoin d'une cartographie actualisée des profils. La deuxième examine le système de formation et d'enseignement maritime, à travers l'analyse des infrastructures, des référentiels pédagogiques, de l'accessibilité et de l'inclusivité des dispositifs existants. Enfin, la troisième section identifie les besoins en renforcement des capacités et propose des pistes stratégiques pour bâtir un système de formation maritime moderne, équitable, résilient et tourné vers l'avenir.

L'objectif de ce chapitre est donc de poser les bases d'une gouvernance du capital humain maritime à la hauteur des ambitions du pays, en articulant développement des compétences, justice sociale, innovation pédagogique et souveraineté économique.

Section 1 : État des compétences maritimes au Congo

Paragraphe 1 : Typologie des compétences dans les activités maritimes

A. Métiers liés à l'exploitation maritime traditionnelle

L'économie maritime congolaise repose en grande partie sur des pratiques traditionnelles, qui, bien qu'en marge des circuits officiels, structurent profondément les dynamiques sociales et économiques des zones côtières. La navigation, la pêche artisanale et les activités portuaires informelles forment un triptyque fondamental, mobilisant des savoirs empiriques transmis oralement, et souvent ignorés des cadres réglementaires.

Sur les rivages du Congo, la navigation côtière s'impose comme une forme de mobilité à la fois pragmatique et résiliente. À bord de pirogues motorisées ou de petites embarcations rudimentaires, les marins locaux sillonnent les eaux littorales en défiant marées, courants et conditions météorologiques capricieuses. Ce mode de transport, vital pour les échanges de proximité, contourne les infrastructures terrestres parfois défaillantes et assure l'interconnexion entre les villages riverains et les centres urbains. Il ne s'agit pas simplement de transporter des biens ou des personnes : c'est une économie discrète, vivace, qui fait circuler le poisson, les produits agricoles, le bois, et parfois même des biens de contrebande, dans une logique de survie et d'adaptation.

Dans ce paysage côtier, la pêche artisanale tient une place centrale. Plus qu'une activité économique, elle constitue un pilier identitaire pour les communautés installées autour de Pointe-Noire et dans les zones estuariennes. Les pêcheurs, souvent organisés en petites unités familiales, maîtrisent des techniques héritées, adaptées aux espèces locales et aux rythmes naturels de l'océan. Cette pêche à faible impact écologique fournit une grande partie du poisson consommé dans le pays, en particulier dans les zones urbaines. Elle active aussi une chaîne de valeur informelle, où les femmes-transformatrices, mareyeuses, commerçantes – jouent un rôle déterminant. Toutefois, cette vitalité cache une grande précarité : absence de sécurité sociale, exposition à la variabilité climatique, manque d'accès au crédit ou aux équipements modernes. La pêche artisanale, malgré sa richesse humaine, demeure une économie vulnérable, à la merci des marées comme des politiques publiques inadaptées.

À terre, dans l'enceinte portuaire de Pointe-Noire, l'effervescence est constante. La manutention portuaire, souvent perçue comme une activité subalterne, constitue pourtant un véritable vivier d'emplois pour une jeunesse urbaine sous-employée. Les dockers, travailleurs de l'ombre, chargent et déchargent des tonnes de marchandises dans des conditions souvent éprouvantes. Leur savoir-faire ne s'enseigne pas dans les écoles mais s'acquiert sur les quais, à force de gestes répétés, de corps usés, de solidarités de fortune. La flexibilité de leur travail, reflet d'une économie portuaire largement externalisée, renforce leur précarité tout en rendant visible l'indispensable contribution de ces métiers à la fluidité du commerce maritime.

Il convient de rappeler que le potentiel d'emploi dans la manutention portuaire dépend largement de l'augmentation du trafic conteneurisé. En effet, sans un flux suffisant, les équipements tels que les grues, les aires de stockage, ainsi que la main-d'œuvre ne pourraient être pleinement utilisés. L'investissement de 400 M€ consacré au Môle Est dans le cadre du PAPN vise à anticiper la croissance du trafic, notamment avec des navires plus grands et un nombre accru d'escales. Cette évolution de la capacité opérationnelle du PAPN devrait permettre de créer un vivier d'environ 900 emplois[1].

Ces métiers traditionnels de la mer incarnent un paradoxe : essentiels mais marginalisés, vivants mais fragiles, riches de savoirs mais pauvres en reconnaissance. Ils méritent une attention renouvelée, non seulement pour améliorer les conditions de vie de ceux qui les exercent, mais aussi pour inscrire durablement ces pratiques dans une stratégie nationale de valorisation de l'économie bleue, plus inclusive, plus juste et plus ancrée dans les réalités locales.

B. Nouveaux besoins en compétences techniques

À mesure que le secteur maritime congolais amorce sa modernisation, porté par la transformation des infrastructures portuaires et l'essor du commerce maritime régional, les besoins en compétences évoluent radicalement. La mer, longtemps perçue comme un espace de subsistance, devient un levier stratégique de développement, appelant à une requalification profonde des métiers. De nouvelles expertises sont désormais indispensables, tant pour accompagner l'industrialisation des activités portuaires que pour garantir leur sécurité, leur efficacité logistique et leur conformité technologique.

Le développement du port autonome de Pointe-Noire, plateforme incontournable sur la façade atlantique de l'Afrique centrale, illustre cette transition. Autrefois dominé par des opérations manuelles, le terminal à conteneurs s'automatise, se numérise, se connecte à des chaînes logistiques

[1]Africa Global Logistics (group-congo terminal) (2024), « Congo Terminal va investir plus de 400 millions d'euros dans un nouveau terminal portuaire au Port Autonome de Pointe-Noire », Communiqué lors du Pointe-Noire Business Forum, mis en ligne le 26 septembre 2024, disponible sur : https://www.aglgroup.com/congo-terminal-va-investir-plus-de-400-millions-deuros-dans-un-nouveau-terminal-portuaire-au-port-autonome-de-pointe-noire

globales. Cette mutation exige des compétences pointues en gestion portuaire, en planification de flux, en optimisation logistique et en maintenance d'équipements sophistiqués. L'opérateur portuaire n'est plus seulement un manutentionnaire : il devient gestionnaire de données, technicien de systèmes embarqués, analyste de performances, avec une capacité à dialoguer avec les standards internationaux.

Dans le même temps, les enjeux de sécurité prennent une importance stratégique. À l'heure où les menaces maritimes s'intensifient – piraterie, trafics illicites, cyberattaques sur les systèmes portuaires – les ports ne peuvent plus se contenter d'un contrôle physique sommaire. Ils doivent intégrer des dispositifs de surveillance intelligente, de cyber sécurité maritime, de gestion des risques et de sûreté portuaire selon les normes ISPS. Cela implique le déploiement de spécialistes formés à la fois en ingénierie de la sécurité et en analyse des menaces asymétriques, un profil encore rare dans le paysage congolais.

L'ingénierie navale, quant à elle, reste un champ encore peu investi, alors même qu'elle est cruciale pour le développement d'une flotte côtière adaptée aux réalités locales. La conception, la maintenance et la modernisation des embarcations – qu'elles soient destinées à la pêche, au transport de passagers ou au soutien logistique offshore – nécessitent des compétences techniques de haut niveau, aujourd'hui très largement externalisées. En l'absence d'écoles spécialisées et de programmes d'apprentissage alignés sur les normes de l'Organisation maritime internationale (OMI), le Congo reste dépendant de l'expertise étrangère pour ses besoins les plus élémentaires en matière de construction navale ou de certification technique.

Enfin, les technologies numériques s'imposent comme un pivot transversal. L'essor de la "smart port economy"-fondée sur la digitalisation des procédures douanières, la traçabilité des marchandises, les systèmes d'information géographique (SIG) ou encore la gestion automatisée des terminaux-redéfinit les profils recherchés. Les ports deviennent des hubs de données où s'entrelacent informatique, logistique, ingénierie et analyse décisionnelle. Sans une génération formée à ces nouveaux langages, le risque est grand que l'innovation reste confinée aux opérateurs internationaux, accentuant la fracture entre les infrastructures modernisées et les compétences locales.

Ce glissement vers des métiers techniques et spécialisés n'est pas une simple mise à jour des savoir-faire ; il constitue une transformation structurelle du secteur maritime congolais. Il interpelle les politiques publiques en matière d'éducation, de formation professionnelle, et de partenariats avec les institutions académiques et industrielles. Préparer cette transition, c'est reconnaître que la mer n'est plus seulement un espace exploité, mais un territoire technologique, stratégique, qui requiert un capital humain à la hauteur de ses ambitions.

C. Compétences transversales sous-exploitées

Au-delà des métiers directement liés à l'exploitation ou à la logistique maritime, il existe un ensemble de compétences transversales qui jouent un rôle décisif dans la structuration durable du secteur. Ces fonctions de soutien, souvent invisibles et reléguées à la périphérie des priorités nationales, sont pourtant indispensables à une gouvernance maritime efficace et intégrée. Leur sous-développement dans le contexte congolais traduit à la fois un déficit de vision stratégique et une faible articulation entre les besoins réels du secteur et l'offre de formation.

La comptabilité portuaire, tout d'abord, ne peut être réduite à une simple gestion des recettes douanières ou à la tenue de registres administratifs. Elle requiert des compétences spécifiques en audit logistique, en tarification des services portuaires, en contrôle de gestion appliquée aux infrastructures multimodales. Dans un contexte où les flux financiers générés par le commerce maritime sont de plus en plus complexes et intégrés à des réseaux globaux, l'absence de professionnels formés à ces enjeux fragilise la transparence et l'efficience des opérateurs portuaires.

Le droit maritime constitue un autre angle mort. Peu enseigné dans les institutions juridiques nationales, il reste souvent l'apanage d'experts étrangers dans les dossiers d'arbitrage, de contrats maritimes ou de règlement de litiges liés aux activités offshore. Or, la montée en puissance des enjeux liés aux ZEE (zones économiques exclusives), aux conventions internationales (SOLAS, MARPOL, UNCLOS), ou encore aux régulations de la navigation fluviale dans la région, appelle une appropriation locale de ce champ juridique. Sans juristes spécialisés, le pays demeure vulnérable aux abus contractuels et à une sous-valorisation de ses droits souverains.

La cartographie océanique, longtemps négligée, émerge timidement comme une priorité stratégique. Elle ne se limite pas à la représentation des fonds marins : elle permet l'identification des corridors de navigation, la planification spatiale maritime, la prévention des risques (érosion, submersion, pollution), et l'aide à la décision pour l'aménagement côtier. Elle suppose des compétences techniques pointues en géomatique, en hydrographie, en SIG, qui restent peu accessibles localement. L'absence de données cartographiques fiables constitue ainsi un frein majeur à l'exploitation optimale et sécurisée des ressources marines.

Enfin, la surveillance environnementale, à l'heure des changements climatiques et de la multiplication des pressions anthropiques sur les milieux marins, demeure cruellement sous-dotée. Les systèmes de suivi de la qualité des eaux, des écosystèmes littoraux ou de l'impact des infrastructures portuaires sur la biodiversité sont embryonnaires, souvent dépendants de projets ponctuels financés par des bailleurs. Le développement de ces compétences requiert des profils hybrides, à la croisée de l'océanographie, de la biologie marine et de l'ingénierie environnementale, encore peu représentés dans le paysage académique congolais.

La marginalisation de ces fonctions transversales ne relève pas uniquement d'un manque de moyens ; elle reflète un déséquilibre structurel dans la conception même des politiques de développement maritime. Revaloriser ces compétences, c'est réaffirmer que la croissance bleue ne se limite pas à l'exploitation des ressources, mais repose aussi sur des savoirs spécialisés, garants de souveraineté, de durabilité et de compétitivité. Cela implique une réforme profonde des curricula, une meilleure articulation entre institutions techniques, universités et opérateurs économiques, et un investissement stratégique dans les métiers de l'ombre qui font la solidité d'un système portuaire et maritime performant.

D. Nécessité d'un inventaire sectoriel exhaustif

Face à la diversité des métiers liés à la mer et à l'évolution rapide des besoins en compétences, le Congo ne peut plus se permettre de naviguer à vue. L'absence d'une vision claire et documentée des ressources humaines du secteur maritime constitue un obstacle majeur à la définition de politiques publiques cohérentes, à l'identification des gisements d'emplois et à la mise en œuvre de programmes de formation adaptés. Dans ce contexte, la réalisation d'un inventaire sectoriel exhaustif apparaît comme une priorité stratégique pour structurer le développement du capital humain maritime.

Une telle cartographie ne saurait se réduire à un simple répertoire de métiers. Elle doit être conçue comme un outil de diagnostic approfondi, capable de révéler la géographie des compétences disponibles, les chaînes de valeur locales, les zones de concentration des activités, mais aussi les déséquilibres, les vulnérabilités et les potentiels inexploités. L'objectif est de croiser données quantitatives (nombre de professionnels, niveau de qualification, secteurs d'activité, mobilité géographique) et analyses qualitatives (parcours de formation, transmission des savoirs, modes d'insertion professionnelle), afin d'obtenir une lecture fine et opérationnelle du tissu socio-économique maritime.

Ce travail d'inventaire permettrait notamment de distinguer les métiers traditionnels – souvent mal reconnus dans les classifications officielles – des nouvelles fonctions émergentes liées à la modernisation technologique, à la régulation environnementale ou à l'intégration logistique. Il éclairerait également les écarts entre l'offre de formation nationale et les besoins réels du terrain, en identifiant les goulots d'étranglement : absence de filières spécialisées, inadéquation des contenus pédagogiques, carence en formateurs qualifiés, manque de passerelles entre systèmes formels et savoir-faire empiriques.
Un tel exercice devrait s'appuyer sur une démarche participative, mobilisant à la fois les institutions publiques (ministères, autorités portuaires, établissements d'enseignement), les acteurs privés (entreprises logistiques, compagnies maritimes, coopératives de pêche), les collectivités locales et les communautés professionnelles. Il s'agirait de sortir d'une approche descendante pour construire une connaissance partagée, co-produite, qui reflète la réalité du terrain et favorise l'appropriation des résultats par les acteurs concernés.

Par ailleurs, l'inventaire sectoriel devrait s'inscrire dans une dynamique régionale. Dans un espace maritime comme le Golfe de Guinée, marqué par des interdépendances fortes et des défis communs (sécurité, environnement, commerce, pêche illégale), la comparaison entre pays pourrait favoriser des convergences en matière de normalisation des métiers, de reconnaissance mutuelle des qualifications, et d'intégration des marchés du travail. À terme, une telle base de données pourrait servir de fondement à un observatoire régional des compétences maritimes, outil précieux pour la planification, l'anticipation et la coopération.

L'enjeu n'est donc pas seulement technique, mais éminemment politique : il s'agit de poser les fondations d'une gouvernance du capital humain maritime, à la hauteur des ambitions de développement portées par le pays. Une gouvernance qui reconnaît, valorise et structure les savoirs de la mer, dans toute leur diversité – du pêcheur artisanal au data analyst logistique – comme leviers de souveraineté, de durabilité et de prospérité partagée.

Paragraphe 2 : Répartition géographique et concentration des compétences

A. Dominance de Pointe-Noire comme pôle d'attraction

Dans le paysage maritime congolais, Pointe-Noire s'impose comme une centralité indiscutable. Cette ville-port, dotée de la principale infrastructure portuaire du pays et d'une ouverture stratégique sur l'Atlantique, concentre l'essentiel des investissements, des activités commerciales et des opportunités d'emploi dans le secteur maritime. Si cette concentration alimente une dynamique locale indéniable, elle contribue également à renforcer des déséquilibres territoriaux profonds, reléguant les autres régions littorales ou fluviales à une position marginale.

La structuration du port autonome de Pointe-Noire, modernisé dans le cadre de partenariats public-privé, a attiré un écosystème dense d'opérateurs économiques, de prestataires logistiques, d'instituts de formation spécialisés et d'interventions internationales. Cette polarisation a façonné une géographie professionnelle inégalitaire : les profils qualifiés – techniciens portuaires, logisticiens, agents de douane, spécialistes en manutention mécanisée – sont en grande majorité concentrés dans la zone urbaine portuaire, au détriment des localités riveraines de l'océan ou de l'intérieur du pays. Cette situation crée une forme d'élitisation de l'accès aux compétences maritimes, où seules les personnes géographiquement ou socialement proches du hub de Pointe-Noire peuvent aspirer à des carrières structurées.

En périphérie, notamment dans les zones de Loango, de Diosso ou le long des corridors fluviaux du Kouilou, les potentialités maritimes et hydrauliques restent sous-exploitées, faute d'un ancrage institutionnel ou de dispositifs de formation de proximité. Les jeunes des régions reculées, souvent porteurs de savoirs vernaculaires liés à la navigation ou à la pêche, se trouvent exclus des circuits de certification, de reconversion ou de montée en compétences. L'absence de politiques de décentralisation de la formation professionnelle maritime contribue ainsi à reproduire un système dual, dans lequel la modernité portuaire côtoie des pratiques traditionnelles isolées, sans passerelle ni dialogue entre les deux mondes.

Par ailleurs, cette centralisation excessive pose la question de la vulnérabilité systémique. En concentrant les ressources humaines, techniques et institutionnelles dans un seul point névralgique, le pays s'expose à des risques de saturation, de dépendance logistique et de déséquilibre économique. Elle limite aussi la capacité à impulser un développement maritime intégré, capable d'irriguer d'autres bassins d'activité, qu'il s'agisse du tourisme côtier, de la pêche continentale, de la gestion des zones humides ou du transport fluvial.

Une politique de rééquilibrage territorial s'impose donc, non pas en opposition à Pointe-Noire, mais dans une logique de diffusion. Elle passerait par la création de pôles de compétences secondaires, l'installation d'antennes de formation spécialisées dans d'autres zones maritimes et fluviales, ainsi que par des incitations à la mobilité professionnelle. Reconnaître les ressources humaines locales, valoriser les savoir-faire territorialisés et connecter les régions entre elles autour d'une vision maritime partagée sont autant de leviers pour sortir d'un modèle polarisé et enclencher une véritable dynamique d'aménagement maritime national.

B. Déséquilibres entre zones côtières et continentales

Le secteur maritime congolais, bien qu'il concentre un potentiel stratégique avéré, demeure structuré par des disparités territoriales et sociales qui entravent son développement inclusif. Tandis que les départements côtiers comme Pointe-Noire et le Kouilou se positionnent comme les épicentres de l'activité maritime, l'arrière-pays, vaste et sous-connecté, reste largement exclu de cette dynamique. Ces déséquilibres géographiques s'entrelacent à des inégalités sociales structurelles, façonnant un accès différencié aux compétences, aux opportunités professionnelles et aux bénéfices économiques liés à l'économie bleue.

Les zones côtières bénéficient d'un avantage comparatif évident. Pointe-Noire, à elle seule, concentre plus de 90 % du trafic maritime national (Port Autonome de Pointe-Noire, 2021), accueille les principaux établissements de formation maritime, et constitue le siège de nombreuses compagnies logistiques et entreprises portuaires. Ce niveau de concentration a permis l'émergence d'un tissu professionnel relativement structuré, où les métiers maritimes sont visibles, diversifiés, et en partie formalisés. Cependant, cette dynamique profite majoritairement aux jeunes urbains dotés d'un certain capital scolaire ou relationnel, creusant une fracture sociale à l'intérieur même des zones littorales (PNUD, 2022).

À l'inverse, les départements continentaux – Niari, Bouenza, Cuvette, ou encore la Sangha – restent en marge. L'enquête nationale sur l'emploi et le secteur informel (ENSESI) révèle qu'à peine 4 % des jeunes de l'intérieur du pays ont une quelconque exposition aux métiers maritimes ou fluviaux. Ce manque d'accès est lié non seulement à l'éloignement physique des infrastructures, mais aussi à un déficit d'information, d'orientation scolaire et de formation professionnelle adaptée. Dans ces territoires, la mer ne fait l'objet ni d'enseignement ni de projection professionnelle : elle reste une réalité abstraite, réservée à une minorité côtière.

Ces déséquilibres territoriaux sont accentués par des inégalités sociales profondes. Selon le rapport de la Banque mondiale sur l'emploi des jeunes au Congo, les inégalités d'accès à la formation technique sont fortement corrélées au niveau de revenu et au lieu de résidence : 68 % des jeunes vivant en zone urbaine côtière ont accès à une formation professionnelle, contre seulement 23 % dans les régions de l'arrière-pays. Les femmes, quant à elles, représentent moins de 10 % des effectifs dans les filières techniques maritimes, et sont largement cantonnées aux secteurs informels de transformation ou de petit commerce de produits halieutiques.

Cette combinaison d'inégalités territoriales et sociales produit un système maritime à plusieurs vitesses : centralisé, inégal, et peu résilient. Le port de Pointe-Noire fonctionne en grande partie comme une enclave logistique connectée aux marchés internationaux, mais mal intégrée au reste du territoire. Cette logique d'enclavement prive les autres régions du pays des externalités positives de l'économie maritime-emploi, infrastructures, formation- et empêche l'émergence d'un véritable maillage territorial de l'économie bleue.

Réduire ces fractures appelle une politique volontariste de rééquilibrage, articulée autour de trois axes : la territorialisation de l'offre de formation, la décentralisation des institutions maritimes, et la promotion de l'égalité d'accès aux métiers, notamment pour les femmes et les jeunes non qualifiés. À terme, il s'agit de construire un secteur maritime inclusif, où la mer cesse d'être un privilège géographique ou social pour devenir un bien commun, porteur de prospérité partagée.

C. Faible couverture dans les zones fluviales

Si l'attention portée à la façade atlantique du Congo est justifiée par sa position géostratégique dans le commerce maritime international, elle a cependant relégué au second plan un autre atout majeur du pays : son vaste réseau fluvial, dominé par le fleuve Congo et ses nombreux affluents. Ce système hydrographique, pourtant vital pour la connectivité territoriale et le développement local, souffre d'une faible valorisation technique et institutionnelle. Les zones fluviales – de la Likouala à la Cuvette en passant par les rives du Pool – demeurent très insuffisamment équipées en services spécialisés et en compétences professionnelles adaptées à l'exploitation durable du potentiel fluvial.

Le fleuve Congo, deuxième plus long fleuve d'Afrique et deuxième en débit à l'échelle mondiale, représente un axe de navigation intérieure essentiel pour les échanges économiques, notamment dans les régions enclavées. Pourtant, l'infrastructure portuaire fluviale est largement déficiente : seuls 17 % des embarcadères fluviaux sont opérationnels selon les normes minimales de sécurité et d'efficacité. Cette fragilité logistique va de pair avec une quasi-absence de services techniques : rares sont les ateliers de maintenance fluviale, les centres de signalisation hydrologique, ou les équipes d'intervention rapide pour la gestion des incidents nautiques.

Sur le plan humain, la situation est tout aussi préoccupante. L'essentiel des navigateurs fluviaux et opérateurs de pirogues motorisées exerce dans l'informalité, sans formation certifiée, ni appui institutionnel. L'Institut national de formation aux métiers fluviaux de Mossaka, censé répondre à ces besoins, reste sous-financé et à capacité réduite, formant moins de 50 techniciens par an. Les compétences en gestion des voies navigables, en contrôle du trafic fluvial ou en prévention des risques environnementaux sont quasi inexistantes dans les zones traversées par le fleuve. Cette situation freine non seulement la professionnalisation du transport fluvial, mais compromet aussi les efforts de durabilité et de sécurité.

L'exploitation halieutique du fleuve, bien que vitale pour la sécurité alimentaire dans certaines régions, reste également peu encadrée. Faute d'agents spécialisés en biologie fluviale, en contrôle de la pêche ou en surveillance des aires de reproduction, la surexploitation et la pollution menacent les écosystèmes aquatiques du bassin. En parallèle, l'absence d'intégration de la navigation fluviale dans les programmes d'aménagement du territoire ou de logistique nationale accentue le sentiment d'abandon infrastructurel et institutionnel dans ces zones. Plus globalement, cette faible couverture des zones fluviales reflète un biais historique dans la gouvernance du secteur maritime : l'eau douce, bien qu'omniprésente et stratégique, ne bénéficie ni du même investissement, ni de la même reconnaissance que les espaces marins côtiers. Pourtant, une stratégie fluviale intégrée permettrait de désenclaver les territoires intérieurs, de renforcer la résilience logistique du pays et de diversifier les opportunités professionnelles, notamment pour les jeunes des zones rurales.

Une réorientation des politiques sectorielles s'impose donc. Elle passerait par la réhabilitation des infrastructures fluviales, la création de centres de formation spécialisés en navigation intérieure et en gestion des ressources hydriques, ainsi que par l'inclusion explicite des bassins fluviaux dans les schémas directeurs de l'économie bleue congolaise. Redonner une visibilité stratégique au fleuve Congo, c'est aussi reconnaître que la puissance maritime d'un pays se construit autant sur ses eaux intérieures que sur ses côtes.

D. Besoin de centres de compétence décentralisés

Face aux déséquilibres territoriaux et sociaux qui caractérisent l'accès aux métiers maritimes et fluviaux en République du Congo, la centralisation actuelle de l'offre de formation constitue un verrou majeur. Le modèle dominant, concentré autour de Pointe-Noire et de quelques établissements urbains côtiers, ne répond pas aux besoins réels d'un pays vaste, marqué par une diversité de contextes hydrologiques, économiques et culturels. Pour corriger cette asymétrie, la mise en place de centres de compétence décentralisés apparaît comme un levier stratégique pour démocratiser l'accès aux savoirs maritimes, valoriser les spécificités locales et ancrer durablement les compétences dans les territoires.

Aujourd'hui, moins de 15 % des départements congolais disposent d'une structure de formation professionnelle orientée vers les métiers de la mer ou de l'eau douce. Les jeunes des régions comme la Sangha, la Likouala, la Cuvette ou même les zones fluviales du Pool n'ont accès à aucune infrastructure dédiée, ni en matière de navigation fluviale, ni en transformation des produits halieutiques, ni en gestion environnementale des milieux aquatiques. Cette situation alimente une forme de marginalisation systémique, dans laquelle l'absence de formations locales génère un désintérêt structurel pour ces métiers, et empêche l'émergence de compétences ancrées dans les réalités socio-écologiques régionales.

Or, plusieurs pays africains ayant engagé une réforme de leur gouvernance maritime et fluviale ont démontré l'efficacité des pôles régionaux de formation. Le Sénégal, par exemple, avec l'Académie des métiers de la mer de Saint-Louis, ou le Bénin, avec ses centres intégrés de formation artisanale portuaire à Cotonou et Porto-Novo, ont renforcé la formation locale tout en adaptant les curricula aux spécificités territoriales. Ces expériences montrent qu'une décentralisation intelligente permet non seulement de rapprocher les formations des bénéficiaires, mais aussi de construire des écosystèmes locaux d'innovation, de transfert de technologie et de services adaptés.

Dans le contexte congolais, ces centres pourraient prendre la forme de *pôles territoriaux de compétence maritime et fluviale*, dotés de trois fonctions clés : la formation professionnelle de base (navigation, logistique, sécurité, transformation), l'appui technique aux activités locales (entretien de bateaux, amélioration des équipements de pêche, gestion des déchets aquatiques), et la veille environnementale (suivi de la biodiversité, lutte contre la pollution, adaptation au changement climatique). Ils pourraient être hébergés dans des structures existantes (lycées techniques, centres de jeunesse, antennes universitaires) et fonctionner en lien avec les collectivités locales, les coopératives et les services déconcentrés de l'État.

La création de ces centres décentralisés permettrait également de lutter contre l'exode des jeunes vers Pointe-Noire ou Brazzaville, en leur offrant des perspectives d'emploi localement, tout en valorisant les ressources naturelles disponibles dans leur région. Cela contribuerait à renforcer l'ancrage territorial du développement, à encourager l'économie circulaire autour des bassins hydrographiques, et à diffuser une culture maritime et fluviale plus équitablement répartie à l'échelle nationale.

Mais cette ambition suppose un engagement politique fort : investissement budgétaire, partenariat avec les bailleurs, coordination intersectorielle entre les ministères de la formation, de l'environnement, de l'économie bleue et de l'intérieur. Elle nécessite aussi un changement de paradigme : considérer que les savoirs maritimes ne doivent plus être le privilège d'un espace géographique restreint, mais le socle d'une souveraineté partagée et territorialisée.

Paragraphe 3 : Contraintes et insuffisances structurelles

A. Déficit de qualification formelle des acteurs

Le secteur maritime en République du Congo se caractérise par une prédominance de travailleurs non certifiés, exerçant sans formation académique ou technique formelle, ce qui révèle une faiblesse structurelle en matière de professionnalisation. Cette situation s'explique par plusieurs facteurs convergents. D'une part, l'offre nationale de formation maritime reste très limitée, tant en termes d'accessibilité géographique que de diversité des filières proposées. Les centres de formation sont peu nombreux, souvent concentrés dans la région de Pointe-Noire, et peinent à répondre à la demande croissante de qualifications professionnelles. D'autre part, l'insertion dans les métiers maritimes se fait, dans la majorité des cas, de manière informelle, par transmission de savoirs empiriques ou apprentissage sur le tas, sans encadrement pédagogique ni validation des compétences.

Cette absence de qualification formelle pose un problème majeur à plusieurs niveaux. D'abord, elle freine la mobilité professionnelle des acteurs, notamment vers les marchés régionaux et internationaux, où la conformité aux normes et standards reconnus (notamment la Convention STCW édictée par l'Organisation Maritime Internationale) est exigée. Ensuite, elle limite les perspectives d'évolution de carrière et la reconnaissance sociale des métiers maritimes, renforçant ainsi la précarité des travailleurs et leur exposition aux risques professionnels. Enfin, elle compromet la compétitivité du secteur maritime congolais, dans un contexte où la qualité des ressources humaines constitue un levier clé pour l'attractivité logistique, la sécurité maritime et la durabilité des activités économiques liées à la mer.

Dans une perspective de développement durable du secteur, la mise en place de mécanismes de certification des compétences, de reconnaissance des acquis de l'expérience, ainsi que l'élargissement de l'offre de formation spécialisée, constituent des priorités urgentes pour combler ce déficit de qualification formelle et promouvoir une main-d'œuvre maritime qualifiée, compétente et compétitive à l'échelle nationale, régionale et internationale.

B. Absence de reconnaissance professionnelle des acquis

Outre le déficit de qualification formelle, l'un des freins majeurs à la valorisation du capital humain maritime en République du Congo réside dans l'absence d'un mécanisme institutionnel de reconnaissance des acquis de l'expérience professionnelle. Nombreux sont les travailleurs du secteur maritime – qu'ils soient pêcheurs artisanaux, manœuvres portuaires, conducteurs de pirogues, ou encore techniciens de maintenance navale – qui accumulent, au fil des années, une expertise pratique précieuse. Toutefois, cette expérience, bien que souvent transmise de génération en génération ou acquise dans le cadre d'activités informelles, ne bénéficie d'aucune validation officielle susceptible de leur conférer un statut professionnel reconnu, ni de faciliter leur insertion dans des dispositifs formels d'emploi ou de formation continue.

Ce vide institutionnel a pour conséquence directe l'exclusion d'une large frange de travailleurs des processus de qualification, de mobilité professionnelle et de progression de carrière. En l'absence de certifications reconnues, ces professionnels restent cantonnés à des emplois subalternes, faiblement rémunérés, et dépourvus de perspectives d'évolution. Ils ne peuvent accéder ni aux concours publics, ni aux postes réglementés par des normes internationales, ce qui perpétue un cercle vicieux d'informalité, de précarité et de sous-valorisation sociale des métiers de la mer.

Par ailleurs, cette absence de reconnaissance limite la capacité des pouvoirs publics à structurer une politique efficace de gestion des ressources humaines dans le secteur maritime. Sans outils d'identification, de validation et de capitalisation des compétences empiriques, il devient difficile de planifier les besoins en formation, d'anticiper les évolutions professionnelles ou encore de favoriser la reconversion des travailleurs vers de nouveaux créneaux de l'économie bleue. À ce titre, l'instauration d'un cadre juridique et opérationnel de VAE, adossé à des standards régionaux et internationaux, s'impose comme une priorité stratégique. Elle permettrait non seulement de valoriser les savoirs locaux, mais aussi de renforcer la cohésion entre les formations formelles et les pratiques professionnelles réelles du terrain maritime congolais.

C. Carence en statistiques sur les ressources humaines

La gouvernance efficace d'un secteur aussi stratégique que celui du maritime repose, entre autres, sur la disponibilité de données fiables, actualisées et désagrégées relatives aux ressources humaines. Or, en République du Congo, on observe une carence persistante en matière de statistiques sur les effectifs, les qualifications, les dynamiques de formation, et les besoins en compétences du secteur maritime. Cette lacune constitue un obstacle majeur à la définition de politiques publiques fondées sur des données probantes ("evidence-basedpolicies") et à la mise en œuvre d'une planification prospective du développement du capital humain maritime.

En l'absence de bases de données centralisées et régulièrement mises à jour, les autorités publiques, les établissements de formation, ainsi que les opérateurs du secteur privé, agissent souvent à l'aveugle. Il devient difficile de déterminer avec précision le nombre de marins actifs, les spécialités les plus recherchées, les compétences en tension, ou encore les zones géographiques souffrant d'un déficit de qualification. Cette opacité statistique empêche également d'évaluer l'impact réel des programmes de formation existants, d'identifier les écarts entre l'offre et la demande de compétences, et de mettre en place des mécanismes efficaces d'ajustement.

Cette carence statistique affecte aussi la capacité du pays à dialoguer et coopérer efficacement avec les partenaires régionaux et internationaux. Dans le cadre des conventions maritimes ou des processus de certification (tels que STCW), les États sont tenus de produire des rapports sur l'état de leurs ressources humaines maritimes, leurs dispositifs de formation, et leur conformité aux normes. L'incapacité à fournir ces données affaiblit la crédibilité du pays et freine son intégration dans les réseaux internationaux du secteur maritime. Il devient dès lors impératif d'investir dans un système national intégré d'information sur les ressources humaines maritimes, qui pourrait être géré par un observatoire sectoriel dédié ou adossé au ministère en charge de la mer et des transports maritimes. Ce dispositif jouerait un rôle essentiel dans l'orientation stratégique des politiques publiques, le suivi des parcours professionnels et l'adaptation permanente de l'offre de formation aux réalités du terrain.

D. Manque d'incitations à la professionnalisation

L'une des contraintes majeures à l'émergence d'un vivier national de compétences maritimes qualifiées réside dans la faiblesse, voire l'absence, de mécanismes incitatifs favorisant la professionnalisation des acteurs du secteur. En République du Congo, les métiers liés à la mer, bien que porteurs en termes de potentiel économique, restent peu attractifs pour les jeunes générations. Cette désaffection s'explique notamment par les faibles perspectives de carrière, les conditions de travail souvent pénibles, la précarité de l'emploi, et l'absence de reconnaissance sociale ou économique pour ces professions pourtant essentielles.

En effet, les rémunérations offertes dans les activités maritimes – notamment dans la pêche artisanale, le transport fluvial ou la manutention portuaire – sont généralement inférieures au salaire minimum national ou irrégulièrement versées.

En outre, les travailleurs ne bénéficient que très rarement d'un statut professionnel formel leur donnant accès à la protection sociale, à la sécurité de l'emploi ou à des dispositifs de formation continue. Ce manque de garanties structurelles ne motive pas les jeunes à investir dans des parcours longs et exigeants pour accéder à des qualifications spécialisées. Par ailleurs, les formations maritimes disponibles sont souvent perçues comme coûteuses, sélectives ou déconnectées des réalités du marché du travail, ce qui renforce leur faible attractivité.

L'absence d'un système d'incitations intégré (bourses de formation, exonérations fiscales pour les employeurs formateurs, reconnaissance des qualifications, dispositifs de progression de carrière) affaiblit considérablement les dynamiques d'apprentissage professionnel dans ce secteur. À cela s'ajoute un manque de campagnes de sensibilisation ou de valorisation des métiers de la mer, susceptibles de stimuler les vocations, en particulier auprès des jeunes issus des zones côtières et fluviales. Pourtant, dans un contexte où l'économie bleue constitue un axe stratégique de diversification économique et de création d'emplois durables, il est impératif que l'État et ses partenaires mettent en place des instruments concrets pour stimuler l'engagement des populations dans les filières maritimes. Cela suppose une réforme de l'environnement institutionnel, la mise en place de mécanismes d'encouragement à la formalisation et l'intégration du secteur privé dans les dynamiques de formation, de certification et de promotion de l'emploi maritime.

Section 2 : Formation et enseignement maritime (écoles et centres spécialisés)

Paragraphe 1 : État des infrastructures de formation

A. Existence de structures embryonnaires

Le paysage congolais de la formation maritime est encore à un stade embryonnaire, avec très peu d'institutions spécialisées réellement opérationnelles sur l'ensemble du territoire national. Quelques Centres de formation professionnelle maritime de Pointe-Noire ou école représentent actuellement des structures offrant des programmes dédiés aux métiers de la mer, en particulier dans les domaines de la navigation, de la mécanique navale, et de la sécurité maritime. Toutefois, malgré leur importance stratégique, ces structures souffrent de nombreuses limitations qui compromettent sa capacité à répondre aux besoins croissants du secteur.

D'une part, les capacités d'accueil des centres restent largement inférieures à la demande. Le nombre de places disponibles par cycle de formation est réduit, entraînant un taux de sélection élevé qui exclut de nombreux candidats potentiels, en particulier ceux issus des zones rurales ou riveraines. De plus, ces centres ne couvrent qu'un nombre restreint de filières, se concentrant essentiellement sur les compétences de base, au détriment des métiers émergents liés à la logistique maritime, à la gestion portuaire, à l'environnement marin ou à l'économie bleue.

D'autre part, l'infrastructure elle-même présente des insuffisances techniques et matérielles importantes. Les salles de cours sont parfois inadaptées, les équipements pédagogiques obsolètes, et les simulateurs ou outils de formation pratique font cruellement défaut. L'absence de navires-écoles, de laboratoires techniques modernes et de plateformes d'apprentissage numérique limite fortement la qualité et la portée de l'enseignement dispensé. Cette situation place les diplômés des centres dans une position défavorable par rapport à leurs homologues issus d'institutions étrangères mieux dotées, notamment dans les pays de la sous-région comme le Ghana, le Sénégal ou le Cameroun.

Par ailleurs, cette concentration des moyens à Pointe-Noire crée une inégalité territoriale d'accès à la formation maritime, laissant de vastes régions du pays sans aucun dispositif de formation dédié. En l'absence de centres de formation décentralisés ou de dispositifs mobiles d'apprentissage, les populations côtières, fluviales ou insulaires situées loin de cette ville portuaire restent largement exclues des opportunités de professionnalisation. Il en résulte une situation paradoxale dans laquelle un pays doté d'un potentiel maritime considérable se retrouve dans l'incapacité de former massivement ses ressources humaines, faute de structures adaptées, accessibles et bien équipées.

Au regard de ce qui précédé, on doit reconnaître les efforts fournis par l'Etat congolais afin de pouvoir remédier à ces carences. On notera donc une satisfaction la création en juillet 2023 de l'Institut des Hautes Etudes Maritimes et Fluviales à Brazzaville qui délivrera des Master en risques maritimes et fluviaux. On notera également qu'avec la création de l'Université de Loango dans le Kouilou l'ouverture d'un institut des sciences et techniques de la mer et de la logistique. L'Introduction à la faculté de Droit de Université Marien Ngouabi d'un cours de Droit Maritime est à saluer.

B. Équipements pédagogiques obsolètes ou insuffisants

La qualité de la formation maritime repose, au-delà des contenus théoriques, sur la disponibilité d'infrastructures pédagogiques adaptées aux exigences techniques et opérationnelles du secteur. Or, en République du Congo, les équipements disponibles dans les rares structures de formation maritime sont largement en deçà des standards requis pour assurer une formation conforme aux normes internationales, notamment celles définies par la Convention STCW (Standards of Training, Certification and Watchkeeping) de l'Organisation Maritime Internationale.

La plupart des centres existants ne disposent ni de simulateurs de navigation, ni de navires-écoles, ni même de laboratoires techniques fonctionnels permettant aux apprenants de se former dans des conditions proches de la réalité du terrain. Les simulateurs, lorsqu'ils existent, sont vétustes ou sous-utilisés, faute de maintenance ou de mise à jour logicielle. Cette situation compromet l'acquisition de compétences pratiques fondamentales pour les futurs marins, mécaniciens ou officiers de bord, qui se retrouvent mal préparés à affronter les contraintes réelles de la navigation en mer ou des opérations portuaires complexes.

L'absence de navires-écoles constitue une carence majeure. Dans les systèmes de formation maritime modernes, ces embarcations spécialisées permettent aux étudiants d'effectuer des stages embarqués, d'expérimenter la vie en mer, de manipuler les équipements de bord et de s'initier aux procédures de sécurité dans un cadre pédagogique. Sans ces outils, la formation reste théorique, désincarnée, et parfois déconnectée des réalités opérationnelles, ce qui réduit la valeur ajoutée des diplômes délivrés. Les entreprises maritimes, confrontées à ce déficit de compétences pratiques, se voient souvent contraintes de former elles-mêmes leurs recrues, ou de recruter à l'étranger, ce qui affaiblit l'intégration locale du capital humain.
En outre, les laboratoires de maintenance navale, d'électricité marine, de mécanique de propulsion ou d'analyse des ressources halieutiques, lorsqu'ils existent, sont rarement opérationnels. Leur équipement est souvent obsolète, partiellement fonctionnel ou insuffisant pour accueillir des groupes d'apprenants dans des conditions optimales. L'absence d'outils modernes entrave l'innovation pédagogique, décourage les enseignants et limite la curiosité technologique des apprenants. Dans ce contexte, il devient difficile de former une génération de professionnels compétents, capables de répondre aux exigences croissantes du secteur maritime, notamment en matière de sécurité, de performance énergétique, ou de protection de l'environnement marin.

Dès lors, un programme national de réhabilitation et d'équipement technique des centres de formation maritime s'impose comme une condition sine qua non pour améliorer la qualité de l'enseignement et garantir la compétitivité des compétences congolaises à l'échelle régionale et internationale.

C. Insuffisance du personnel enseignant spécialisé

L'un des défis les plus structurels auxquels est confrontée la formation maritime en République du Congo est le manque criant de personnel enseignant qualifié et spécialisé, capable de dispenser des cours en conformité avec les standards internationaux en vigueur. Cette faiblesse affecte directement la qualité, la crédibilité et la reconnaissance des formations proposées, et compromet les efforts de professionnalisation du secteur maritime national.

D'une part, la majorité des instructeurs en poste dans les rares centres de formation maritime ne disposent pas eux-mêmes de certifications à jour conformément aux exigences de la Convention STCW, ni d'expérience pratique suffisamment récente dans le domaine maritime international. Cette insuffisance de formation continue du corps enseignant engendre un décalage entre les contenus transmis aux apprenants et les réalités évolutives du secteur, tant sur le plan technique que réglementaire. Les nouvelles normes en matière de sécurité, de gestion de la navigation électronique, de prévention de la pollution marine ou encore de digitalisation portuaire, sont souvent peu maîtrisées, voire absentes des curricula.

D'autre part, le métier d'enseignant maritime souffre d'un manque d'attractivité structurel, qui s'explique par des conditions de travail peu incitatives : salaires faibles, statut professionnel peu valorisé, absence de perspectives de carrière académique, et équipements pédagogiques limités. Dans un tel contexte, il devient difficile de recruter, de motiver ou de retenir des profils qualifiés, qu'ils soient issus du milieu académique ou d'anciens professionnels du secteur maritime. Cette situation génère un phénomène de « fuite des compétences », où les experts potentiels préfèrent exercer à l'étranger ou dans le secteur privé, souvent plus rémunérateur et valorisant.
Par ailleurs, la faiblesse du réseautage international des enseignants aggrave leur isolement professionnel. Très peu d'opportunités sont offertes pour participer à des séminaires internationaux, des formations continues certifiantes, ou des échanges d'expériences avec des institutions maritimes étrangères. Cette marginalisation académique limite l'actualisation des connaissances et la capacité d'innovation pédagogique. Or, dans un secteur aussi technique et globalisé que le maritime, l'exposition aux bonnes pratiques internationales est essentielle pour garantir une formation compétitive.

Pour pallier cette carence, il apparaît nécessaire de mettre en œuvre un plan national de renforcement des capacités du corps enseignant maritime, incluant la formation des formateurs, la création d'un statut attractif pour les instructeurs, ainsi que le développement de partenariats académiques avec des instituts maritimes régionaux et internationaux. La valorisation du métier d'enseignant maritime doit devenir une priorité stratégique si le Congo souhaite bâtir une offre de formation robuste, durable et conforme aux exigences de l'économie bleue.

D. Nécessité d'un investissement public accru

Face à l'ampleur des défis que connaît le système de formation maritime en République du Congo-qu'il s'agisse du déficit d'infrastructures, de l'obsolescence des équipements ou du manque de ressources humaines qualifiées-un engagement fort de l'État en matière d'investissement public apparaît comme un levier fondamental pour enclencher une dynamique de transformation durable du secteur. À ce jour, les budgets alloués à la formation maritime demeurent largement insuffisants pour répondre aux ambitions nationales en matière de développement de l'économie bleue, de modernisation des ports, ou encore de participation aux chaînes logistiques régionales.

Un programme national d'investissement dans les infrastructures de formation s'impose, à la fois pour mettre à niveau les établissements existants et pour en créer de nouveaux dans des zones stratégiques du pays. Il s'agirait notamment de financer la construction ou la réhabilitation de centres techniques spécialisés, dotés de simulateurs de dernière génération, de navires-écoles, de laboratoires maritimes multifonctionnels, et de plateformes numériques interactives permettant des apprentissages à distance. De tels investissements contribueraient à aligner les formations congolaises sur les standards internationaux et à améliorer l'employabilité des diplômés, tant sur le marché national que dans l'espace maritime régional africain.

Par ailleurs, un soutien budgétaire accru permettrait de renforcer les capacités pédagogiques en finançant des programmes de formation continue pour les instructeurs, en recrutant de nouveaux enseignants spécialisés, et en facilitant les partenariats avec des institutions internationales de renom telles que l'Académie régionale des sciences et techniques de la mer ou les universités maritimes asiatiques ou françaises. Ces partenariats sont indispensables pour assurer le transfert de compétences, l'harmonisation des curricula, et la reconnaissance internationale des certifications congolaises.

Il convient également de souligner que l'investissement public dans la formation maritime ne doit pas être perçu comme une dépense, mais comme un investissement stratégique à fort rendement socio-économique. En dotant le pays d'un système performant de formation maritime, l'État renforcerait sa souveraineté sur ses espaces maritimes, améliorerait la sécurité et la régulation du trafic portuaire, favoriserait la création d'emplois qualifiés, et stimulerait la compétitivité des ports congolais sur le plan régional. À terme, une telle politique permettrait au Congo de tirer pleinement parti de ses atouts géographiques et de s'imposer comme un acteur maritime majeur dans le golfe de Guinée.

Paragraphe 2 : Contenus pédagogiques et normes internationales

A. Décalage entre référentiels locaux et normes IMO

L'un des obstacles majeurs à la compétitivité de la formation maritime en République du Congo réside dans le décalage persistant entre les référentiels pédagogiques nationaux et les exigences normatives définies par les instances internationales, au premier rang desquelles l'Organisation Maritime Internationale (OMI). En particulier, les curricula actuellement en vigueur dans les centres de formation congolais ne sont pas systématiquement harmonisés avec les standards de la Convention STCW (Standards of Training, Certification and Watchkeeping for Seafarers), qui constitue pourtant la référence mondiale en matière de formation, de certification et de veille professionnelle pour les gens de mer.

Cette inadéquation se manifeste à plusieurs niveaux. D'abord, certaines compétences clés exigées par la STCW, telles que la gestion de la passerelle, la sécurité incendie en mer, l'utilisation des équipements électroniques de navigation (ECDIS), ou encore les procédures de secours et de survie, sont absentes ou insuffisamment développées dans les programmes locaux. Ensuite, les modalités d'évaluation des compétences-basées sur des critères pratiques, des simulations et des certifications modulaires - ne sont que partiellement intégrées dans le système congolais, encore largement fondé sur des approches pédagogiques théoriques, parfois dépassées.

Ce décalage a des conséquences directes sur la reconnaissance internationale des diplômes et certifications délivrés par les établissements congolais. En l'absence de conformité aux standards de la STCW, les titres obtenus par les apprenants ne sont pas éligibles à une validation par les autorités maritimes étrangères, ce qui limite leur mobilité professionnelle et les empêche d'embarquer à bord de navires battant pavillon étranger ou de travailler dans des ports internationaux. Cette situation compromet également la participation du Congo à des conventions bilatérales de reconnaissance mutuelle des formations maritimes, pourtant cruciales dans un contexte de régionalisation des marchés de l'emploi maritime.

Par ailleurs, cette inadéquation fragilise la crédibilité des institutions de formation maritime congolaises vis-à-vis des partenaires techniques et financiers internationaux, qui exigent, comme condition d'appui, l'existence de standards harmonisés et reconnus. Il en résulte un cercle vicieux dans lequel le manque de conformité normative prive le pays de financements et de partenariats stratégiques nécessaires à la réforme de son système de formation. Pour rompre avec cette dynamique, il est impératif que le Congo engage une révision complète de ses référentiels pédagogiques, en s'appuyant sur les orientations de l'OMI, les expériences de pays africains ayant déjà accrédité leurs centres de formation (tels que le Ghana ou l'Afrique du Sud), et en mobilisant une expertise technique de haut niveau.

B. Faible intégration des enjeux environnementaux et technologiques

Dans un contexte mondial marqué par l'urgence climatique, l'accélération de la transition énergétique et la transformation numérique des industries maritimes, la formation professionnelle dans le secteur maritime ne peut faire l'impasse sur ces mutations. Or, en République du Congo, les programmes de formation maritime demeurent largement ancrés dans des approches traditionnelles, en négligeant des dimensions pourtant stratégiques telles que la protection des écosystèmes marins, l'adoption de technologies propres et la digitalisation des opérations portuaires et maritimes.

Premièrement, la dimension environnementale, pourtant cruciale dans un pays doté d'un littoral fragile et de zones marines à haute biodiversité, est insuffisamment prise en compte dans les curricula. Les modules consacrés à la gestion durable des ressources halieutiques, à la lutte contre la pollution marine (par hydrocarbures, déchets ou plastiques), ou encore à la réglementation environnementale internationale (telle que la Convention MARPOL), sont absents ou faiblement développés. Cette lacune empêche la formation d'une nouvelle génération de professionnels capables de concilier performance économique et durabilité environnementale dans l'exploitation des espaces maritimes congolais.

Deuxièmement, les enjeux liés à la transition énergétique-notamment l'efficacité énergétique des navires, l'usage de carburants alternatifs, la réduction des émissions de gaz à effet de serre en milieu portuaire ou encore les innovations en matière de propulsion électrique ou hybride - ne sont pas intégrés dans les cursus actuels. Pourtant, ces compétences deviennent essentielles alors que les armateurs, les ports et les régulateurs internationaux renforcent leurs exigences en matière de décarbonation du transport maritime. L'absence de ces contenus place les professionnels formés au Congo en décalage avec les attentes du marché global, en constante évolution.

Troisièmement, la numérisation croissante du secteur maritime — avec l'émergence de systèmes de gestion portuaire automatisés, de logiciels de navigation avancés, de plateformes logistiques intelligentes ou de systèmes de surveillance maritime par satellite — appelle à une refonte complète des contenus pédagogiques. Cependant, les formations actuelles accordent peu de place à l'usage des technologies numériques, à la cyber sécurité maritime ou à l'analyse de données maritimes (big data, AIS, etc.). Ce déficit technologique empêche les futurs professionnels congolais de participer activement à la modernisation du secteur, et risque d'accentuer la dépendance vis-à-vis d'expertises étrangères.

Dès lors, il devient impératif de repenser les curricula à la lumière des grandes transitions environnementales et technologiques qui redéfinissent les contours du secteur maritime mondial. Cela suppose l'introduction de modules interdisciplinaires, la mise à jour régulière des contenus, l'équipement des centres en outils numériques et de simulation, ainsi que le renforcement des capacités des enseignants sur ces thématiques émergentes. Une telle réforme permettrait non seulement d'améliorer la pertinence des formations, mais aussi de positionner la République du Congo comme un acteur proactif de l'économie bleue durable.

- Absence d'approches pédagogiques innovantes

L'un des freins majeurs à la qualité de la formation maritime en République du Congo réside dans le maintien de méthodes pédagogiques traditionnelles, centrées essentiellement sur la transmission magistrale des connaissances, au détriment d'approches plus interactives, expérientielles et contextualisées. Ce modèle d'enseignement, hérité du système classique, se traduit par une prédominance des cours théoriques en salle, avec une participation passive des apprenants, peu sollicités dans la construction de leur savoir ou dans la résolution de problèmes concrets. Dans un secteur aussi technique et opérationnel que le maritime, cette configuration pédagogique apparaît inadaptée aux exigences actuelles de professionnalisation.

L'absence de pédagogies actives, telles que l'apprentissage par projet, les études de cas, les mises en situation, les simulations ou les travaux dirigés pratiques, constitue une limite sérieuse à l'efficacité des formations dispensées. Ces méthodes, largement éprouvées dans les instituts maritimes de référence à l'échelle internationale, permettent pourtant de renforcer les compétences transversales des apprenants : esprit d'initiative, résolution de problèmes, gestion du stress en situation réelle, capacité de travail en équipe, etc. Elles facilitent également l'intégration des notions complexes telles que la gestion des risques en mer, la coordination des opérations portuaires, ou encore la navigation assistée par des outils numériques.

Par ailleurs, l'utilisation des technologies éducatives (e-learning, simulateurs virtuels, plateformes interactives, réalité augmentée, vidéos immersives) reste très marginale dans les centres congolais. Ce retard techno pédagogique s'explique autant par le manque d'équipements adaptés que par l'insuffisante formation des formateurs aux outils numériques d'enseignement. Or, ces technologies constituent aujourd'hui des vecteurs puissants pour individualiser les parcours d'apprentissage, simuler des situations critiques (incendie à bord, manœuvre en haute mer, évacuation de passagers), ou offrir une formation continue à distance dans un pays marqué par de fortes disparités géographiques.

Enfin, la pédagogie maritime au Congo reste encore trop déconnectée des réalités du terrain. Peu d'enseignements mobilisent l'expertise des professionnels du secteur, les retours d'expérience des marins en activité, ou les données empiriques issues des ports et des zones de pêche. Il en résulte un cloisonnement entre le monde académique et le monde professionnel, qui limite la pertinence des enseignements et l'employabilité immédiate des diplômés. Pour corriger cette situation, il est crucial de favoriser les approches d'apprentissage dual (alternance formation/entreprise), les stages encadrés, ainsi que les partenariats pédagogiques avec les entreprises du secteur.

Dans cette perspective, la modernisation pédagogique du système de formation maritime doit devenir un pilier central des réformes à venir. Elle suppose un investissement dans la formation des formateurs, l'introduction de référentiels pédagogiques innovants, la dotation en outils numériques, et une meilleure intégration du milieu professionnel dans les dispositifs d'apprentissage. Il s'agit là d'une condition essentielle pour former des professionnels opérationnels, adaptables et capables d'évoluer dans un secteur maritime en pleine mutation.

- Urgence d'une réforme pédagogique concertée

Face aux lacunes identifiées dans les contenus, les méthodes et les outils de formation maritime en République du Congo, il devient impératif d'engager une réforme pédagogique de grande ampleur, menée de manière structurée, participative et alignée sur les standards internationaux. La fragmentation actuelle des curricula, leur inadéquation avec les exigences du marché maritime mondial, ainsi que le retard technopédagogique accumulé, justifient la nécessité d'un audit exhaustif des programmes de formation existants, en vue de leur refonte complète.

Cette réforme devrait débuter par une évaluation systématique des référentiels pédagogiques, des dispositifs d'évaluation des compétences, des qualifications délivrées et de leur reconnaissance sur le plan international. Un tel audit, piloté par une instance nationale de coordination (par exemple un conseil consultatif maritime ou un observatoire des métiers de la mer), permettrait d'identifier les écarts entre l'offre de formation actuelle et les standards de l'Organisation Maritime Internationale (OMI), de l'Union africaine (dans le cadre de l'agenda sur l'économie bleue), ainsi que ceux des marchés régionaux (notamment CEMAC et CEDEAO). Cette évaluation devrait également porter sur les besoins émergents : transition énergétique, économie circulaire, sécurité environnementale, digitalisation portuaire, etc.

Mais au-delà du diagnostic, la réussite de cette réforme repose sur une démarche collaborative, intégrant les contributions de l'ensemble des parties prenantes : formateurs, institutions publiques, entreprises maritimes, autorités portuaires, syndicats professionnels, partenaires techniques et financiers. Une telle approche garantirait une appropriation collective de la réforme, une meilleure adaptation aux réalités locales, ainsi qu'un alignement stratégique avec les priorités nationales en matière de développement durable et de souveraineté maritime. Il ne s'agit pas uniquement de copier des modèles étrangers, mais de co-construire une pédagogie maritime contextualisée, innovante et tournée vers l'avenir.

Dans cette optique, la coopération avec des partenaires internationaux spécialisés constitue un levier décisif. Des pays africains disposant d'instituts maritimes accrédités (comme le Ghana avec l'Université Maritime d'Accra, ou le Sénégal avec l'École nationale de formation maritime de Dakar) peuvent jouer un rôle d'accompagnement dans la mise à niveau des curricula. De même, l'appui de l'OMI, de l'UNESCO-UNEVOC, de l'Organisation internationale du Travail (OIT), ou de grandes universités maritimes (en suède, en Norvège, en France, etc.) peut faciliter l'élaboration de référentiels modernisés, l'introduction de certifications modulaires et l'établissement de passerelles académiques à l'échelle régionale et mondiale.

Enfin, cette réforme pédagogique doit être conçue comme un processus dynamique et évolutif, fondé sur un système régulier de suivi-évaluation, de retour d'expérience et d'adaptation continue aux mutations du secteur. En dotant le Congo d'un système de formation maritime robuste, agile et conforme aux meilleures pratiques internationales, cette réforme poserait les fondations d'un capital humain maritime qualifié, compétitif et résolument tourné vers l'avenir.

Paragraphe 3 : Accessibilité et inclusivité de la formation

A. Inégal accès des jeunes aux formations maritimes

L'un des freins structurels majeurs à la constitution d'un vivier national de compétences maritimes en République du Congo réside dans l'inégalité d'accès des jeunes aux formations spécialisées dans ce secteur stratégique. Bien que le pays dispose d'un littoral significatif et d'un important potentiel fluvial, les dispositifs de formation existants ne sont ni géographiquement répartis de manière équitable, ni financièrement accessibles à une majorité de la population juvénile, en particulier celle issue des zones rurales ou des quartiers urbains défavorisés.

Premièrement, les coûts d'inscription élevés et les frais annexes (hébergement, transport, matériel pédagogique, uniformes, etc.) représentent un véritable obstacle pour les jeunes issus de milieux modestes. Dans un contexte de chômage élevé et de précarité sociale, peu de familles peuvent assumer le financement d'un cursus maritime complet, d'autant plus que ces formations nécessitent souvent plusieurs années et des stages pratiques non rémunérés. Cette situation tend à réserver l'accès aux formations maritimes à une minorité économiquement privilégiée, reproduisant ainsi des inégalités sociales dans l'accès aux opportunités professionnelles du secteur.

Deuxièmement, l'éloignement géographique des centres de formation accentue la fracture territoriale. La quasi-totalité des structures maritimes formelles étant concentrées dans la région de Pointe-Noire, les jeunes des départements de l'intérieur, des zones fluviales ou des localités riveraines isolées se trouvent désavantagés. Le manque d'infrastructures de transport, l'insuffisance des internats ou logements étudiants, et l'absence de dispositifs de décentralisation de la formation limitent fortement leur capacité à accéder aux cursus. Cette centralisation géographique contribue à entretenir des poches d'exclusion éducative dans des zones pourtant directement concernées par les activités maritimes ou fluviales.

Troisièmement, le manque de sensibilisation et d'information sur les métiers de la mer constitue un autre facteur de marginalisation. Beaucoup de jeunes ignorent les débouchés offerts par le secteur maritime, les modalités d'accès aux formations, les possibilités de bourses ou les parcours professionnels existants. Cette méconnaissance est particulièrement forte dans les établissements secondaires, où les orientations vers les carrières techniques ou maritimes sont peu valorisées, voire absentes. Faute de campagnes de sensibilisation ciblées ou de conseillers d'orientation formés, les filières maritimes restent perçues comme lointaines, coûteuses ou réservées à une élite.

Pour remédier à ces inégalités d'accès, il est indispensable de mettre en œuvre une politique d'inclusion sociale et territoriale dans le secteur de la formation maritime, comprenant notamment la mise en place de bourses publiques, la création de centres de formation secondaires dans d'autres régions du pays, l'utilisation des technologies numériques pour l'apprentissage à distance, ainsi que des campagnes de vulgarisation sur les métiers de la mer. Une telle politique permettrait non seulement d'élargir la base sociale de recrutement des professionnels du secteur, mais aussi de garantir une meilleure appropriation locale des enjeux liés à l'économie bleue.

B. Faible représentation des femmes dans le secteur

La formation maritime en République du Congo, à l'instar de nombreux pays, demeure marquée par une sous-représentation préoccupante des femmes, tant dans les effectifs étudiants que dans les corps enseignants et les professions maritimes en général. Cette dynamique traduit une reproduction des inégalités structurelles de genre dans l'accès aux filières techniques, exacerbée par les stéréotypes socio-culturels, l'invisibilité des modèles féminins dans le secteur, et l'absence de politiques publiques volontaristes en matière d'inclusion.

Traditionnellement perçus comme réservés aux hommes, les métiers liés à la mer (navigation, mécanique navale, logistique portuaire, sécurité maritime, etc.) continuent de véhiculer une image de pénibilité physique, de dangerosité ou d'isolement incompatible avec les rôles sociaux assignés aux femmes dans les représentations collectives. En conséquence, les jeunes filles sont très peu orientées vers les filières maritimes, dès l'enseignement secondaire. Ce biais d'orientation, souvent renforcé par le manque d'information, la peur des discriminations ou la crainte de l'exclusion, se traduit par une faible présence féminine dans les centres de formation spécialisés.

Sur le plan institutionnel, les politiques de promotion de la mixité sont encore embryonnaires, voire inexistantes. Aucun quota, mécanisme incitatif, ni programme spécifique de soutien aux femmes dans les formations maritimes n'a été formellement mis en place. De plus, le manque de données ventilées par sexe dans les statistiques sectorielles empêche d'évaluer avec précision l'ampleur du déséquilibre ou de suivre les progrès éventuels. Cette absence d'approche sensible au genre constitue un frein à l'intégration effective des femmes dans les dynamiques de professionnalisation du secteur maritime.

Pourtant, l'inclusion des femmes dans les métiers de la mer représente un enjeu à la fois d'équité et de performance. Plusieurs études montrent que la mixité professionnelle améliore la qualité du travail, renforce la résilience des organisations, et permet une meilleure appropriation des politiques de durabilité. Des institutions telles que l'Organisation Maritime Internationale (OMI) ou l'Union africaine encouragent désormais activement l'intégration des femmes dans tous les segments du secteur maritime, à travers des programmes comme « Women in Maritime » (WIMAfrica). Le Congo, en tant qu'État côtier en quête de valorisation de son potentiel maritime, ne peut se priver de cette ressource humaine précieuse.

Il est donc essentiel de mettre en place une stratégie nationale pour l'intégration des femmes dans la formation et les métiers maritimes, incluant des bourses ciblées, des campagnes de sensibilisation dans les écoles, la formation de mentors féminins, la création de réseaux de professionnelles de la mer, ainsi que la lutte contre les discriminations sexistes dans les environnements de travail. Une telle stratégie contribuerait non seulement à corriger une injustice historique, mais aussi à renforcer la diversité et l'innovation dans un secteur en profonde mutation.

C. Absence de filières passerelles et de formation continue

Le développement durable d'un secteur aussi technique et évolutif que le maritime suppose la mise en place de dispositifs permettant aux professionnels d'actualiser régulièrement leurs compétences, de se spécialiser, ou de se reconvertir vers de nouveaux métiers émergents. Or, en République du Congo, le système de formation maritime reste figé dans une logique initiale et linéaire, centrée sur l'accès aux premiers niveaux de qualification, sans offrir de parcours flexibles d'évolution professionnelle, ni de structures organisées de formation continue. Cette situation freine l'adaptabilité de la main-d'œuvre, nuit à la productivité du secteur et affaiblit la compétitivité des travailleurs congolais sur le marché régional et international.

Très peu de filières passerelles existent pour permettre à un marin ou à un technicien portuaire d'évoluer vers des fonctions de supervision, de spécialisation technique ou de gestion. Il n'existe pas non plus de modules certifiants à court terme permettant d'approfondir certaines compétences clés, telles que la maîtrise des logiciels de gestion portuaire, la sécurité maritime, la logistique intermodale, ou encore la gestion environnementale des opérations en mer. Ainsi, les professionnels ayant quitté le système éducatif formel se retrouvent rapidement déconnectés des innovations technologiques, des normes internationales et des évolutions réglementaires du secteur.

De plus, les dispositifs de reconversion ou de réorientation professionnelle sont quasi inexistants. Cela constitue une barrière majeure pour les acteurs issus du secteur informel- notamment les pêcheurs artisanaux ou les manutentionnaires portuaires-qui, faute de mécanismes de validation des acquis de l'expérience (VAE), ne peuvent accéder à des formations diplômantes ni valoriser leur savoir-faire. Le manque d'opportunités de reconversion limite également les mobilités internes dans le secteur, empêche l'anticipation des mutations économiques (par exemple l'automatisation portuaire ou la décarbonation du transport maritime), et crée des poches de vulnérabilité sociale chez les travailleurs en fin de cycle.

L'absence de centres de formation continue spécialisés, capables de proposer des sessions courtes, modulaires, flexibles et en lien avec les besoins concrets du terrain, constitue donc un vide institutionnel. Cette carence est d'autant plus problématique que les partenaires internationaux, les compagnies maritimes ou les bailleurs exigent, pour toute collaboration ou certification, la démonstration de compétences à jour et régulièrement renforcées. Sans dispositifs formels de formation tout au long de la vie, les professionnels congolais risquent une marginalisation progressive sur le marché international du travail maritime.

Dans cette perspective, il est impératif que le Congo développe une stratégie nationale de formation continue et de développement des compétences dans le secteur maritime. Celle-ci pourrait inclure des partenariats public-privé pour cofinancer des modules spécialisés, des plateformes d'apprentissage en ligne, des dispositifs de VAE, des incubateurs de compétences dans les zones côtières, ainsi que des mécanismes de certification continue alignés sur les standards internationaux. Cette réforme permettrait d'ancrer la professionnalisation maritime dans une logique dynamique, inclusive et durable.

D. Nécessité de bourses et d'un accompagnement social

La démocratisation de l'accès à la formation maritime en République du Congo ne peut être envisagée sans la mise en place de mécanismes institutionnalisés de soutien financier et d'accompagnement social, visant à lever les barrières économiques, culturelles et psychologiques qui entravent l'accès et la réussite des apprenants, notamment les plus vulnérables. L'enseignement maritime, en raison de sa technicité, de sa durée, et des équipements requis, engendre des coûts significatifs que peu de familles congolaises sont en mesure d'assumer sans appui externe. Cette situation aggrave les inégalités sociales et territoriales dans l'accès à des filières pourtant stratégiques pour l'avenir économique du pays.

L'absence de système national de bourses d'études dédié aux filières maritimes constitue un facteur d'exclusion majeure. Les rares appuis disponibles sont souvent ponctuels, non pérennes ou réservés à une élite déjà informée et connectée. De nombreux jeunes potentiels, bien qu'ayant la motivation et les aptitudes nécessaires, renoncent à poursuivre une formation maritime en raison de l'impossibilité de couvrir les frais d'inscription, de logement, d'équipement (uniformes, manuels, matériels de sécurité) ou encore de déplacement vers les centres de formation concentrés dans les zones urbaines côtières. Dans ces conditions, le capital humain maritime du pays demeure sous-exploité, et la formation professionnelle échoue à remplir sa fonction d'ascenseur social.

Parallèlement, un accompagnement social et psychosocial structuré fait cruellement défaut. Or, les étudiants en formation maritime, souvent confrontés à l'éloignement familial, à la rigueur des disciplines imposées, ou à la complexité technique des matières, nécessitent un encadrement adapté pour éviter les décrochages, les abandons ou les difficultés d'adaptation. Ce besoin est encore plus marqué pour les jeunes femmes, qui peuvent faire face à des stigmatisations, à des discriminations de genre ou à un isolement dans un environnement de formation historiquement masculin. L'absence de dispositifs d'écoute, de conseil, de mentorat ou d'accompagnement psychologique constitue ainsi un facteur latent de fragilisation des parcours.

Dès lors, il apparaît indispensable de concevoir une politique intégrée d'appui aux apprenants dans le secteur maritime, articulant bourses d'études, aides sociales, accompagnement psychosocial, orientation professionnelle et soutien à l'insertion. Cette politique pourrait être portée par un fonds national de promotion des métiers maritimes, cofinancé par l'État, les collectivités locales, les entreprises du secteur et les partenaires au développement. En outre, elle gagnerait à intégrer des critères d'équité territoriale et de genre, pour assurer un ciblage prioritaire des zones reculées, des jeunes filles et des populations à faibles revenus.

En définitive, sans une volonté politique affirmée d'investir dans le capital humain maritime par des dispositifs de solidarité éducative, les ambitions du Congo en matière d'économie bleue risquent de rester théoriques. Seule une approche inclusive, soucieuse de justice sociale et de cohésion nationale, permettra de bâtir une génération de professionnels de la mer représentative, qualifiée et résiliente.

Section 3 : Besoins en renforcement des capacités et stratégies d'amélioration

Paragraphe 1 : Définition des besoins stratégiques en compétences

A. Renforcement des compétences techniques de base

Dans la perspective d'un développement cohérent et compétitif du secteur maritime en République du Congo, le renforcement des compétences techniques de base constitue une priorité absolue. Le déficit actuel en main-d'œuvre qualifiée dans les fonctions opérationnelles constitue un frein majeur à la performance des activités portuaires, à la sécurité des opérations maritimes et à la valorisation du potentiel national en matière de transport, de pêche, de logistique et d'exploitation des ressources marines. Il s'agit donc de poser les fondations d'une véritable économie maritime par la formation d'un noyau dur de techniciens spécialisés, capables de répondre aux exigences des métiers de terrain.

Parmi les filières critiques identifiées, figurent notamment la navigation (officiers de pont pilotes, matelots qualifiés), la mécanique navale (mécaniciens de bord, techniciens en propulsion marine), la soudure maritime (essentielle pour la construction et la maintenance des coques, barges et structures métalliques portuaires), ainsi que l'électromécanique appliquée aux installations maritimes (groupes électrogènes, systèmes de pompage, systèmes de levage portuaire). Ces métiers sont au cœur du bon fonctionnement de toute infrastructure maritime et représentent des gisements d'emplois durables, y compris pour des jeunes sans niveau universitaire.

Dans les services portuaires, les besoins en compétences sont également importants : opérateurs de terminaux à conteneurs, agents de logistique, grutiers portuaires, techniciens en manutention et agents de sécurité. Ces fonctions, essentielles à la fluidité des opérations portuaires et à la compétitivité logistique, requièrent des formations ciblées, courtes mais intensives, axées sur les normes de sécurité, la maîtrise des équipements et les protocoles internationaux de traitement du fret.

Malheureusement, l'offre actuelle de formation technique est largement insuffisante, tant en termes de capacité d'accueil que de diversité de spécialités. La majorité des centres ou écoles ne propose que quelques filières généralistes, souvent peu actualisées, sans possibilités de spécialisation pointue. De plus, l'insuffisance de matériel didactique, de simulateurs, et de modules pratiques empêche les apprenants d'acquérir les compétences opérationnelles recherchées par les employeurs. Ce décalage entre les besoins du marché et les profils formés alimente le chômage des jeunes diplômés tout en obligeant les entreprises à recruter à l'étranger pour les postes techniques sensibles.

Le renforcement des compétences techniques de base passe donc par un investissement ciblé dans des filières courtes, certifiantes et professionnalisantes, en lien direct avec les besoins exprimés par les opérateurs du secteur. Il convient également d'intégrer dans ces programmes des dimensions transversales comme la sécurité, la maintenance préventive, la gestion des risques, ainsi que les exigences environnementales. En assurant la formation d'un personnel technique qualifié, disponible et compétent, la République du Congo pourrait non seulement améliorer la performance de ses infrastructures maritimes, mais aussi ouvrir de nouvelles perspectives d'emploi local, de réduction des importations de main-d'œuvre, et de valorisation du savoir-faire national dans les métiers de la mer.

B. Besoin de cadres pour la gouvernance maritime

Au-delà des compétences techniques de base indispensables au fonctionnement opérationnel du secteur maritime, la République du Congo fait face à un déficit critique en cadres spécialisés capables d'assurer la planification, la régulation, la coordination et la gouvernance stratégique de ses activités maritimes et portuaires. Dans un contexte où la mer devient un espace de souveraineté, de compétition économique, mais aussi de coopération internationale, il est devenu impératif de former une élite professionnelle compétente, en mesure de défendre les intérêts nationaux, de gérer les ressources marines de façon durable, et de s'inscrire dans les grandes dynamiques de l'économie bleue.

Parmi les domaines prioritaires figurent le droit maritime et le droit de la mer, pilier de toute gouvernance efficace des espaces maritimes. Les administrations publiques, les ports, les juridictions et les forces de sécurité manquent cruellement de juristes spécialisés capables d'interpréter, d'appliquer et de faire évoluer les textes nationaux et internationaux régissant la navigation, les conflits maritimes, les zones économiques exclusives (ZEE), ou encore les responsabilités environnementales. Cette faiblesse rend le pays vulnérable face aux litiges maritimes, à la concurrence régionale et aux négociations internationales.

De même, la diplomatie des océans, discipline émergente mais stratégique, est quasiment absente du paysage congolais. Pourtant, la montée en puissance des enjeux liés à la gouvernance des mers-comme la lutte contre la piraterie, la régulation des flux migratoires, la négociation des frontières maritimes, la gestion des ressources halieutiques partagées ou la participation aux traités internationaux (comme la Convention des Nations Unies sur le droit de la mer (CNUDM)-exige des profils qualifiés en relations internationales maritimes, dotés d'une capacité à défendre les positions nationales dans les enceintes diplomatiques régionales et globales.

Toutefois, il faut souligner la décision judicieuse de la création d'un secrétariat permanent du comité interministériel de l'action de l'Etat en mer et dans les eaux continentales.

En matière de gestion portuaire, le pays souffre également d'un déficit de cadres formés aux normes contemporaines de logistique portuaire, de gestion intégrée des terminaux, d'optimisation des flux de marchandises, de sécurité et de sûreté portuaire, ou encore d'évaluation de performance des concessions. Or, dans un environnement hautement compétitif comme celui du golfe de Guinée, la qualité du capital humain de gestion est un facteur déterminant pour l'attractivité des ports, la fluidité des échanges commerciaux et l'intégration des ports dans les corridors régionaux.

Enfin, les défis liés à la mise en œuvre d'une économie bleue durable – englobant la pêche durable, le tourisme côtier, les énergies marines renouvelables, la biotechnologie marine ou encore la conservation des écosystèmes-nécessitent l'émergence de cadres pluridisciplinaires, capables d'articuler les dimensions écologiques, économiques, juridiques et sociales de la mer. Ces profils sont actuellement rares, voire inexistants dans les administrations, les collectivités territoriales ou les universités congolaises.

Pour répondre à ces défis, le Congo devra investir dans la création de formations de niveau supérieur (licences professionnelles, masters spécialisés, doctorats), éventuellement en partenariat avec des universités maritimes africaines ou européennes, tout en renforçant les capacités institutionnelles des ministères concernés. L'objectif est de bâtir un écosystème national de gouvernance maritime, articulant la formation, la recherche, la réglementation et la diplomatie, afin de garantir une exploitation souveraine, durable et stratégique des espaces et ressources maritimes congolais.

C. Développement des métiers liés à l'environnement marin

Dans un contexte mondial de dérèglement climatique, d'érosion de la biodiversité marine et de surexploitation des ressources halieutiques, la nécessité d'intégrer les considérations environnementales dans la gouvernance maritime devient une exigence incontournable. Pour la République du Congo, dont le littoral, les estuaires et les zones humides côtières constituent des écosystèmes d'une grande richesse, le développement des métiers liés à l'environnement marin est à la fois une priorité écologique et un levier stratégique d'innovation, de recherche et de durabilité.

Parmi les besoins les plus urgents figure la formation de spécialistes en océanographie physique, chimique et biologique, capables de comprendre les dynamiques marines, de surveiller les paramètres océaniques (température, salinité, courants, acidification), et d'anticiper les impacts du changement climatique sur les écosystèmes côtiers et pélagiques. À ce jour, ces compétences sont quasi inexistantes au sein des universités et centres de recherche congolais, ce qui empêche la production de données scientifiques indispensables à une gestion durable des zones maritimes.

Un autre domaine critique concerne le suivi des ressources halieutiques, tant artisanales qu'industrielles. La surexploitation des stocks de poissons, la pêche illicite non déclarée et non réglementée (INN), ainsi que la dégradation des habitats de reproduction nécessitent la formation de biologistes marins, de techniciens halieutes, de gestionnaires de pêcheries et d'analystes de données halieutiques. Ces professionnels seraient chargés de produire des diagnostics réguliers sur l'état des stocks, de contribuer à l'élaboration de plans de gestion durable, et de collaborer avec les pêcheurs dans une logique de co-gestion des ressources.

Par ailleurs, le développement d'une politique de conservation marine passe par la création d'aires marines protégées (AMP) et leur gestion efficace. Cela suppose la formation de spécialistes en gestion des écosystèmes côtiers et marins, en aménagement du territoire marin, en droit de l'environnement maritime, ainsi qu'en animation territoriale pour sensibiliser les communautés locales. Le Congo, encore à la traîne sur la cartographie et la gestion de ses espaces marins sensibles, s'inspirer déjà des expériences d'autres pays africains ayant mis en place des AMP intégrées dans des stratégies d'économie bleue.
Ce qui se traduit par la création d'un certain nombre d'aires marines protégées. Ce qui est une très bonne initiative. En outre, les enjeux de pollution marine, notamment par les hydrocarbures, les plastiques et les eaux usées urbaines ou industrielles, nécessitent des profils techniques capables de mener des études d'impact environnemental, de concevoir des dispositifs de dépollution et d'appliquer les normes internationales de prévention (telles que la convention MARPOL). Le développement de ces métiers est indispensable pour garantir la conformité environnementale des installations portuaires, des navires et des projets côtiers.

Enfin, la montée en puissance des biotechnologies marines-valorisation des algues, pharmacologie marine, aquaculture durable-ouvre de nouvelles perspectives de métiers scientifiques et techniques. Pour tirer parti de ce potentiel, des investissements dans la recherche appliquée, la formation spécialisée et l'entrepreneuriat marin sont indispensables.

En somme, la transition écologique du secteur maritime congolais nécessite une profonde mutation des profils de formation, qui ne peuvent plus se limiter aux métiers traditionnels de la mer, mais doivent désormais inclure une composante environnementale forte, interdisciplinaire et innovante. Ce développement ne pourra se faire sans une collaboration étroite entre les ministères de l'environnement, de la mer, de la recherche scientifique et de l'enseignement supérieur de l'économie forestière et même des hydrocarbures, avec le concours de partenaires internationaux et d'universités maritimes africaines engagées dans la conservation marine.

D. Spécialisation dans les créneaux porteurs

Au-delà des compétences de base et des fonctions classiques de la gouvernance maritime, l'avenir du secteur maritime en République du Congo dépendra de sa capacité à se positionner sur les créneaux porteurs de l'économie bleue, c'est-à-dire sur les domaines émergents à forte valeur ajoutée, porteurs d'emplois qualifiés, d'innovation technologique et de diversification économique. Cette orientation nécessite un effort anticipatif en matière de formation et de développement des compétences, afin de ne pas subir ces mutations, mais de les intégrer pleinement dans une logique de compétitivité nationale.
Parmi ces créneaux prometteurs figure en premier lieu l'aquaculture, secteur stratégique face à la surexploitation des ressources halieutiques naturelles. Le développement de l'aquaculture continentale et marine — pisciculture, élevage de mollusques et crustacés, algoculture — appelle à former des aquaculteurs, des techniciens spécialisés en nutrition et pathologie aquatique, des ingénieurs en systèmes de production durable, ainsi que des gestionnaires de fermes aquacoles. La maîtrise de ces compétences est indispensable pour garantir des pratiques respectueuses de l'environnement, économiquement viables, et adaptées au contexte écologique congolais.

Le second créneau d'avenir réside dans les énergies marines renouvelables, notamment l'offshore pétrolier et gazier, déjà présent au Congo, mais aussi les nouvelles technologies de production énergétique, telles que l'énergie éolienne offshore, l'énergie thermique des mers ou les dispositifs houlomoteurs. Ces domaines exigent des compétences de haut niveau en ingénierie, en maintenance de structures marines, en gestion des risques, ainsi qu'en sécurité industrielle et environnementale. La transition énergétique en cours dans le monde implique que le Congo forme dès maintenant des techniciens et ingénieurs capables d'opérer, d'entretenir et de sécuriser les infrastructures énergétiques en mer.

Un troisième domaine porteur est celui de la robotique et des technologies sous-marines. Avec l'évolution des techniques de prospection, de surveillance et d'intervention en profondeur, les drones marins, les véhicules sous-marins téléguidés (ROV), les capteurs intelligents et l'intelligence artificielle deviennent des outils de plus en plus utilisés dans les opérations offshore, les recherches océanographiques, la cartographie des fonds marins ou encore la lutte contre la pêche illégale. Le Congo, qui ambitionne de valoriser son espace maritime et ses ressources subaquatiques, doit investir dans la formation de profils hybrides, à l'intersection des technologies marines, de la data science et de l'électronique embarquée.

À ces créneaux s'ajoutent d'autres niches de spécialisation comme le tourisme côtier durable, la biotechnologie marine, la logistique intermodale ou la cyber sécurité maritime, qui requièrent chacun des profils spécifiques, aujourd'hui absents du paysage éducatif congolais. Or, le retard dans l'anticipation de ces besoins pourrait exposer le pays à une double vulnérabilité : la dépendance à l'égard d'expertises étrangères et la marginalisation dans les chaînes de valeur émergentes de l'économie bleue mondiale.

Dans cette optique, il est crucial que le système de formation maritime congolais intègre une logique prospective de spécialisation, en collaboration avec les opérateurs économiques, les universités techniques, les centres de recherche et les partenaires internationaux. Cela passe par la création de filières nouvelles, la mise en place de laboratoires d'innovation appliquée, l'incubation de start-ups marines, ainsi que la participation à des plateformes régionales de formation continue dans les métiers d'avenir. En procédant ainsi, la République du Congo pourrait transformer son potentiel maritime en véritable levier de transformation économique et technologique.

Paragraphe 2 : Stratégies institutionnelles et partenariats

A. Élaboration d'un plan stratégique national de formation

La mise en œuvre d'un système cohérent, inclusif et performant de formation maritime en République du Congo exige en amont la définition d'un cadre stratégique structurant, permettant de guider l'action publique, d'harmoniser les initiatives existantes et de coordonner l'ensemble des parties prenantes. À cet effet, l'élaboration d'un Plan stratégique national de formation aux métiers maritimes, portuaires et de l'économie bleue s'impose comme une étape prioritaire. Ce document, à valeur normative et opérationnelle, constituerait la pierre angulaire des réformes à engager dans le secteur.

Ce plan stratégique devrait avant tout proposer une vision nationale claire et partagée, articulée autour de principes directeurs tels que l'inclusion sociale, l'ancrage territorial, la durabilité environnementale, l'adaptation aux standards internationaux, et l'anticipation des évolutions technologiques. Il devrait fixer des objectifs quantitatifs et qualitatifs mesurables : augmentation du nombre d'apprenants formés chaque année, diversification des filières techniques, hausse du taux d'insertion professionnelle, réduction des inégalités d'accès, certification internationale des formations, etc. Ces objectifs permettraient d'évaluer les progrès réalisés et d'ajuster les interventions en fonction des besoins émergents.

En termes de contenu, le plan devrait dresser un état des lieux détaillé du système actuel (forces, faiblesses, contraintes institutionnelles, opportunités régionales), établir une typologie des métiers prioritaires (techniques, de gouvernance, de spécialisation), proposer un calendrier de mise en œuvre, identifier les ressources financières nécessaires (budgets publics, apports extérieurs, partenariats), et définir une architecture institutionnelle de pilotage impliquant les ministères compétents, les établissements de formation, les opérateurs économiques et la société civile.

La réussite d'un tel plan repose également sur sa capacité à mobiliser l'ensemble des échelons territoriaux. En effet, les réalités de la façade maritime (Pointe-Noire, Kouilou), des zones fluviales (Bas-Congo, Plateaux) et des milieux lacustres imposent des approches différenciées, tenant compte des spécificités locales. Le plan devra donc prévoir des schémas de formation régionaux, susceptibles de favoriser la décentralisation de l'offre de formation et de renforcer les capacités institutionnelles au niveau local.

Enfin, ce document stratégique ne saurait être statique : il devra s'appuyer sur un dispositif permanent de suivi-évaluation, fondé sur des indicateurs précis, des outils de remontée d'information, des revues annuelles et des mécanismes de redevabilité. Ce pilotage dynamique assurera la cohérence, la pérennité et la transparence des efforts déployés, tout en offrant un cadre clair pour les partenaires techniques et financiers intéressés par l'appui à la professionnalisation du secteur maritime congolais.

La validation de la stratégie nationale de la mer et des eaux continentales du Congo. Est un signal fort pour des lendemains riants de ce secteur.

B. Coopération régionale et intégration aux réseaux africains

Dans un environnement maritime de plus en plus interconnecté et confronté à des défis communs-sécurité des espaces marins, gouvernance des ressources halieutiques, lutte contre la pollution, développement portuaire durable –, la République du Congo ne peut bâtir un système de formation efficace sans s'ancrer dans une logique de coopération régionale structurée. L'intégration aux réseaux africains de formation maritime constitue ainsi un levier stratégique pour accélérer la montée en compétence des ressources humaines, mutualiser les expertises et renforcer la reconnaissance des diplômes à l'échelle continentale.

Plusieurs institutions de référence en Afrique de l'Ouest et centrale jouent déjà un rôle moteur dans la professionnalisation du secteur maritime. C'est le cas de l'Académie Régionale des Sciences et Techniques de la Mer (ARSTM) à Abidjan, de l'Université Maritime Régionale d'Accra (RMU), de l'École Nationale de Formation Maritime et Portuaire de Dakar (ENEMP) ou encore du Centre africain de formation en sécurité maritime interrégionale (CINFO) au Togo. Ces établissements offrent des programmes alignés sur les normes de l'Organisation Maritime Internationale (OMI) et sont dotés d'infrastructures pédagogiques avancées, de simulateurs modernes, de navires-écoles et de partenariats avec les plus grandes compagnies maritimes.

Pour le Congo, établir des accords de coopération académique et technique avec ces institutions permettrait non seulement de former des instructeurs, d'envoyer des étudiants en mobilité, et de bénéficier de l'expertise pédagogique existante, mais aussi d'intégrer des programmes certifiants transfrontaliers dans des domaines spécialisés : sûreté maritime, gestion des terminaux, droit de la mer, inspection navale, etc. Une telle coopération favoriserait également l'harmonisation des curricula au niveau régional, condition indispensable à la reconnaissance mutuelle des qualifications professionnelles et à la fluidité du marché africain de l'emploi maritime.

En parallèle, l'adhésion active à des réseaux africains et multilatéraux tels que WIMAfrica (Women in Maritime – Africa), AFRIMAR (African Maritime Training Institutions Network) ou les plateformes de l'Union africaine dédiées à l'économie bleue, permettrait au Congo de participer aux échanges de bonnes pratiques, de bénéficier d'opportunités de financement et d'assistance technique, et de faire entendre sa voix dans la définition des politiques continentales en matière de formation et de gouvernance maritime.

Cette stratégie régionale gagnerait à s'appuyer sur une approche concertée entre les États du Golfe de Guinée, confrontés à des enjeux communs de sécurité maritime, de pêche illégale, de développement portuaire et d'optimisation des corridors logistiques. Le Congo pourrait jouer un rôle de trait d'union entre les pays de l'Afrique centrale et ceux de l'Afrique de l'Ouest, en proposant des actions conjointes de formation, de certification et de recherche appliquée.
En somme, la coopération régionale et l'intégration aux réseaux africains ne constituent pas un simple levier de complémentarité : elles représentent une condition structurelle de compétitivité et de souveraineté maritime dans un espace en recomposition, où les alliances stratégiques conditionnent l'accès aux marchés, aux connaissances et aux ressources d'avenir.

La création de l'institut des Hautes Etudes Maritimes et Fluviales au Congo (IHEMF) était donc la réponse attendue tout comme la création d'un institut de la mer à l'Université de Loango.

C. Appui technique des partenaires internationaux

Dans un contexte où le développement du capital humain maritime repose sur des exigences techniques élevées, des normes internationales complexes et une course continue à l'innovation, l'appui des partenaires techniques et financiers internationaux apparaît comme un levier indispensable pour la République du Congo. Ce soutien est d'autant plus nécessaire que les ressources publiques nationales dédiées à la formation maritime restent limitées, et que les défis à relever – tant en matière de contenu que d'infrastructure – exigent une expertise multisectorielle et un accompagnement soutenu.

L'Organisation Maritime Internationale (OMI), en tant qu'agence spécialisée des Nations Unies chargée de la sécurité et de la sûreté des transports maritimes, ainsi que de la prévention de la pollution marine, constitue le partenaire de référence. Son rôle est fondamental dans l'harmonisation des standards de formation et de certification à travers la mise en œuvre de la Convention STCW, mais également dans l'appui à l'audit des systèmes de formation, à la reconnaissance des centres agréés et à la montée en compétence des administrations maritimes nationales. Le Congo pourrait renforcer ses liens avec l'OMI à travers la mise en œuvre de projets spécifiques (via le Programme intégré de coopération technique – ITCP), mais aussi en sollicitant une assistance pour la révision de ses curricula et l'accréditation de ses institutions.

Au-delà de l'OMI, d'autres partenaires bilatéraux et multilatéraux jouent un rôle actif dans l'appui à la formation maritime en Afrique. L'Organisation internationale du Travail (OIT) intervient notamment dans la protection des droits des gens de mer et la promotion du travail décent dans les industries maritimes, y compris dans le domaine de la formation continue. L'UNESCO, à travers son réseau UNEVOC, soutient les réformes des systèmes d'enseignement technique et professionnel, y compris pour les filières maritimes. Des agences comme l'AFD, la GIZ, la JICA, NORAD ou USAID sont également engagées dans le financement d'infrastructures, la dotation en équipements pédagogiques, la digitalisation des contenus de formation ou le renforcement des capacités des formateurs.

Il convient d'évoquer, enfin, le programme d'assistance technique TRAINMAR, dédié aux pays en développement, sur la gestion portuaire et maritime, mis en place par la Conférence des Nations Unies sur le Commerce et le Développement. Ce programme s'appuie sur un réseau de centres nationaux et régionaux visant à renforcer les compétences des cadres et agents portuaires à travers des formations certifiantes, adaptées aux besoins locaux. Actuellement, à travers Train ForTrade et aux centres TRAINMAR, y compris celui de Dakar et de Pointe-Noire, premier du genre en Afrique Centrale, la CNUCED soutient le développement des compétences en gestion maritime et portuaire[2].

L'appui international peut également prendre la forme de coopérations inter-universitaires, notamment avec des institutions maritimes de renom (l'École Nationale Supérieure Maritime en France, la World Maritime University en Suède, les universités techniques des Philippines ou de Norvège). Ces partenariats permettent de développer des programmes de double diplomation, des formations de formateurs, des échanges d'expertise, mais aussi des recherches conjointes sur des thématiques stratégiques telles que le changement climatique, la pollution marine, la sécurité maritime, ou l'économie bleue.

Toutefois, pour que cet appui soit pleinement efficace, il doit être intégré dans une stratégie nationale claire, dotée d'une gouvernance transparente et de mécanismes de suivi-évaluation rigoureux. L'enjeu n'est pas seulement d'attirer des financements ou de multiplier les projets pilotes, mais de construire un partenariat structurel, durable, aligné sur les priorités nationales et articulé autour d'objectifs mesurables. Le Congo doit ainsi se positionner comme un acteur proactif, porteur d'une vision ambitieuse et prêt à s'engager pleinement dans la réforme de son système de formation maritime avec le soutien de ses partenaires internationaux.

D. Rôle moteur du secteur privé dans la formation

La réussite d'un système de formation maritime efficace, adapté aux réalités du marché et capable de répondre aux enjeux contemporains du secteur, ne saurait reposer exclusivement sur l'action publique. Le secteur privé maritime et portuaire, dans toute sa diversité – compagnies de transport maritime, exploitants portuaires, entreprises de logistique, sociétés offshore, chantiers navals, coopératives de pêche, etc. – doit jouer un rôle central, non seulement en tant qu'employeur, mais aussi comme acteur à part entière de la chaîne de formation.

D'abord, le secteur privé est le mieux placé pour exprimer les besoins concrets en compétences, qu'il s'agisse de profils techniques (opérateurs portuaires, mécaniciens navals, grutiers), de cadres intermédiaires (superviseurs de

---

[2]Maritimafrica (2022), Le centre TRAINMAR de Pointe-Noire, désormais operationnel, mis en ligne le 4 septembre 2022, disponible sur : https://maritimafrica.com/le-centre-trainmar-de-pointe-noire-desormais-operationnel/; Conseil du commerce et du développement (2001), Groupe de travail du plan à moyen terme et du budget-programme, Trente-huitième session, Genève, 17-21 septembre 2001, p. 1, disponible sur : https://unctad.org/fr/system/files/official-document/wpd144.fr.pdf;

terminaux, logisticiens, agents de sûreté maritime) ou de profils spécialisés dans les nouvelles technologies (gestion automatisée des flux, maintenance offshore, systèmes embarqués). Son implication dans la définition des curricula, des standards de formation et des priorités d'investissement pédagogique garantit une meilleure adéquation entre la formation et l'emploi, limitant ainsi les déperditions de main-d'œuvre et les difficultés d'insertion des diplômés.

Ensuite, les entreprises peuvent contribuer activement au déploiement de la formation en alternance, à travers l'accueil de stagiaires, l'organisation d'ateliers pratiques, ou la co-construction de parcours d'apprentissage « sur le terrain ». Cette démarche permet aux apprenants de développer des compétences opérationnelles en contexte réel, tout en créant des passerelles directes vers l'emploi. Dans de nombreux pays, ce modèle dual s'est révélé efficace pour améliorer l'employabilité, renforcer la motivation des apprenants, et favoriser l'innovation pédagogique. Le Congo gagnerait à institutionnaliser ce modèle à travers des conventions tripartites (État – centres de formation – entreprises) et des cadres juridiques incitatifs.

Le secteur privé peut également jouer un rôle dans le financement de la formation professionnelle maritime, notamment via des contributions volontaires, des fonds sectoriels mutualisés, ou des mécanismes incitatifs (crédits d'impôt pour la formation, exonérations ciblées, partenariats public-privé). Ces ressources permettraient d'élargir l'offre de formation, de moderniser les équipements pédagogiques, de soutenir la formation continue des formateurs, ou encore de mettre en place des bourses pour les jeunes issus de milieux défavorisés. À titre d'exemple, certaines compagnies maritimes internationales investissent dans des académies internes ou cofinancent des instituts nationaux de formation dans les pays où elles opèrent.

Enfin, au-delà du financement et de l'accueil de stagiaires, les entreprises peuvent participer à la gouvernance des établissements de formation, notamment à travers des conseils d'orientation pédagogique ou des comités de pilotage stratégique. Une telle gouvernance partagée renforcerait la transparence, la réactivité du système de formation et sa capacité à anticiper les mutations technologiques du secteur maritime. Elle créerait également un climat de confiance et de co-responsabilité entre acteurs publics et privés.

Dans cette perspective, il est crucial que l'État congolais développe un cadre normatif et institutionnel propice à l'implication du secteur privé, fondé sur des incitations claires, une reconnaissance des efforts fournis, et une stratégie de dialogue structuré. En mobilisant les ressources, l'expertise et les besoins du tissu économique maritime, le Congo pourrait transformer son système de formation en un véritable levier de compétitivité, de création d'emplois et de souveraineté maritime.

Paragraphe 3 : Innovations et leviers d'amélioration

A. Création d'un institut supérieur maritime pluridisciplinaire

L'émergence d'un secteur maritime compétitif, résilient et aligné sur les standards internationaux suppose, à moyen et long terme, l'existence d'un établissement d'enseignement supérieur de référence, capable de structurer la recherche scientifique, d'accueillir des formations spécialisées de haut niveau, et de devenir un pôle d'innovation au service de l'économie bleue. En ce sens, la création d'un Institut supérieur maritime pluridisciplinaire en République du Congo représente un levier stratégique majeur, à la fois pour la montée en gamme des compétences nationales, pour le rayonnement du pays dans le Golfe de Guinée, et pour la consolidation de sa souveraineté sur les espaces marins.

Cet institut aurait vocation à offrir des programmes de licence, master et doctorat, couvrant l'ensemble des dimensions de la gouvernance et de l'exploitation durable de l'espace maritime : navigation, ingénierie navale, gestion portuaire, droit maritime, océanographie, sûreté et sécurité maritime, économie bleue, biotechnologie marine, diplomatie des océans, etc. En associant des disciplines techniques, juridiques, économiques et environnementales, il permettra de former une élite maritime pluridisciplinaire, capable d'occuper des fonctions stratégiques dans les administrations, les entreprises, les organisations internationales et les centres de recherche.

Au-delà de la formation, cet institut jouera un rôle fondamental dans la production de savoirs et l'innovation maritime, à travers la mise en place de laboratoires spécialisés, d'unités de recherche appliquée, et de plateformes d'expérimentation (simulateurs, drones marins, dispositifs de cartographie océanique, etc.). Il constituera ainsi un réservoir de données et d'analyses pour les décideurs publics, les opérateurs économiques et les partenaires internationaux, sur des thématiques cruciales telles que la surveillance des côtes, l'évolution des courants marins, la gestion des ressources halieutiques, ou encore la résilience des ports face aux changements climatiques.

L'institut pourra également être un hub régional de coopération académique, en accueillant des étudiants, chercheurs et professionnels d'autres pays africains, dans le cadre de programmes d'échanges, de double diplomation ou de projets de recherche conjoints. Il renforcera ainsi l'ancrage du Congo dans les réseaux africains de formation maritime, tout en positionnant le pays comme un centre d'excellence scientifique et technique dans le Golfe de Guinée. Son modèle pourrait s'inspirer d'expériences réussies, comme l'Université maritime régionale d'Accra (RMU), la World Maritime University en Suède, ou encore l'Académie maritime internationale d'Alexandrie.

Pour réussir ce projet ambitieux, il sera nécessaire de mobiliser un partenariat stratégique tripartite : (1) l'État congolais pour l'ancrage institutionnel et la vision stratégique ; (2) le secteur privé maritime pour la pertinence des programmes et l'insertion des diplômés ; (3) les partenaires techniques et financiers internationaux pour l'ingénierie pédagogique, la dotation en équipements, et le financement de départ. La localisation d'un tel institut pourra s'inscrire dans une logique de développement territorial équilibré, en lien avec les zones portuaires, les bassins halieutiques ou les pôles technologiques du pays.

En somme, la création d'un institut supérieur maritime pluridisciplinaire incarnera un saut qualitatif décisif dans la structuration du capital humain maritime congolais, en articulant formation, recherche, innovation et coopération régionale, au service d'une économie maritime souveraine, durable et inclusive.

B. Développement de la formation en ligne et mobile

Dans un pays caractérisé par des disparités territoriales marquées et une concentration des infrastructures de formation dans les grandes zones urbaines, le déploiement de solutions numériques et mobiles d'enseignement maritime représente une opportunité stratégique pour démocratiser l'accès à la formation, en particulier dans les zones enclavées, fluviales ou côtières éloignées des centres existants. L'intégration du numérique dans la pédagogie maritime permettrait de dépasser les contraintes logistiques, de réduire les coûts d'apprentissage et de toucher une population plus large, souvent exclue des dispositifs traditionnels.

Le recours aux plateformes d'apprentissage en ligne (e-learning) constitue un premier levier essentiel. Des modules interactifs portant sur la sécurité en mer, les bases de la navigation, le droit maritime, la météorologie marine, ou encore la gestion environnementale des activités portuaires, pourraient être développés et rendus accessibles via internet ou des applications mobiles. Ces contenus, traduits dans des langues locales le cas échéant, pourraient être accompagnés d'évaluations progressives, de tutoriels animés, de classes virtuelles avec instructeurs à distance, et de systèmes de certification modulaire. Ce modèle flexible permettrait aux apprenants de se former à leur rythme, tout en conciliant leurs obligations professionnelles ou familiales.

Un second levier réside dans l'utilisation de simulateurs numériques portables, qui permettent de recréer des environnements professionnels réalistes (passerelle de navigation, salle des machines, opérations de grutage, interventions d'urgence, etc.). Ces simulateurs, intégrés à des tablettes ou à des laboratoires mobiles, peuvent être déployés dans les zones rurales ou côtières pour offrir des sessions pratiques aux apprenants sans qu'ils aient à se déplacer vers les grandes villes. Ce modèle a déjà fait ses preuves dans d'autres pays en développement, notamment en Afrique de l'Ouest, où des « unités mobiles de formation maritime » sillonnent les régions éloignées pour former les pêcheurs, les jeunes sans emploi et les petits opérateurs maritimes.

Le potentiel pédagogique des outils audiovisuels-tutoriels vidéo, podcasts, documentaires interactifs-est également considérable. Ces contenus peuvent sensibiliser aux bons gestes en mer, illustrer des procédures complexes, et renforcer les apprentissages par la démonstration. Diffusés via des téléphones mobiles, des radios communautaires ou des plateformes web, ils permettent une pédagogie par l'image adaptée à des publics peu ou pas scolarisés.

Le développement de la formation en ligne et mobile suppose toutefois plusieurs conditions de réussite : un investissement dans l'infrastructure numérique nationale (connectivité internet, accès à l'électricité, équipement des centres en matériel informatique), une formation préalable des formateurs aux outils numériques, et l'adoption d'une approche inclusive tenant compte des inégalités d'accès aux technologies selon le genre, l'âge ou le niveau de vie. Par ailleurs, ces formations doivent être intégrées dans le système national de certification, afin de garantir leur reconnaissance officielle et leur valeur sur le marché du travail.

En somme, l'intégration du numérique dans l'enseignement maritime constitue un accélérateur de transformation pédagogique, un outil d'inclusion territoriale, et une réponse concrète aux défis de massification, de flexibilité et de modernisation de la formation dans un pays en voie de structuration maritime comme la République du Congo.

C. Intégration de la formation informelle et communautaire

Le tissu maritime congolais repose en grande partie sur des savoir-faire locaux, transmis oralement au sein des communautés de pêcheurs, de bateliers fluviaux, d'artisans portuaires ou de travailleurs saisonniers opérant dans les zones côtières et riveraines. Ces formes de compétences empiriques, bien que non institutionnalisées, représentent un patrimoine technique et culturel précieux, souvent négligé par les dispositifs formels de formation. L'intégration de la formation informelle et communautaire dans une stratégie nationale d'élévation des compétences constitue donc une nécessité à la fois sociale, économique et culturelle.

En effet, la majorité des travailleurs du secteur maritime, notamment dans la pêche artisanale, les activités portuaires manuelles, le transport local par pirogue, ou les petits métiers liés à la manutention des marchandises, n'ont jamais eu accès à une formation technique certifiée. Pourtant, ils maîtrisent des gestes professionnels, des connaissances pratiques de l'environnement marin et des mécanismes de régulation communautaire qui, s'ils étaient reconnus et renforcés, pourraient contribuer activement à la structuration du secteur informel et à l'amélioration des conditions de travail et de sécurité.

L'une des réponses à ce défi est la mise en place de programmes de formation communautaire de proximité, co-construits avec les acteurs locaux, et centrés sur des contenus adaptés : sécurité en mer, premiers secours, entretien des embarcations, hygiène de la pêche, navigation de base, réglementation minimale, protection de l'environnement marin, etc. Ces formations, courtes et contextualisées, pourraient être animées dans des langues locales, sur les lieux de vie et de travail, avec des outils pédagogiques simples (schémas, vidéos, jeux de rôle). Leur objectif ne serait pas de remplacer les savoirs locaux, mais de les compléter, les valoriser et les professionnaliser.

Parallèlement, le développement de mécanismes de validation des acquis de l'expérience (VAE) apparaît comme un levier fondamental. Ces dispositifs permettraient de reconnaître officiellement les compétences acquises sur le terrain, de les traduire en certifications modulaires ou en équivalences professionnelles, et d'ouvrir l'accès à des parcours de formation continue ou à des passerelles vers le formel. Une telle reconnaissance favoriserait non seulement l'employabilité, mais aussi la mobilité sociale des travailleurs informels, tout en réduisant leur vulnérabilité juridique et sociale.
Pour être efficaces, ces initiatives doivent s'appuyer sur les organisations communautaires existantes (coopératives de pêche, comités de gestion des débarcadères, associations professionnelles), qui jouent souvent un rôle central dans la régulation sociale des métiers maritimes traditionnels. En mobilisant leur expertise et leur légitimité, les pouvoirs publics pourraient mettre en œuvre une gouvernance partagée de la formation communautaire, fondée sur la confiance, la participation active et l'ancrage territorial.

En somme, l'intégration de la formation informelle et communautaire constitue une stratégie d'inclusion et de résilience, permettant de ne laisser aucun acteur en marge du processus de professionnalisation maritime. Elle représente également une voie originale d'innovation pédagogique, capable de combiner les savoirs traditionnels et les standards contemporains dans une logique de développement durable, enracinée dans les réalités locales.

D. Suivi-évaluation et mécanismes de certification

L'efficacité d'un système de formation maritime ne repose pas uniquement sur l'existence de filières et de contenus pédagogiques pertinents, mais également sur la mise en place de mécanismes robustes de suivi-évaluation et de certification, garants de la qualité, de la transparence et de la reconnaissance des compétences acquises. En République du Congo, l'absence de tels dispositifs constitue une faiblesse structurelle qui fragilise la crédibilité des formations existantes, limite l'employabilité des apprenants et empêche l'alignement du pays sur les standards internationaux du secteur maritime.

Un système de suivi-évaluation rigoureux permet d'apprécier, de manière régulière, l'adéquation entre les objectifs pédagogiques fixés et les résultats effectivement atteints. Il inclut l'évaluation continue des apprenants, le suivi des taux de réussite, d'abandon et d'insertion professionnelle, ainsi que l'analyse de la satisfaction des bénéficiaires et des employeurs. Il suppose également l'existence d'indicateurs de performance clairement définis, d'outils de collecte de données fiables, et de procédures de rétroaction permettant d'améliorer en permanence les pratiques pédagogiques. Ce système doit être institutionnalisé à l'échelle nationale, sous l'égide d'un organisme de régulation et d'assurance qualité de la formation maritime, indépendant et compétent.

Par ailleurs, la mise en place de mécanismes de certification modulaires et progressifs, alignés sur les standards internationaux (notamment ceux de la Convention STCW de l'OMI), est indispensable pour garantir la reconnaissance des compétences sur le marché régional et international. Ces certifications doivent être claires, hiérarchisées (certificats de compétence, brevets, licences professionnelles, diplômes supérieurs), et délivrées par des organismes accrédités. Elles doivent permettre une validation des compétences acquises aussi bien dans les parcours formels que dans les dispositifs de formation continue ou informelle, afin d'assurer une reconnaissance équitable et inclusive des profils professionnels.

La certification doit également s'accompagner de référentiels de compétences actualisés, élaborés en concertation avec les acteurs du secteur privé et les partenaires techniques, afin de refléter les évolutions technologiques, environnementales et réglementaires. Ces référentiels doivent être utilisés à la fois pour la conception des programmes, la formation des formateurs, l'évaluation des apprentissages et la délivrance des titres. Ils constituent l'ossature du système de formation et doivent être mis à jour de manière périodique par une commission nationale multipartite.

Enfin, pour assurer la transparence et l'efficacité de l'ensemble du dispositif, il est nécessaire de développer des outils numériques de gestion et de traçabilité des parcours de formation et de certification (bases de données des apprenants, systèmes d'archivage des diplômes, plateformes d'évaluation en ligne, etc.).

Ces outils permettraient de sécuriser les processus, d'éviter les fraudes, de faciliter la reconnaissance des acquis à l'échelle régionale, et de renforcer la confiance des employeurs et des partenaires internationaux dans la qualité du système congolais.

En définitive, un système intégré de suivi-évaluation et de certification représente un pilier fondamental pour asseoir la légitimité du dispositif national de formation maritime. Il conditionne l'attractivité des filières, l'ouverture vers l'extérieur et la capacité du pays à s'inscrire durablement dans les chaînes de valeur de l'économie bleue.

De manière conclusive, il y a lieu de retenir qu'au terme de ce chapitre, il apparaît clairement que le développement du secteur maritime congolais ne pourra se concrétiser sans une transformation en profondeur des dynamiques de formation, de professionnalisation et de gestion des ressources humaines. Si les savoirs traditionnels et les pratiques informelles occupent encore une place centrale dans les économies littorales et fluviales, ils ne suffisent plus à répondre aux exigences d'un secteur désormais globalisé, technologique et hautement réglementé. Le diagnostic met en lumière une triple problématique : l'inadéquation entre les compétences disponibles et les besoins du marché, l'insuffisance des infrastructures et des référentiels pédagogiques, et la faible inclusion sociale et territoriale dans l'accès aux formations.

Pour relever ces défis, le Congo doit adopter une stratégie volontariste et multisectorielle fondée sur quatre axes structurants : (1) la refonte des curricula et l'alignement aux normes internationales, (2) l'investissement massif dans les infrastructures et les équipements de formation, (3) la territorialisation de l'offre éducative pour réduire les fractures géographiques, et (4) la mobilisation des acteurs publics, privés et communautaires autour d'un partenariat structuré. Le renforcement des capacités humaines ne doit pas être conçu comme un simple appui technique, mais comme le pilier d'une politique maritime souveraine, inclusive et durable.

En définitive, ce chapitre montre que la valorisation des compétences nationales constitue non seulement une exigence fonctionnelle, mais aussi un choix stratégique pour transformer la mer en levier de développement humain, d'intégration régionale et de transition écologique. Le défi est immense, mais il est à la hauteur des ambitions que la République du Congo peut nourrir pour son avenir maritime.

CHAPITRE 2

L'Autorité internationale des fonds marins : enjeux juridiques, géostratégiques et environnementaux dans une gouvernance partagée des océans

À l'heure où les ressources terrestres s'amenuisent sous la pression démographique, industrielle et climatique, l'océan profond s'impose comme la nouvelle frontière de la gouvernance mondiale. Les grands fonds marins, longtemps considérés comme inaccessibles, recèlent aujourd'hui d'immenses potentialités économiques, notamment en ressources minérales stratégiques essentielles à la transition énergétique. Face à ces enjeux, la communauté internationale a érigé un cadre juridique unique : l'Autorité internationale des fonds marins (AIFM), instituée par la Convention des Nations Unies sur le droit de la mer (CNUDM) de 1982. Cette institution intergouvernementale incarne l'un des rares exemples contemporains d'une tentative de gestion collective d'un bien commun mondial, fondée sur les principes de coopération, d'équité, de durabilité et de partage des bénéfices[3].

Dans un contexte où s'opposent ambitions économiques, impératifs écologiques et inégalités technologiques, l'AIFM devient le théâtre d'arbitrages complexes entre intérêts étatiques, pressions industrielles et préoccupations scientifiques. Pour les pays en développement, notamment en Afrique, cette gouvernance représente à la fois une opportunité de participation à une économie planétaire émergente et un risque de marginalisation accrue dans les régulations globales. Le Congo, État côtier d'Afrique centrale doté d'une façade maritime atlantique, membre de l'AIFM depuis 2008, est appelé à réfléchir à son positionnement stratégique dans ce nouvel ordre maritime.

[3] FORTEAU Mathias, THOUVENIN Jean-Marc (2017) (dir.), *op. cit*, p. 141.

Ce chapitre propose une lecture approfondie de l'Autorité internationale des fonds marins à travers cinq axes complémentaires : son origine (section 1), sa composition institutionnelle (section 2), son fonctionnement normatif et opérationnel (section 3), son importance géostratégique et environnementale (section 4), et enfin, les perspectives spécifiques pour le Congo-Brazzaville (section 5). Il s'agit de comprendre comment une gouvernance océanique globalisée peut devenir un levier d'émancipation, de coopération et d'innovation pour un pays en quête de diversification économique et de rayonnement diplomatique.

Section 1 : Origine et fondements juridiques

L'Autorité internationale des fonds marins (AIFM) trouve son origine dans une évolution majeure du droit international de la mer, incarnée par l'adoption de la Convention des Nations Unies sur le droit de la mer (CNUDM), signée en 1982 à Montego Bay et entrée en vigueur en 1994. Cette convention, souvent qualifiée de « Constitution des océans », marque une étape décisive vers l'élaboration d'un cadre juridique global destiné à régir l'usage des mers et des océans, incluant la navigation, la délimitation des espaces maritimes, l'exploitation des ressources et la protection de l'environnement marin[4].

L'un des apports les plus innovants de la CNUDM est la reconnaissance de « la Zone », c'est-à-dire des fonds marins et de leurs sous-sols situés au-delà des juridictions nationales, comme patrimoine commun de l'humanité. En vertu de ce principe fondateur, nul État ne peut revendiquer de souveraineté sur ces espaces ; leur exploration et exploitation doivent être organisées au bénéfice de l'humanité toute entière, y compris pour les générations futures. Ce changement paradigmatique, qui consacre un bien commun mondial, répond à la nécessité d'éviter toute appropriation exclusive des ressources stratégiques situées dans les grands fonds océaniques.

Paragraphe 1 : Création et mandat institutionnel

C'est dans ce contexte qu'est instituée l'Autorité internationale des fonds marins, avec pour mission principale d'organiser, de réglementer et de superviser les activités relatives à l'exploration et à l'exploitation des ressources minérales dans la Zone. L'AIFM constitue ainsi une innovation institutionnelle sans précédent, en créant un organe chargé de la gouvernance internationale directe d'un espace physique naturel. Elle dispose de prérogatives normatives, administratives et de contrôle, destinées à encadrer l'accès aux ressources des grands fonds selon des règles équitables, transparentes et compatibles avec la protection de l'environnement marin.

[4] Idem.

Paragraphe 2 : Objectif d'équilibre entre développement et durabilité

L'objectif fondamental de l'AIFM est de garantir un juste équilibre entre deux impératifs parfois contradictoires : d'une part, favoriser l'accès équitable aux ressources stratégiques, telles que les nodules polymétalliques, les sulfures hydrothermaux et les encroûtements cobaltifères, nécessaires à la transition énergétique mondiale ; d'autre part, préserver les écosystèmes marins profonds dont la fragilité et les dynamiques biologiques sont encore largement méconnues. Ce double objectif impose à l'AIFM d'exiger des évaluations environnementales rigoureuses, d'imposer des normes techniques strictes aux opérateurs, et de promouvoir une approche de précaution dans toute activité d'exploration ou d'exploitation.

Paragraphe 3 : Principe de partage des bénéfices et justice mondiale

Par ailleurs, l'AIFM repose sur un principe essentiel de partage des bénéfices, selon lequel les revenus générés par l'exploitation des fonds marins doivent contribuer au développement global, notamment en soutenant financièrement les pays en développement. Ce mécanisme, inédit à l'échelle planétaire, cherche à instaurer une forme de justice environnementale et économique, en veillant à ce que l'exploitation d'un patrimoine commun profite à tous, et non seulement aux États ou aux entreprises disposant de la capacité technologique d'opérer dans les grands fonds. À travers cette architecture, l'AIFM incarne l'espoir d'une gouvernance mondiale plus solidaire, fondée sur l'équité intergénérationnelle et la coresponsabilité dans la gestion des ressources planétaires.

Section 2 : Composition

La composition de l'Autorité internationale des fonds marins (AIFM) repose sur une architecture institutionnelle tripartite minutieusement pensée pour conjuguer l'universalité de la participation étatique, l'équilibre des intérêts économiques et géopolitiques, et l'efficacité opérationnelle d'une gouvernance technique spécialisée. Cette structure vise à matérialiser, dans son fonctionnement interne, les grands principes qui sous-tendent la gouvernance des grands fonds marins : souveraineté collective, coopération internationale, durabilité environnementale et équité entre Etats[5].

Paragraphe 1 : L'Assemblée : le socle de la légitimité universelle

L'Assemblée constitue l'organe plénier et souverain de l'AIFM. Elle réunit l'ensemble des États parties à la Convention des Nations Unies sur le droit de la mer (CNUDM), représentant aujourd'hui plus de 160 pays de tous les continents,

[5] FORTEAU Mathias, THOUVENIN Jean-Marc (2017) (dir.), *op. cit.*, p. 141 et s.

y compris les États insulaires, les pays en développement, les puissances maritimes traditionnelles et les États enclavés. Chaque État dispose d'une voix, consacrant ainsi le principe d'égalité souveraine dans la délibération et la décision, indépendamment du niveau de puissance économique, militaire ou technologique[6].

L'Assemblée se réunit en sessions régulières pour définir les grandes orientations stratégiques de l'Autorité, adopter le budget, approuver les règlements d'exploration et d'exploitation, modifier les statuts si nécessaire, et élire le Secrétaire général. Elle joue également un rôle diplomatique fondamental, en constituant un espace de dialogue et de concertation sur les grandes questions relatives à la gouvernance des océans. À travers sa composition universelle, l'Assemblée garantit que la gestion des fonds marins demeure un projet collectif de l'humanité et non l'apanage de quelques États technologiquement avancés. Elle est, en ce sens, l'expression politique de la notion de patrimoine commun de l'humanité, affirmée par la CNUDM.

Paragraphe 2 : Le Conseil : le cœur de la gouvernance exécutive

Le Conseil représente l'organe exécutif de l'AIFM et assume la responsabilité de l'administration opérationnelle des activités relevant de la Zone. Composé de 36 membres élus par l'Assemblée, il est structuré selon un double principe d'équilibre : un équilibre géographique entre les différentes régions du monde (Afrique, Asie, Europe orientale, Amérique latine, Europe occidentale et autres États), et un équilibre fonctionnel tenant compte des intérêts économiques spécifiques des États parties (États exportateurs de ressources, États importateurs de matières premières, investisseurs industriels, États enclavés, pays en développement).

Ce mode de composition vise à éviter la domination de groupes d'États ayant des intérêts convergents au détriment d'autres catégories d'acteurs, notamment les pays les moins avancés ou ceux sans accès direct à la mer. Le Conseil est investi de pouvoirs étendus : il examine et approuve les demandes de contrats d'exploration et d'exploitation soumises par les États ou par les entités parrainées, établit les régulations techniques et environnementales, supervise les mécanismes de partage des bénéfices, contrôle la conformité des opérateurs aux obligations de protection environnementale, et élabore les politiques de gestion de la Zone. Il joue un rôle stratégique dans la conciliation entre les exigences du développement économique, la préservation des écosystèmes marins profonds, et l'équité dans l'accès aux ressources naturelles.

---

[6] *Idem*, p. 142.

Paragraphe 3 : Le Secrétariat : garant de l'expertise technique et de l'efficacité administrative

Le Secrétariat constitue l'organe administratif permanent de l'Autorité, chargé de garantir la continuité institutionnelle, la mémoire organisationnelle et l'appui technique aux instances délibératives et exécutives. Dirigé par un Secrétaire général élu par l'Assemblée pour un mandat renouvelable, il assure l'organisation logistique des sessions, la préparation des documents de travail, la publication des actes officiels, la gestion de la communication interne et externe, ainsi que la coordination des relations avec les États parties, les organisations internationales, les entités privées et la société civile[7].

Le Secrétariat joue également un rôle clé dans la collecte, la centralisation et la diffusion des données scientifiques et environnementales relatives aux grands fonds marins. Il est chargé d'accompagner techniquement les opérateurs dans le respect des normes environnementales, de suivre l'évolution des technologies d'exploration et d'exploitation, de promouvoir le transfert de technologies vers les pays en développement, et de veiller à l'intégration des considérations sociales, éthiques et environnementales dans toutes les activités de la Zone.

Par sa fonction d'interface technique et diplomatique, le Secrétariat assure une articulation fluide entre la sphère politique (Assemblée), la sphère décisionnelle (Conseil) et le tissu opérationnel composé des contractants, des centres de recherche, des ONG et des institutions partenaires.

Paragraphe 4 : Une architecture cohérente au service d'une gouvernance globale et équilibrée

À travers cette structure tripartite-Assemblée, Conseil et Secrétariat-, l'AIFM a réussi à se doter d'un modèle institutionnel unique dans le système multilatéral. Elle conjugue la représentativité universelle, la technicité réglementaire et la capacité administrative, dans un ensemble cohérent conçu pour faire face à la complexité des enjeux associés à la gouvernance des ressources situées au-delà des juridictions nationales.

Cette architecture permet de préserver l'équilibre délicat entre développement économique et protection de l'environnement, entre souveraineté étatique et gestion collective des biens communs, entre intérêts immédiats et responsabilité intergénérationnelle.

---

[7] *Idem*, p. 145.

Elle offre également un modèle de gouvernance globale fondé sur la transparence, la coopération internationale, le partage des bénéfices et la promotion d'une justice environnementale et économique, particulièrement favorable aux pays en développement.

En garantissant une participation effective de tous les États, en assurant une expertise technique de haut niveau, et en encadrant les activités privées par des normes environnementales strictes, l'AIFM incarne une avancée sans précédent dans l'histoire du droit international des ressources naturelles, et ouvre la voie à une gouvernance responsable, inclusive et durable des océans profonds.

Section 3 : Fonctionnement de l'Autorité internationale des fonds marins (AIFM)

Le fonctionnement de l'Autorité internationale des fonds marins (AIFM) repose sur un modèle juridique, administratif et opérationnel d'une grande sophistication, directement hérité des principes innovants posés par la Convention des Nations Unies sur le droit de la mer (CNUDM). Ce modèle incarne une tentative historique de concevoir, pour la première fois à l'échelle mondiale, une gouvernance institutionnelle dédiée à la gestion collective d'une ressource naturelle située au-delà des juridictions nationales. Il allie impératifs économiques, exigences environnementales, et ambitions de justice sociale internationale, dans un cadre qui cherche à équilibrer, non sans tensions, les dynamiques divergentes entre États, entreprises privées et sociétés civiles.

Paragraphe 1 : L'attribution des contrats et la structuration d'une gouvernance contractuelle mondiale

Au cœur du fonctionnement opérationnel de l'AIFM réside la gestion de l'accès aux ressources de la « Zone ». L'Autorité est investie du pouvoir exclusif d'attribuer des contrats d'exploration et à terme d'exploitation aux entités éligibles.

Ces entités peuvent être soit des États, soit des entreprises publiques ou privées parrainées par un État membre de la CNUDM. Ce parrainage impose une responsabilité partagée entre l'État et l'entité opératrice : l'État doit garantir que l'opérateur respecte les obligations internationales et nationales, engageant ainsi sa propre responsabilité juridique en cas de manquement.

Les contrats d'exploration sont délivrés pour une durée initiale de quinze ans, renouvelable sous conditions, et s'accompagnent de strictes obligations. Les contractants doivent soumettre des plans de travail détaillés, réaliser des évaluations environnementales, collecter et transmettre des données scientifiques sur les zones explorées, et verser des redevances financières. En retour, ils bénéficient d'un droit exclusif d'exploration dans la zone attribuée, et d'une priorité pour obtenir ultérieurement un contrat d'exploitation.

L'AIFM agit ainsi comme un régulateur global du marché émergent de l'exploitation minière des grands fonds, tentant d'assurer une égalité d'accès aux ressources tout en évitant une course anarchique aux métaux stratégiques. Cette gouvernance contractuelle représente une innovation majeure par rapport aux logiques classiques de souveraineté étatique.

Paragraphe 2 : La production normative : l'élaboration progressive d'un « Code minier des fonds marins »

Outre la gestion des contrats individuels, l'AIFM a pour mission de produire un corpus de règles générales applicables à l'ensemble des activités menées dans la Zone. Cette fonction normative est essentielle pour instaurer un cadre juridique stable, prévisible et équitable pour les États et les opérateurs privés.

À ce jour, l'Autorité a adopté plusieurs règlements régissant l'exploration pour trois types de ressources stratégiques :

- Les nodules polymétalliques (concentrés de manganèse, nickel, cuivre et cobalt),
- Les sulfures hydrothermaux (riches en cuivre, zinc, or et argent),
- Les encroûtements cobaltifères (contenant du cobalt, du platine et des terres rares).

Chacune de ces règlements précise les procédures d'application, les normes techniques, les obligations de protection de l'environnement et les exigences de rapportage.

Cependant, le défi majeur reste l'adoption du règlement sur l'exploitation, toujours en négociation, qui devra fixer les conditions économiques (redevances, taxes, partage des bénéfices), les mécanismes de responsabilité environnementale, les standards de sécurité technique, et les modalités de contrôle par l'AIFM.

La difficulté principale tient à la conciliation d'intérêts parfois irréconciliables : les États développés et les entreprises souhaitent des règles souples et favorables aux investissements ; les États en développement et les ONG plaident pour des règles strictes garantissant la protection de l'environnement et la juste redistribution des profits.

La production du Code minier constitue ainsi un exercice complexe de diplomatie normative mondiale, où se joue une part du futur équilibre entre développement économique et sauvegarde écologique.

Paragraphe 3 : L'architecture environnementale : précaution, science et surveillance

Consciente de l'immensité de l'inconnu que représentent les écosystèmes des grands fonds marins, l'AIFM applique dans toutes ses procédures le principe de précaution. Ce principe exige qu'en l'absence de certitudes scientifiques sur les impacts d'une activité, celle-ci soit strictement encadrée, voire suspendue, jusqu'à ce que des garanties suffisantes soient apportées.

Concrètement, chaque projet d'exploration doit être précédé d'une évaluation d'impact environnemental (EIE) rigoureuse. L'explorateur est tenu de caractériser les habitats marins, de mesurer les flux biologiques, d'identifier les espèces endémiques et de modéliser les impacts potentiels de ses activités. Pendant toute la durée du contrat, des campagnes régulières de surveillance environnementale doivent être menées, associant prélèvements biologiques, mesures géochimiques, et enregistrement des perturbations sédimentaires.

En parallèle, l'AIFM encourage la constitution d'Aires d'intérêt environnemental (AIE) : des zones sélectionnées pour leur richesse écologique où l'exploration et l'exploitation seront interdites ou très strictement limitées. Par ce biais, l'Autorité tente d'inscrire l'exploitation minière des fonds marins dans une démarche de gestion spatiale intégrée, inspirée des logiques d'aménagement terrestre : zones d'activité, zones de protection, corridors écologiques.

L'environnement devient ainsi non plus un simple paramètre secondaire de l'activité minière, mais un facteur structurant, au cœur même de la stratégie de développement des ressources.

Paragraphe 4 : Les évolutions récentes (2021–2024) : pressions industrielles et tensions sur la gouvernance

Depuis 2021, sous l'effet de la transition énergétique mondiale qui stimule la demande en métaux stratégiques pour les batteries électriques, les panneaux solaires et les éoliennes offshore, l'AIFM est confrontée à une montée en pression sans précédent.

Le déclenchement par l'État de Nauru de la procédure dite du « two-year rule » a contraint l'Autorité à accélérer l'élaboration du règlement d'exploitation, dans un délai restreint. Ce fait a généré une polarisation aiguë au sein de l'Assemblée et du Conseil : d'un côté, les promoteurs d'une exploitation rapide pour répondre aux besoins énergétiques et industriels ; de l'autre, les défenseurs d'un moratoire environnemental, plaidant pour une « pause réglementée » tant que les connaissances scientifiques restent insuffisantes.

Entre 2023 et 2024, l'AIFM a poursuivi ses sessions de travail sur des points stratégiques :

- La fixation de régimes fiscaux internationaux équitables pour éviter une course au moins-disant fiscal,
- L'établissement de fonds de compensation environnementale en cas de dégâts irréversibles,
- La création d'un fonds de solidarité en faveur des pays en développement, destiné à réduire la fracture technologique dans l'accès aux ressources des grands fonds,
- La mise en place d'un organe indépendant de supervision environnementale, garant de la transparence et de la rigueur scientifique dans l'évaluation des activités minières.

Parallèlement, l'AIFM a noué de nouveaux partenariats avec des institutions comme l'Union internationale pour la conservation de la nature (UICN) et des centres de recherche océanographique, afin de renforcer la base scientifique nécessaire à une prise de décision éclairée.

Cette dynamique récente montre que l'Autorité n'est pas seulement un régulateur technique :
Elle est devenue un champ de tension géopolitique où se croisent enjeux économiques, diplomatiques, environnementaux et éthiques, avec en toile de fond la question fondamentale : comment concilier l'exploitation de nouveaux territoires économiques avec l'obligation de protéger l'intégrité écologique de la planète ?

Section 4 : Importance géostratégique et environnementale de l'Autorité internationale des fonds marins (AIFM)

À l'ère des mutations climatiques, technologiques et géopolitiques accélérées, l'Autorité internationale des fonds marins (AIFM) s'impose non seulement comme un acteur de régulation technique, mais comme un véritable pivot stratégique dans la reconfiguration des rapports de force mondiaux. Sa mission de supervision de l'exploration et, à terme, de l'exploitation des ressources minérales des grands fonds marins la place au croisement de dynamiques économiques vitales, de compétitions géopolitiques intenses, de pressions environnementales croissantes et d'aspirations éthiques globales. Cette position unique confère à l'AIFM une importance géostratégique et environnementale de premier plan, comparable à celle exercée par l'Agence internationale de l'énergie atomique (AIEA) pour le nucléaire civil ou par l'Organisation mondiale du commerce (OMC) pour les échanges globaux.

Paragraphe 1 : Les grands fonds marins : nouvelle frontière de la compétition économique mondiale

Historiquement, les grands bouleversements géopolitiques ont été liés aux ruptures dans l'accès aux ressources stratégiques : la révolution industrielle avec le charbon, la deuxième révolution industrielle avec le pétrole, l'ère numérique avec les terres rares. Aujourd'hui, la transition énergétique vers un modèle post-carbone, basée sur les batteries, les énergies renouvelables, l'électrification massive des systèmes économiques, repose sur une gamme spécifique de métaux critiques : cobalt, nickel, cuivre, manganèse, lithium et terres rares.

Or, ces métaux, essentiels pour construire un monde décarboné, se raréfient à terre ou sont concentrés dans des zones politiquement instables. Dès lors, l'intérêt stratégique pour les fonds marins, et notamment pour les nodules polymétalliques de la plaine abyssale de Clarion-Clipperton, les sulfures hydrothermaux et les encroûtements cobaltifères, devient évident.

La communauté internationale fait face à un dilemme fondamental :

- D'un côté, l'urgence de sécuriser un approvisionnement stable en métaux critiques pour réussir la transition énergétique mondiale ;
- De l'autre, l'ignorance persistante des impacts écologiques d'une exploitation industrielle en eaux profondes.

L'AIFM est appelée à arbitrer cet équilibre fragile entre besoin de développement durable et risque d'irréversibilité écologique, position qui lui confère une place centrale dans la construction de l'économie du XXIe siècle.

Paragraphe 2 : La naissance d'une nouvelle géopolitique des abysses

À mesure que la demande pour ces ressources s'accroît, une dynamique de compétition mondiale s'installe, prolongeant les rivalités terrestres dans les profondeurs océaniques. Le "grand jeu" des ressources s'étend désormais aux abysses.

La Chine, anticipant très tôt cette mutation, a renforcé son avance en sécurisant plusieurs contrats d'exploration à travers la COMRA (China Ocean Mineral Resources R&D Association), doublés d'une maîtrise impressionnante du raffinage terrestre. Pékin contrôle aujourd'hui environ 70 % de la production mondiale de terres rares et vise à dominer aussi l'extraction marine. Le Japon, grand importateur de matières premières, a massivement investi dans la recherche sur les sulfures hydrothermaux. La France, pionnière historique dans la connaissance des grands fonds grâce à ses campagnes océanographiques, détient plusieurs contrats via l'IFREMER. La Russie, la Corée du Sud, l'Inde, et bientôt d'autres puissances émergentes, multiplient également les initiatives pour ne pas rester à l'écart.

Cette compétition, jusque-là feutrée, commence à se structurer en axes rivaux, avec :

- D'un côté, une coalition technologique asiatique autour de la Chine ;
- De l'autre, une tentative occidentale (Union européenne, États-Unis via des initiatives indirectes) pour encadrer l'accès et imposer des standards environnementaux élevés.

Dans ce contexte, les pays africains, latino-américains ou insulaires risquent d'être marginalisés, faute de capacités technologiques ou financières, et de devenir simples spectateurs d'une exploitation mondiale de ressources pourtant reconnues comme patrimoine commun de l'humanité.

L'AIFM se trouve donc investie d'une responsabilité historique : empêcher que les abysses ne deviennent un nouveau théâtre de domination, en garantissant un accès équitable et en faisant respecter les principes d'inclusivité posés par la Convention des Nations Unies sur le droit de la mer.

Paragraphe 3 : Une urgence environnementale sans précédent : la bataille pour les abysses

Au-delà des dynamiques économiques et géopolitiques, la question écologique impose une autre temporalité et une autre logique. Les écosystèmes des grands fonds marins sont parmi les plus anciens, les plus fragiles et les moins connus de la planète.

Les espèces qui y vivent (vers hydrothermaux, crustacés aveugles, coraux d'eaux froides) présentent des cycles de vie extrêmement lents : certains coraux profonds ont plus de 4000 ans. Leur capacité de résilience est très faible.
Les études scientifiques récentes alertent :

- Les perturbations sédimentaires causées par l'exploitation minière peuvent s'étendre sur des centaines de kilomètres, détruisant des habitats uniques.
- La pollution chimique des machines sous-marines risque de diffuser des métaux lourds dans les chaînes alimentaires océaniques.
- La modification des courants profonds pourrait avoir des effets systémiques sur les régulations climatiques mondiales.

La communauté scientifique, appuyée par l'UICN, par plusieurs États (France, Chili, Vanuatu, Palau) et par une large coalition d'ONG, appelle donc à un moratoire mondial ou, au minimum, à une pause réglementaire pour approfondir les connaissances avant toute exploitation commerciale.

Le débat qui se joue aujourd'hui au sein de l'AIFM, autour du Code minier, dépasse la simple technique : il engage la responsabilité morale de l'humanité vis-à-vis des générations futures. Il pose la question essentielle de savoir si l'avidité immédiate peut primer sur le devoir de préservation.

Paragraphe 4 : L'AIFM comme laboratoire de la gouvernance des communs globaux

Plus fondamentalement, l'expérience actuelle de l'AIFM préfigure les grands défis de la gouvernance mondiale des biens communs au XXIe siècle :

- Comment réguler des espaces où aucun État ne détient de souveraineté exclusive mais où les intérêts privés sont tentés d'agir librement ?
- Comment articuler développement économique, justice internationale et préservation écologique dans des espaces extra-terrestres ou extra-étatiques (océans profonds, espace extra-atmosphérique, données numériques globales) ?

La capacité de l'AIFM à imposer un modèle équilibré sera un test pour le multilatéralisme futur.
Si elle parvient à réguler de manière équitable, transparente et durable l'accès aux ressources abyssales, elle montrera qu'il est possible de construire un ordre international fonctionnel sur la base de la coresponsabilité et du respect des biens communs.
Si, au contraire, elle échoue et devient le théâtre d'une prédation déguisée sous couvert de formalisme juridique, cela enverra un signal alarmant pour d'autres régimes internationaux en gestation.

Ainsi, l'AIFM n'est pas seulement l'instance qui gère l'exploitation des métaux des grands fonds : elle est le reflet des choix que l'humanité est en train de faire entre deux modèles d'avenir :

- Un modèle extractiviste rééditant les erreurs du passé ;
- Ou un modèle de sobriété, de solidarité et d'anticipation intergénérationnelle.

Le devenir de l'AIFM, à travers l'arbitrage qu'elle opère entre l'exploitation et la préservation, est donc emblématique des grandes batailles du XXIe siècle pour la gouvernance mondiale, la justice environnementale et la protection de la planète comme bien commun de l'humanité.

Section 5 : Le Congo et l'Autorité internationale des fonds marins (AIFM)

Le Congo-Brazzaville, traditionnellement perçu à travers ses ressources forestières, fluviales et pétrolières terrestres, possède également un potentiel maritime stratégique encore largement sous-exploité. Avec près de 170 kilomètres de côte donnant accès direct à l'océan Atlantique Sud, autour du port de Pointe-Noire, et son statut d'État partie à la Convention des Nations Unies sur le droit de la mer (CNUDM) depuis 2008, le Congo dispose d'une légitimité pleine et entière pour participer activement aux régimes multilatéraux de gouvernance des océans, au premier rang desquels figure l'Autorité internationale des fonds marins (AIFM).

Paragraphe 1 : Une participation diplomatique encore timide, mais stratégiquement déterminante

À ce jour, la présence du Congo-Brazzaville au sein de l'AIFM, bien que formelle par sa participation aux travaux de l'Assemblée générale, demeure relativement discrète sur la scène diplomatique mondiale. Comme pour de nombreux pays africains, l'engagement congolais reste limité à la dimension déclarative, sans présence effective au sein du Conseil exécutif où se décident les orientations techniques et opérationnelles majeures.

Or, à mesure que les débats autour de l'exploitation minière des grands fonds marins s'intensifient, l'AIFM devient un espace diplomatique de première importance. Les décisions relatives à la régulation de l'exploitation, à la définition des mécanismes de partage des bénéfices, et aux normes environnementales auront des impacts structurels pour les décennies à venir. Une implication renforcée du Congo ne viserait pas seulement à protéger ses intérêts souverains dans la gouvernance des biens communs marins ; elle lui permettrait également de jouer un rôle de porte-voix pour les pays africains dans les grandes négociations multilatérales sur l'accès équitable aux ressources stratégiques.

Dans un contexte où la transition énergétique mondiale fait du contrôle des métaux critiques un enjeu géopolitique majeur, le Congo a l'opportunité de s'affirmer comme un acteur constructif, soutenant un modèle d'exploitation durable, inclusif et respectueux du principe du patrimoine commun de l'humanité inscrit à l'article 136 de la CNUDM.

Paragraphe 2 : Vers une diplomatie bleue congolaise : enjeux, leviers d'action et scénarios d'influence

Face aux mutations profondes de l'économie maritime mondiale et à la réémergence des océans comme espaces de puissance, le Congo doit élaborer une véritable diplomatie bleue articulée autour de plusieurs axes stratégiques :

Sur le plan bilatéral, il importe de nouer des partenariats techniques, scientifiques et technologiques avec les grandes puissances maritimes et les États pionniers de l'exploration océanique. Des accords de coopération avec des pays comme la France, la Norvège, l'Inde ou la Chine permettraient de bénéficier de transferts de technologie, de formations de haut niveau en océanographie et en droit de la mer, ainsi que d'accès à des plateformes scientifiques mobiles (navires océanographiques, engins sous-marins téléguidés). Le futur développement d'une Université maritime à Pointe-Noire, associée à l'Institut national de recherche en sciences exactes et naturelles (IRSEN), pourrait constituer l'ossature de cette montée en compétences nationales.

Au niveau régional, le Congo pourrait jouer un rôle moteur dans l'animation d'une voix africaine unifiée à l'AIFM, en partenariat avec la Commission de l'Union africaine, la Commission du Golfe de Guinée et la CEEAC. La constitution d'une plateforme africaine des États côtiers membres de l'AIFM, mutualisant expertises juridiques, diplomatiques et scientifiques, permettrait de renforcer la capacité de négociation collective du continent sur des questions clés comme la fiscalité minière, la protection environnementale et le partage équitable des retombées économiques.

Sur le plan normatif, le Congo gagnerait à soutenir une position équilibrée : éviter à la fois le risque d'une exploitation incontrôlée des ressources marines et le blocage d'un moratoire dogmatique. Plaider pour une "pause de précaution renforcée", conditionnée à des avancées scientifiques tangibles, offrirait au Congo l'image d'un acteur responsable, moderne, promoteur d'un développement durable respectueux des équilibres écologiques mondiaux.

Paragraphe 3 : Valorisation stratégique de la façade maritime congolaise

La participation proactive à l'AIFM doit s'inscrire dans une vision plus globale de valorisation intégrée de la façade maritime du Congo. Longtemps sous-estimée dans les politiques nationales, cette façade représente pourtant une opportunité majeure pour diversifier l'économie et repositionner le pays dans les flux économiques régionaux et mondiaux.

Plusieurs initiatives structurantes peuvent être envisagées :

- Créer un pôle logistique et scientifique régional à Pointe-Noire, doté de capacités de soutien aux opérations maritimes hauturières, d'un centre de formation maritime, d'un observatoire de la biodiversité marine et d'infrastructures portuaires modernisées, pour accueillir les missions océanographiques internationales.
- Développer une économie bleue intégrée, à travers la structuration de filières dans la pêche durable, la transformation halieutique, la biotechnologie marine, la construction navale légère et le tourisme littoral écologique, en lien avec les Zones économiques spéciales existantes.
- Lancer une stratégie nationale de recherche marine, alignée sur la Décennie des sciences océaniques pour le développement durable (2021–2030) des Nations Unies, afin de positionner le Congo comme un contributeur actif

aux nouvelles connaissances sur les océans, à travers des campagnes de cartographie bathymétrique, des études de biodiversité et des recherches appliquées sur les ressources marines.

Ainsi, la mer ne serait plus seulement une interface marginale du territoire national, mais un moteur de croissance, d'innovation et de rayonnement international.

Paragraphe 4 : Réformes institutionnelles et juridiques pour une intégration crédible dans la gouvernance océanique

Pour que cette ambition maritime prenne corps de manière crédible et durable, plusieurs réformes de fond sont indispensables :

- Élaborer une loi-cadre sur l'économie bleue, définissant les orientations stratégiques, les mécanismes d'incitation, les normes de protection environnementale, et les dispositifs de financement des activités maritimes.
- Renforcer les capacités institutionnelles, soit en créant un ministère de la Mer, soit en instituant une Agence nationale de la gouvernance maritime, dotée de prérogatives claires pour piloter l'action maritime nationale, représenter le Congo dans les instances multilatérales comme l'AIFM, et suivre l'évolution des standards internationaux.
- Accélérer la délimitation des espaces maritimes, en particulier la zone économique exclusive (ZEE) et le plateau continental, en finalisant les dépôts auprès de la Commission des limites du plateau continental (CLPC), garantissant ainsi une pleine maîtrise de la souveraineté nationale sur les espaces sous-marins stratégiques.
- Créer un cadre national pour les activités en haute mer, anticipant le futur développement de l'exploration et de l'exploitation en eaux internationales, pour permettre aux entreprises congolaises, en partenariat avec des opérateurs internationaux, d'accéder de manière encadrée aux opportunités économiques de demain.

L'implication renforcée du Congo-Brazzaville dans l'Autorité internationale des fonds marins ne saurait être réduite à une simple présence diplomatique passive. Elle doit devenir une dimension stratégique de sa diplomatie globale, un levier de souveraineté économique, et un vecteur d'innovation pour son développement durable.

En s'appropriant pleinement les enjeux océaniques, en modernisant sa gouvernance maritime, et en investissant dans la connaissance et l'exploitation durable de ses ressources marines, le Congo peut non seulement renforcer sa stature internationale, mais aussi contribuer à l'émergence d'une économie bleue africaine, résiliente, inclusive et innovante.

Dans un monde en quête d'équilibres nouveaux entre exploitation et préservation, entre souveraineté et solidarité, entre urgence climatique et impératif de développement, le Congo a l'opportunité de devenir un acteur visionnaire et respecté de la gouvernance mondiale des océans.
L'étude de l'Autorité internationale des fonds marins (AIFM) met en lumière l'émergence d'une gouvernance mondiale inédite pour des ressources situées au-delà des souverainetés nationales. À travers son architecture institutionnelle, son fonctionnement sophistiqué et ses enjeux géostratégiques et environnementaux, l'AIFM incarne une tentative ambitieuse de construire un multilatéralisme d'équité, de précaution et de responsabilité partagée face aux défis de la raréfaction des ressources terrestres et de la préservation des écosystèmes océaniques.

Cependant, l'AIFM est aujourd'hui confrontée à des tensions majeures : accélération des pressions industrielles liées à la transition énergétique, montée de la compétition stratégique pour les métaux critiques, polarisation des positions entre partisans de l'exploitation rapide et défenseurs du moratoire environnemental. Dans ce contexte, sa capacité à garantir un arbitrage équilibré entre développement et durabilité déterminera non seulement l'avenir des abysses, mais aussi la crédibilité du régime international de gouvernance des biens communs.

Pour le Congo-Brazzaville, membre de l'AIFM et État côtier stratégique du Golfe de Guinée, ces enjeux ne sont ni abstraits ni lointains. Ils constituent une opportunité réelle de diversification économique, de repositionnement diplomatique et de transition vers une économie bleue durable. Le Congo dispose, avec sa façade maritime et ses engagements multilatéraux, d'atouts pour affirmer une diplomatie bleue ambitieuse, articulée autour de trois priorités : renforcer sa participation effective aux régimes de gouvernance des océans, valoriser ses capacités scientifiques et logistiques maritimes, et moderniser son cadre institutionnel et juridique en matière maritime.

En s'engageant résolument dans cette dynamique, le Congo peut se positionner non seulement comme un bénéficiaire passif de la nouvelle économie marine, mais comme un acteur contributeur à la construction d'une gouvernance océanique plus juste, plus durable et plus solidaire. Dans un monde où la compétition pour les ressources tend à accentuer les inégalités et les tensions, l'implication stratégique du Congo dans les débats sur les grands fonds marins lui offre l'opportunité de s'affirmer comme un porte-drapeau africain de la coresponsabilité mondiale, de la justice environnementale et du développement équitable.

Ainsi, au croisement des ambitions souveraines, des exigences écologiques et des impératifs de coopération internationale, l'Autorité internationale des fonds marins représente pour le Congo-Brazzaville non seulement un espace de positionnement diplomatique, mais aussi un levier stratégique pour bâtir un futur maritime souverain, durable et inclusif.

TITRE 2

Le renforcement de l'état du droit et de l'organisation juridictionnelle

Le renforcement du cadre juridictionnel et de la législation maritime revêtent une importance capitale dans la gouvernance des espaces maritimes mais également dans la régulation des activités liées aux transports, aux ressources naturelles et aux échanges commerciaux. En raison de la complexité du droit maritime, qui repose sur une combinaison de normes internationales, régionales et nationales, il devient essentiel d'adopter une approche harmonisée et efficace pour assurer la sécurité juridique, la protection des acteurs économiques et la préservation des écosystèmes marins.

Dans un contexte de mondialisation croissante et face aux défis contemporains tels que la piraterie, la pêche illégale, le trafic maritime et la pollution marine, les juridictions maritimes et les mécanismes d'arbitrage apparaissent comme des outils essentiels pour la résolution des litiges et la mise en œuvre des conventions internationales. Par ailleurs, la nécessité d'une législation adaptée aux réalités africaines se fait sentir, notamment à travers l'adoption d'un Acte Uniforme sur le Droit Maritime qui permettrait d'assurer une meilleure régulation du secteur, de renforcer la coopération interétatique et d'attirer davantage d'investissements dans l'économie bleue.

Ce chapitre examine ainsi les juridictions maritimes et leurs enjeux, l'importance de l'arbitrage comme mode alternatif de règlement des différends et la pertinence d'un cadre législatif harmonisé. Il plaide également en faveur d'une législation spécifique visant à réprimer les actes illicites en mer, dans une perspective de renforcement de la gouvernance maritime et de consolidation de la souveraineté des États côtiers africains.

Chapitre 1 : Le cadre judiciaire

Section 1 : Les juridictions maritimes

Les juridictions maritimes jouent un rôle essentiel dans la résolution des litiges liés aux activités maritimes, notamment en matière de commerce international, de transport maritime, de pollution marine et d'exploitation des ressources naturelles offshore. Ces juridictions spécialisées garantissent une application efficace du droit maritime en statuant sur des différends impliquant des acteurs étatiques et privés.

La jurisprudence du Tribunal international du droit de la mer (TIDM) souligne le rôle majeur des juridictions nationales dans l'application de la Convention des Nations Unies sur le droit de la mer (CNUDM). Ce tribunal, chargé de contrôler les mesures prises à l'encontre des navires et de leurs équipages, constitue le premier niveau de garantie juridictionnelle pour la protection des droits des navires et l'harmonisation de l'application du droit de la mer.

Ainsi, dans l'affaire M/V Saiga, il a affirmé que les juridictions nationales doivent exercer un contrôle effectif sur les mesures coercitives, telles que l'arrestation et la détention des navires, en veillant au respect des principes de nécessité et de proportionnalité (TIDM, 1er juillet 1999, §§ 146-150)[8].

De même, dans l'affaire Monte Confurco, le Tribunal a précisé que ces juridictions doivent s'assurer que les procédures de saisie, inspection et détention respectent la liberté de navigation (article 87 CNUDM) ainsi que le principe de non-discrimination (TIDM, Monte Confurco §§ 71-77) [9].

Enfin, dans l'affaire Hoshinmaru, le Tribunal a rappelé que les juridictions nationales doivent contrôler la proportionnalité des sanctions imposées au titre de la conservation des ressources biologiques marines, conformément aux articles 73 et 94 de la CNUDM, en exigeant que les amendes et confiscations soient strictement proportionnées à cet objectif (TIDM, Hoshinmaru, §§ 88-100) [10].

L'article 796 du code de la marine marchande de la CEMAC prévoit les juridictions maritimes dans chaque Etat membre. Le dernier alinéa de cet article précise que les délais de recours sont portés devant la cour de justice communautaire.

Paragraphe 1 : Compétence des juridictions maritimes

Les juridictions maritimes ont une compétence variée et étendue qui couvre plusieurs domaines du droit maritime, notamment :

---

8 TIDM, Affaire du M/V Saiga (No. 2) (Saint-Vincent-et-les-Grenadines c. Guinée), arrêt du 1er juillet 1999.

9 TIDM, Affaire du Monte Confurco (Seychelles c. France), ordonnance de main levée immédiate du 18 décembre 2000.

10 TIDM, Affaire du Hoshinmaru (Fédération de Russie c. Japon), arrêt du 6 août 2007.

- Le commerce maritime international : Les tribunaux maritimes traitent les différends relatifs aux contrats de transport maritime, aux assurances maritimes et aux contentieux commerciaux entre armateurs, affréteurs et chargeurs.
- La responsabilité en cas de sinistre maritime : Ils statuent sur les litiges liés aux abordages, aux avaries, aux dommages causés aux cargaisons et aux responsabilités des parties concernées.
- La pollution marine : Les juridictions maritimes jouent un rôle clé dans l'application des conventions internationales telles que la Convention MARPOL, en sanctionnant les infractions liées aux rejets illicites de substances polluantes en mer.
- L'exploitation des ressources offshore : Elles interviennent dans les litiges relatifs aux concessions pétrolières, aux autorisations d'exploration et d'exploitation, ainsi qu'aux conflits de juridiction en zones maritimes contestées.
- Le droit du travail maritime : Elles sont compétentes pour régler les différends entre employeurs et marins, notamment en matière de contrats d'engagement, de conditions de travail et de protection sociale des travailleurs de la mer.

La compétence des juridictions maritimes peut être attribuée à des tribunaux spécialisés, des chambres maritimes au sein des juridictions ordinaires ou encore des tribunaux arbitraux dans le cadre de procédures de règlement alternatif des différends.

Paragraphe 2 : Enjeux des juridictions maritimes

Les juridictions maritimes sont confrontées à plusieurs enjeux qui influencent leur efficacité et leur adaptation aux évolutions du secteur maritime mondial :

- L'harmonisation du droit maritime international : Les juridictions maritimes doivent assurer une application uniforme des conventions internationales et des normes régissant les activités maritimes, afin de garantir la sécurité juridique et la prévisibilité des décisions.
- La coopération interétatique : Le caractère transnational des litiges maritimes impose une coopération entre États pour la reconnaissance et l'exécution des décisions de justice, notamment en matière de saisie de navires et de poursuites pour pollution maritime.
- L'adaptation aux nouvelles technologies : Avec l'essor du numérique et de l'automatisation dans le transport maritime (ex. navires autonomes, contrats intelligents), les juridictions doivent se doter de cadres réglementaires adaptés pour traiter ces nouveaux défis juridiques.
- Le renforcement des capacités institutionnelles : De nombreux pays, notamment en développement comme le Congo, font face à un manque de tribunaux spécialisés et de magistrats formés en droit maritime, ce qui limite l'efficacité des juridictions maritimes et la rapidité des procédures.

- Les conflits liés à la délimitation des zones maritimes : Les différends territoriaux sur les zones économiques exclusives (ZEE) et le plateau continental nécessitent l'intervention des juridictions internationales, comme le Tribunal international du droit de la mer (TIDM) et la Cour internationale de justice (CIJ), pour trancher les contentieux entre Etats.

En définitive, les juridictions maritimes sont des institutions essentielles pour la régulation des activités maritimes et la garantie du respect des normes internationales. Leur renforcement passe par une meilleure formation des magistrats, une modernisation des cadres juridiques et une coopération accrue entre les différentes instances nationales et internationales compétentes en matière de droit maritime.

Paragraphe 3 : Les cadres législatifs et réglementaires

Le secteur maritime est régi par un ensemble complexe de cadres législatifs et réglementaires qui s'articulent à plusieurs niveaux : international, régional et national. Ces cadres visent à assurer une navigation sûre, une exploitation durable des ressources maritimes et une résolution efficace des litiges liés aux activités maritimes.

A. Cadre international

Sur le plan international, plusieurs conventions encadrent le droit maritime et régissent les activités des différents acteurs du secteur. La Convention des Nations Unies sur le droit de la mer (CNUDM-1982) constitue le principal texte régissant l'utilisation des océans et des ressources marines. Elle fixe les limites des eaux territoriales, des zones économiques exclusives (ZEE) et de la haute mer, tout en établissant les principes de la liberté de navigation et de la protection de l'environnement marin. Cette convention prévoit également des mécanismes de résolution des différends entre les Etats et un cadre de gouvernance pour l'exploitation équitable des ressources en haute mer.

La Convention de Bruxelles adoptée en 1924 et modifiée par la suite, vise à unifier certaines règles en matière de connaissement.

L'Organisation maritime internationale (OMI) joue un rôle central dans l'élaboration des normes internationales pour la sécurité maritime, la prévention des risques en mer et la protection environnementale. Elle a adopté des conventions importantes telles que la Convention SOLAS (Safety of Life at Sea, 1974), qui impose des normes strictes en matière de construction et d'équipement des navires pour garantir la sécurité des passagers et des marchandises. La Convention MARPOL (1973/1978) vise à prévenir la pollution causée par les hydrocarbures, les substances toxiques et les déchets en mer. La Convention STCW (1978) fixe quant à elle des standards rigoureux pour la formation et la certification des marins, garantissant ainsi leur compétence et leur aptitude à opérer en toute sécurité.

A.1. Encadrement international

La Convention SOLAS - socle international de la sécurité maritime : Origine, portée juridique et structure de la Convention SOLAS

La Convention internationale pour la sauvegarde de la vie humaine en mer (SOLAS – *Safety of Life at Sea*), adoptée pour la première fois en 1914 à la suite du naufrage du Titanic, constitue aujourd'hui le principal instrument juridique international de sécurité maritime. La version actuellement en vigueur est celle de 1974, amendée à plusieurs reprises, notamment par le Protocole de 1988 et les nombreux amendements ultérieurs introduits via la procédure dite de "tacit acceptance".

La Convention SOLAS est administrée par l'Organisation Maritime Internationale (OMI) et s'impose aux États du pavillon, aux États du port, ainsi qu'à l'ensemble des navires engagés dans des voyages internationaux. Elle est juridiquement contraignante et constitue un instrument fondamental du droit maritime international, au même titre que les conventions MARPOL, STCW et MLC 2006.

La Convention SOLAS est structurée en quatorze chapitres, chacun portant sur un domaine spécifique de la sécurité maritime, allant de la conception des navires aux équipements de sauvetage, en passant par la prévention des incendies, la radiocommunication, la gestion des cargaisons dangereuses et la sûreté maritime (chapitre XI-2).

Le contenu de SOLAS repose sur une approche préventive, technique et systémique de la sécurité maritime. Elle impose des normes obligatoires relatives à la construction, l'équipement et l'exploitation des navires pour garantir leur stabilité, leur résistance aux incendies, leur capacité à assurer la survie de l'équipage, et leur conformité aux standards de navigation sécurisée.

Parmi ses dispositions majeures figurent :

- Le Chapitre II-1, relatif à la construction des navires, la stabilité et la sécurité mécanique, qui définit les critères de subdivision, d'étanchéité, de propulsion et d'énergie.
- Le Chapitre II-2, consacré à la prévention, la détection et la lutte contre les incendies à bord.

- Le Chapitre III, sur les dispositifs de sauvetage, qui impose l'équipement en radeaux de sauvetage, gilets, signaux de détresse, et procédures d'abandon du navire.
- Le Chapitre V, applicable à tous les navires sans distinction de tonnage ou de pavillon, qui consacre la liberté de navigation mais impose des obligations en matière de sécurité, notamment l'usage de cartes électroniques, la veille permanente, les communications de détresse et le suivi de la navigation.
- Le Chapitre VII, sur le transport de cargaisons dangereuses, qui harmonise les obligations avec le Code IMDG (International Maritime Dangerous Goods Code).
- Le Chapitre XI-2, introduit après les attentats du 11 septembre 2001, qui constitue le fondement juridique du Code ISPS, établissant un cadre international de sûreté maritime face aux menaces terroristes et criminelles.

Les annexes de la Convention incluent également des codes obligatoires, tels que le Code LSA (Life-SavingAppliances), le Code FSS (FireSafetySystems) ou encore le Code IMSBC pour les cargaisons en vrac solides.

Si la majorité des États africains sont parties à la Convention SOLAS, sa mise en œuvre effective demeure inégale, en raison de plusieurs facteurs structurels : insuffisance des capacités institutionnelles, faiblesse des administrations maritimes, vétusté des flottes nationales, et manque de contrôle rigoureux dans les ports. L'absence d'infrastructures certifiées, l'inadéquation des formations techniques, et les retards dans la transposition des amendements récents limitent la capacité des États africains à exercer pleinement leur rôle d'État du pavillon et d'État du port.

Par ailleurs, certains pays ne disposent pas de registres maritimes fiables, ni de services d'inspection conformes aux standards de l'OMI, ce qui expose leurs navires à des détentions fréquentes lors des inspections dans les ports étrangers (Port State Control), notamment dans le cadre du Mémorandum d'Abuja.

Dans ce contexte, la transposition des prescriptions de la Convention SOLAS dans les codes maritimes nationaux et les réglementations portuaires est une priorité. Cela suppose l'adoption de législations précisant les normes de construction, les certifications des équipements, la formation des équipages, ainsi que la mise en place de systèmes d'inspection périodique et de suivi technique.

Une meilleure intégration de SOLAS dans les normes africaines pourrait également contribuer à l'amélioration des performances logistiques portuaires, à l'attractivité des pavillons africains et à la réduction du risque assurantiel lié à la non-conformité aux normes de sécurité.

Dans la perspective d'une réforme continentale du droit maritime africain, notamment à travers l'élaboration d'un Acte Uniforme OHADA sur le Droit Maritime, il est impératif que la Convention SOLAS soit prise comme référence obligatoire pour la définition des standards de sécurité maritime.

L'OHADA pourrait intégrer un chapitre spécifique à la sécurité des navires, fondé sur les exigences des chapitres clés de SOLAS, en lien avec les normes sur la certification des navires, la sécurité des passagers, la gestion des cargaisons, les plans de sûreté, et les obligations de reporting en cas d'incident.

Parallèlement, l'Union Africaine, à travers ses stratégies maritimes (Charte africaine sur la sécurité maritime, Stratégie intégrée pour les océans et les mers), pourrait promouvoir l'adoption de lignes directrices continentales sur l'application de SOLAS, en appui aux autorités maritimes nationales.

Enfin, une coopération technique avec l'OMI, les organisations de classification (Bureau Veritas, Lloyd's Register) et les écoles maritimes régionales serait indispensable pour accompagner la formation des inspecteurs, la mise en conformité des ports et des navires, et la digitalisation des systèmes de suivi de la sécurité maritime.

On doit souligner et saluer le fait que plusieurs dispositions de la convention SOLAS, aient été intégrées dans le code de la marine marchande de la CEMAC.

A.2. Le Code ISPS : socle de la sûreté maritime et portuaire

Adopté dans le cadre des amendements à la Convention SOLAS de 1974, le Code international pour la sûreté des navires et des installations portuaires (Code ISPS) est entré en vigueur en 2004, en réponse aux menaces croissantes de terrorisme maritime et d'insécurité portuaire. Ce Code impose aux États du pavillon, aux exploitants de navires et aux autorités portuaires des obligations strictes en matière de prévention, de détection et de réponse aux menaces contre la sécurité des navires et des installations portuaires.

Le Code ISPS repose sur une logique de gestion des risques et de préparation organisationnelle, structurée autour de trois piliers : l'évaluation de la sûreté, le plan de sûreté, et la désignation d'officiers responsables (SSO, CSO, PFSO). Il instaure l'obligation pour les navires de se conformer à des normes de surveillance, d'accès contrôlé, de communication sécurisée et de coordination avec les autorités portuaires.

L'absence d'une analyse du Code ISPS dans les cadres réglementaires africains constitue une lacune majeure, dans la mesure où les menaces à la sûreté maritime – telles que la piraterie, le trafic d'armes et le sabotage portuaire-sont particulièrement prégnantes sur le continent, notamment dans le Golfe de Guinée. Un alignement effectif sur le Code ISPS permettrait de renforcer la résilience des ports africains, d'attirer davantage de flux logistiques internationaux et d'améliorer les classements des ports en matière de sûreté et de conformité[11].

Pour garantir une application effective du Code ISPS, il est nécessaire que les législations nationales intègrent explicitement ses exigences, que les autorités maritimes soient dotées de capacités d'inspection certifiées, et que les installations portuaires disposent de plans de sûreté conformes aux normes de l'Organisation Maritime Internationale. L'inscription de cette norme dans un futur Acte Uniforme OHADA ou code maritime régional renforcerait la sécurité juridique et opérationnelle du secteur portuaire africain[12].

A.3. La Convention MLC 2006 : cadre normatif global pour le travail maritime

La Convention du travail maritime (MLC, 2006) adoptée par l'Organisation Internationale du Travail et ratifiée par le Congo constitue aujourd'hui le principal instrument international garantissant des conditions de travail dignes pour les gens de mer. Souvent qualifiée de « quatrième pilier du droit maritime international » aux côtés de SOLAS, MARPOL et STCW, la MLC 2006 codifie les droits fondamentaux des marins, couvrant des aspects aussi variés que les conditions d'emploi, les contrats de travail, le logement, la sécurité sociale, la médecine du travail et la protection en cas d'abandon.

Cette convention impose aux États du pavillon l'obligation de faire respecter les normes minimales de travail à bord des navires immatriculés, ainsi qu'aux États du port l'obligation d'inspecter et de sanctionner les navires ne respectant pas ces normes. Elle institue également un système de certification obligatoire pour les navires de plus de 500 tonneaux de jauge brute opérant en navigation internationale, attestant de leur conformité aux exigences sociales et sanitaires internationales[13].

Or, malgré sa portée universelle et son importance stratégique, la MLC 2006 demeure encore insuffisamment intégrée dans les dispositifs juridiques africains,

---

[11] NGO MBOGBA-MIKANO Paulette (2015), *Le droit international de la sûreté maritime de 2002 en Afrique subsaharienne*, Editions L'Harmattan, p.35 et s.

[12] *Idem*, p. 21 et s.

[13]CHAUMETTE Patrick (2007),« La Convention du travail maritime OIT de 2006 », *Revue Congolaise des Transports et des Affaires maritimes,* 2007, janvier-mai, n°6, p.11 et s. ; CHARBONNEAU Alexandre (2007), « Consolidation et effectivité des normes maritimes de l'O.I.T. : la Convention du travail maritime 2006 », *Revue Congolaise des Transports et des Affaires maritimes*, janvier-mai, n°6p.25 et s.

tant dans les codes du travail que dans les lois maritimes. Cette absence fragilise la position des marins africains, souvent employés sur des navires battant pavillon étranger et exposés à des formes d'exploitation ou de précarité. Elle affaiblit également la crédibilité des pavillons africains sur la scène internationale, en les exposant à des mesures de rétention dans les ports étrangers en cas de non-conformité.

Il devient donc urgent que les législations maritimes nationales, régionales et continentales incorporent de manière explicite les dispositions de la MLC 2006, à travers des mécanismes de contrôle du respect des contrats, de protection contre l'abandon, de reconnaissance des qualifications, et de garanties d'assurance en cas de maladie ou d'accident. Une formation adéquate des inspecteurs du travail maritime et une coopération régionale pour la vérification de la certification sociale des navires seraient également nécessaires.

Les dispositions pertinentes de cette convention ont été intégrées dans le code de la marine marchande de la CEMAC, mais, on note toutefois que sa mise en œuvre demeure timide dans les Etats, ce qui est à remédier.

A.4. Enjeux de convergence entre normes de sûreté et de travail : une approche intégrée

Le Code ISPS et la MLC 2006 relèvent de deux champs distincts-la sûreté et les conditions de travail-mais partagent une logique de gouvernance fondée sur la responsabilité de l'Etat du pavillon, la conformité aux standards internationaux, et la coopération entre États portuaires. Leur intégration conjointe dans les législations africaines contribuerait à renforcer la cohérence et l'efficacité du cadre juridique maritime, tout en améliorant la compétitivité des pavillons africains.

En effet, un navire qui ne respecte ni les normes de sûreté ni les normes sociales internationales s'expose à des sanctions, à des retenues prolongées dans les ports, et à une perte de confiance de la part des affréteurs, assureurs et autorités de contrôle. A l'inverse, la démonstration d'une conformité rigoureuse aux exigences du Code ISPS et de la MLC 2006 permet d'accéder aux marchés internationaux, d'obtenir des primes d'assurance plus favorables, et de renforcer l'attractivité du pavillon national.

L'Afrique, confrontée à des défis croissants en matière de piraterie, de précarité des marins, et de vulnérabilité des installations portuaires, a tout intérêt à adopter une vision intégrée de ces normes, en articulant la législation maritime, le droit du travail, le droit portuaire et les politiques de sécurité.

B. Cadre régional

Au niveau régional, plusieurs organisations et accords adaptent ces normes aux spécificités locales. L'Organisation maritime de l'Afrique de l'Ouest et du Centre (OMAOC) favorise la coopération régionale en matière de transport maritime et de sécurité portuaire, en encourageant l'harmonisation des règles et des politiques maritimes entre les états membres.
Le Mémorandum d'entente d'Abuja sur le contrôle des navires par l'État du port constitue un outil essentiel pour assurer la conformité des navires accostant dans les ports africains aux règlements internationaux en vigueur. Il vise à renforcer l'efficacité des inspections et à limiter la circulation de navires ne répondant pas aux normes de sécurité et environnementales.

La Commission de l'Union Africaine sur la mer et l'économie bleue œuvre à la mise en place de politiques harmonisées en matière de gouvernance maritime et de gestion durable des ressources océaniques. Son objectif est d'optimiser l'exploitation des ressources halieutiques, de renforcer la sécurité maritime et de développer une économie bleue inclusive et résiliente en Afrique.

B.1. Le Code communautaire de la marine marchande de la CEMAC (2012) : un socle régional à intégrer dans la réforme du droit maritime africain

Le Code Communautaire de la Marine Marchande de la CEMAC, adopté en 2012, constitue un texte juridique régional majeur visant à harmoniser les règles de navigation maritime, de sécurité portuaire et de transport dans les six États membres de la Communauté Économique et Monétaire de l'Afrique Centrale. Ce Code marque une avancée considérable dans la structuration du droit maritime régional, en fournissant un cadre juridique commun aux pays côtiers comme le Cameroun, le Gabon, la Guinée équatoriale et la République du Congo, mais aussi aux pays enclavés bénéficiant des ports maritimes via des corridors logistiques régionaux.
Cette initiative s'inscrit dans une volonté d'intégration juridique régionale, de rationalisation des pratiques portuaires et d'amélioration de la compétitivité maritime de la sous-région, à l'image des efforts similaires entrepris par l'UEMOA en Afrique de l'Ouest. Toutefois, sa faible visibilité dans les analyses doctrinales et sa mise en œuvre inégale dans les États membres ont limité son potentiel transformateur.

Le Code de la CEMAC de 2012 couvre un large spectre des activités maritimes, en conformité avec les standards internationaux définis par l'OMI, l'OIT et la CNUDM. Il aborde notamment :

- le statut juridique des navires et les conditions d'immatriculation dans les registres communautaires ;-les normes de sécurité maritime et de sûreté portuaire, en intégrant les exigences du Code ISPS et des conventions SOLAS, STCW et MARPOL ;-la réglementation des contrats de transport maritime et des affrètements ;-la responsabilité des transporteurs, l'assurance maritime, la prévention des pollutions et la gestion des risques ;-la protection des marins, en cohérence avec les dispositions de la MLC 2006.

Le Code prévoit également la création d'un registre communautaire de navires, destiné à renforcer la cohérence entre les registres nationaux et à promouvoir un pavillon communautaire crédible. Il établit les bases d'un système intégré de contrôle des navires et d'inspection dans les ports de la sous-région, ainsi qu'un mécanisme de sanctions contre les infractions maritimes.

En posant les jalons d'un droit uniforme, ce texte permet de consolider la sécurité juridique du secteur maritime dans la région CEMAC, de faciliter les investissements et de garantir une meilleure coordination entre les administrations maritimes nationales.

Malgré ses avancées conceptuelles, le Code de 2012 souffre d'un manque de transposition et d'application effective au sein des législations nationales. Plusieurs États membres tardent à adapter leur droit interne, à former les autorités compétentes et à opérationnaliser les mécanismes institutionnels prévus. Ce décalage entre la norme régionale et la réalité administrative entrave son efficacité.

De plus, le Code n'a pas encore été pleinement articulé avec les autres instruments juridiques régionaux ou continentaux, comme les Actes Uniformes de l'OHADA, les initiatives de l'Union Africaine sur l'économie bleue, ou les régimes douaniers et logistiques de la CEEAC. Cette absence d'articulation multi-niveaux limite son influence sur les grands chantiers de réforme en cours, notamment dans le domaine du commerce maritime, de la sécurité maritime intégrée et de la gestion environnementale des zones côtières.
Il est également à noter que le Code, adopté en 2012, doit être révisé à la lumière des évolutions contemporaines du droit maritime international, notamment en matière de digitalisation, d'émissions carbone du transport maritime et de gouvernance durable des ports.

Dans la perspective d'une intégration juridique continentale du droit maritime, le Code communautaire de la CEMAC peut servir de référence utile et opérationnelle pour alimenter la réflexion autour de l'élaboration d'un Acte Uniforme OHADA sur le droit maritime. Il en constitue, en quelque sorte, un prototype régional qui a le mérite d'avoir déjà codifié, dans un espace géographique cohérent, les grands principes du droit maritime moderne.

Sa prise en compte dans les réformes continentales permettrait d'assurer une continuité normative entre les niveaux national, régional et continental, tout en évitant la fragmentation réglementaire. Il est donc impératif que les institutions régionales et les experts juridiques mobilisés dans le cadre de la réforme OHADA s'appuient sur les acquis du Code CEMAC, qu'il s'agisse de la structuration des chapitres, des définitions techniques, des dispositifs de sanction ou des procédures d'immatriculation.

Par ailleurs, une coopération renforcée entre la Commission de la CEMAC, l'OHADA et la Commission de l'Union Africaine permettrait de mutualiser les expériences, harmoniser les concepts juridiques, et promouvoir une convergence réglementaire indispensable à l'émergence d'un espace maritime africain intégré, sécurisé et compétitif.

B.2. La Convention d'Abidjan (1981) : cadre régional pour la protection du milieu marin africain

Adoptée à Abidjan en mars 1981 sous l'égide du Programme des Nations Unies pour l'Environnement (PNUE), la Convention pour la coopération en matière de protection et de mise en valeur du milieu marin et côtier de la région de l'Afrique de l'Ouest, du Centre et du Sud-dite Convention d'Abidjan-constitue un cadre juridique régional multilatéral visant à promouvoir une gouvernance environnementale intégrée des zones marines et côtières.

Cette convention s'applique à un vaste espace géographique s'étendant de la Mauritanie à l'Afrique du Sud, englobant 22 États côtiers, dont la République du Congo. Elle vise à lutter contre la dégradation du milieu marin, à prévenir la pollution d'origine tellurique ou maritime, et à coordonner les efforts de conservation de la biodiversité dans les zones côtières et marines.

Dès son adoption, la Convention d'Abidjan s'est imposée comme un instrument structurant dans la réponse africaine à la pollution marine, à la surpêche, à la destruction des mangroves, aux impacts du trafic maritime et aux effets du changement climatique sur les écosystèmes marins.

Le texte de la Convention comprend des obligations générales des Etats parties en matière de prévention, de réduction et de maîtrise des sources de pollution, qu'elles soient d'origine terrestre, atmosphérique, portuaire ou offshore. Il impose également des mesures de conservation de la faune et de la flore marines, notamment à travers la création d'aires marines protégées et le développement de plans de gestion intégrée des zones côtières (GIZC).

Outre les obligations de prévention, la Convention prévoit un système de coopération scientifique, technique et juridique, notamment à travers des échanges de données, des évaluations environnementales régionales et l'adoption de protocoles additionnels. Le Protocole sur les normes de responsabilité et d'indemnisation en cas de pollution constitue un outil juridique important pour établir la responsabilité des pollueurs, notamment dans le cadre des accidents pétroliers ou des déversements de déchets toxiques.

La Convention d'Abidjan repose sur un Secrétariat régional chargé de suivre la mise en œuvre, d'appuyer les États dans la transposition des engagements, et de mobiliser des financements auprès des partenaires internationaux. Toutefois, la faible opérationnalisation de ses mécanismes reste un obstacle à son plein potentiel.

Malgré son ambition, la mise en œuvre effective de la Convention d'Abidjan reste encore fragmentée et inégale. Plusieurs États parties n'ont pas transposé ses obligations dans leurs législations nationales, et les instruments réglementaires sectoriels (pêche, hydrocarbures, aménagement du littoral) ne tiennent pas toujours compte des impératifs environnementaux fixés par le texte.

De plus, le manque de moyens financiers, humains et institutionnels du Secrétariat limite ses capacités d'intervention, de suivi et de coordination. Enfin, la Convention peine à intégrer pleinement les nouvelles menaces : changement climatique, montée des eaux, érosion côtière, pollutions plastiques et marines émergentes.

Un autre défi réside dans le dialogue inter-institutionnel, notamment entre les États signataires, les institutions régionales (CEMAC, CEDEAO, SADC), et les agences internationales. Cette faible interopérabilité limite l'intégration de la Convention dans les politiques sectorielles (énergie, pêche, urbanisation, tourisme littoral) et réduit son impact dans la planification des projets d'infrastructures maritimes et portuaires.

Dans la perspective d'un Acte Uniforme OHADA sur le droit maritime ou d'une réforme des codes nationaux maritimes, la Convention d'Abidjan doit être pleinement intégrée comme référence en matière de gouvernance environnementale maritime. Elle constitue un fondement légitime pour instaurer des obligations juridiques en matière de protection du milieu marin, de responsabilité environnementale et de gestion durable des ressources marines partagées. Son intégration permettrait, d'une part, de renforcer la cohérence entre droit maritime et droit environnemental et, d'autre part, de positionner les États africains dans une dynamique conforme aux objectifs de développement durable (ODD 14), à l'Accord de Paris et à la Décennie des Nations Unies pour les sciences océaniques au service du développement durable (2021-2030).

Enfin, un alignement plus rigoureux des politiques nationales maritimes avec les engagements de la Convention d'Abidjan permettrait de structurer des outils concrets, comme :

- des schémas d'aménagement intégré des zones côtières ;
- des mécanismes de contrôle environnemental des navires ;
- des régimes d'indemnisation pour les pollutions marines ;
- des dispositifs d'évaluation environnementale stratégique des projets portuaires.

B.3. Le Mémorandum d'Abuja : pilier régional du contrôle des navires par l'État du port

Genèse et objectifs du Mémorandum d'Abuja

Le Mémorandum d'Abuja (Abuja MoU), signé en 1999 et entré en vigueur en 2001, constitue un accord régional africain sur le contrôle des navires par l'État du port (Port State Control). Il réunit actuellement 22 Etats membres d'Afrique de l'Ouest et du Centre, et vise à lutter contre les navires sous-normes qui ne respectent pas les conventions internationales en matière de sécurité, de sûreté maritime, de prévention de la pollution et de conditions de travail à bord.

Inspiré des autres accords régionaux de PSC comme le Paris MoU (Europe) ou le Tokyo MoU (Asie-Pacifique), le Mémorandum d'Abuja repose sur un principe simple mais fondamental : chaque État a le droit - et le devoir - d'inspecter dans ses ports les navires étrangers accostant sur son territoire afin de vérifier leur conformité aux conventions internationales ratifiées, notamment SOLAS, MARPOL, STCW, MLC 2006 et ISPS.

Ce mécanisme de contrôle permet aux États africains, y compris ceux qui ne disposent pas d'une grande flotte nationale, d'exercer un pouvoir régulateur important sur les navires opérant dans leurs ports, en complément des obligations qui incombent aux États du pavillon[14].
Le système mis en place dans le cadre du Mémorandum d'Abuja repose sur l'inspection sélective des navires étrangers par des Officiers du contrôle de l'État du port (OCÉP), formés et certifiés selon les standards de l'OMI. Ces inspections portent sur la documentation à bord, l'état du navire, la sécurité des équipements, les conditions de vie de l'équipage, la conformité environnementale et la présence de dispositifs anti-incendie ou de sauvetage.

Les navires qui présentent des non-conformités peuvent faire l'objet de mesures allant du simple avertissement à la détention au port, voire à l'interdiction d'entrée sur le territoire régional en cas de récidive. Le Mémorandum prévoit une

[14] P. NGO MBOGBA, La protection de l'environnement marin dans la région de l'Afrique du centre et de l'ouest : le mémorandum d'Abuja, éd. Presses de l'UCAC 2025.

base de données centralisée, le Système d'information de l'Abuja MoU, qui recense les inspections, les défaillances constatées, et les mesures prises, et qui est interconnecté avec les bases de données mondiales (Equasis, GISIS de l'OMI).

Les inspections sont menées en conformité avec les conventions internationales obligatoires, en particulier :

- la Convention SOLAS (1974) sur la sécurité des navires,
- la Convention MARPOL (1973/78) sur la prévention de la pollution marine,
- la Convention STCW (1978) sur la formation des marins,
- la Convention MLC (2006) sur le travail maritime,
- le Code ISPS sur la sûreté maritime et portuaire.

Le Mémorandum encourage également les États à harmoniser leurs procédures d'inspection, à mutualiser leurs compétences et à adopter une approche non discriminatoire, fondée sur des critères de risque (antécédents du navire, du pavillon, du propriétaire, etc.).

Le Mémorandum d'Abuja répond à des enjeux multidimensionnels. D'abord, il constitue un instrument de lutte contre les pavillons de complaisance et les navires sous-normes qui, en contournant les contrôles de sécurité ou les exigences environnementales, représentent une menace grave pour les écosystèmes marins et les ports africains[15].

Ensuite, il renforce la souveraineté réglementaire des États africains, en leur permettant d'exercer un pouvoir de régulation directe sur les activités maritimes dans leurs ports. Ce mécanisme est particulièrement important pour les pays côtiers d'Afrique centrale et de l'Ouest, souvent confrontés à des déficits de contrôle dans leurs propres registres maritimes.

Sur le plan social, le Mémorandum d'Abuja contribue à l'amélioration des conditions de travail des gens de mer, en permettant aux inspecteurs de vérifier la conformité des contrats, la protection sociale, le paiement des salaires, et les normes d'hébergement à bord, en conformité avec la MLC 2006[16].
Enfin, il participe à la réduction des risques maritimes, à l'attractivité des ports africains, à la fiabilité des corridors logistiques et à la sécurisation des chaînes d'approvisionnement. En améliorant la réputation des ports, il renforce également la position commerciale des pays membres sur les marchés internationaux.

---

[15] Voir A.C. NZINSOU, Le MOU d'Abidjan, un accord administratif pertinent difficilement appliqué dans la sous-région, RAAMT, juillet 2009, n°1, p. 25 et s.

[16] *Idem*, p. 25 et s.

Malgré ses apports indéniables, la mise en œuvre du Mémorandum d'Abuja reste confrontée à plusieurs défis : insuffisance de moyens techniques, formation inégale des OCÉP, données incomplètes dans les systèmes d'information, manque d'harmonisation des procédures, et faible transposition des engagements dans les législations nationales.

Dans cette perspective, il est impératif que les États parties intègrent explicitement les principes du Mémorandum dans leurs codes maritimes et lois portuaires, en consacrant le droit de contrôle portuaire, les obligations de détention en cas de non-conformité, et la coopération régionale en matière d'inspection. Le futur Acte Uniforme OHADA sur le droit maritime devrait également reconnaître le rôle stratégique du PSC en tant qu'outil de régulation, de protection environnementale et de gouvernance maritime partagée.

Par ailleurs, un renforcement institutionnel du Secrétariat de l'Abuja MoU est indispensable. Il doit être doté de ressources suffisantes, d'un mandat technique renforcé, et d'un appui politique de haut niveau. La coopération avec l'OMI, l'Union Africaine, la BAD ou l'Union Européenne pourrait permettre de renforcer les capacités nationales, de développer des programmes régionaux de formation certifiée, et de moderniser les systèmes d'information partagés.

Enfin, dans le contexte de la mise en œuvre de la Zone de libre-échange continentale africaine (ZLECAF), le Mémorandum d'Abuja pourrait devenir un modèle de régulation régionale à dupliquer dans d'autres régions du continent, contribuant à construire une gouvernance maritime africaine cohérente, fiable et souveraine.

B.4. L'Architecture de Yaoundé : vers une gouvernance sécuritaire maritime intégrée en Afrique centrale et occidentale

Adoptée en juin 2013 lors du Sommet conjoint des chefs d'État et de gouvernement de la CEDEAO, de la CEEAC et de la Commission du Golfe de Guinée, la Déclaration de Yaoundé a posé les bases d'une stratégie régionale intégrée pour lutter contre les menaces croissantes pesant sur la sécurité maritime dans le Golfe de Guinée. Ce sommet marquait une prise de conscience collective face à l'explosion des actes de piraterie, de vols à main armée en mer, de pêche illégale, de trafic d'armes, de stupéfiants et d'êtres humains, qui compromettaient la souveraineté des États, la sécurité des échanges commerciaux et la stabilité régionale.

La Déclaration de Yaoundé a conduit à la création d'une architecture institutionnelle de sûreté maritime, désignée sous le nom d'Architecture de Yaoundé, structurée autour de principes de coordination interétatique, d'échange d'informations, d'harmonisation juridique et de réponse opérationnelle rapide. Elle constitue aujourd'hui le pilier de la gouvernance sécuritaire maritime dans le Golfe de Guinée, aux côtés du Mémorandum d'Abuja.

L'Architecture de Yaoundé repose sur un dispositif articulé à plusieurs niveaux, couvrant la dimension nationale, zonale et régionale :

Au niveau national, chaque État doit mettre en place un Centre national de coordination maritime (CNC) chargé de centraliser les informations sur les activités maritimes suspectes, d'assurer la liaison avec les forces navales, les garde-côtes, les autorités portuaires, douanières et judiciaires, et de coordonner les réponses opérationnelles.

Au niveau zonal, deux Centres Multinationaux de Coordination (CMC) ont été créés :

- le CRESMAO à Abidjan, pour la zone ouest (CEDEAO) ;
- le CRESMAC à Pointe-Noire, pour la zone centre (CEEAC).

Ces centres assurent la coordination des CNC à l'échelle sous-régionale, l'analyse stratégique des menaces, l'échange d'informations, la formation des personnels, et la planification d'opérations conjointes.

Au sommet du dispositif, un Centre Interrégional de Coordination (CIC), basé à Yaoundé, joue un rôle stratégique de pilotage de l'ensemble de l'architecture. Il supervise l'intégration des actions, développe des normes communes, et sert de lien entre les structures régionales africaines et les partenaires internationaux (OMI, INTERPOL, EU, États-Unis, etc.).

Cette architecture est soutenue par une doctrine commune appelée Code de Conduite de Yaoundé, qui encadre la coopération entre États, le respect de la souveraineté, le partage de responsabilité et les mécanismes de coordination opérationnelle en mer.

L'Architecture de Yaoundé a permis d'instituer un cadre africain de sécurité maritime collective dans une région classée parmi les plus dangereuses au monde pour la navigation commerciale. Entre 2010 et 2020, plus de 90 % des enlèvements de marins dans le monde ont eu lieu dans le Golfe de Guinée. La mise en place de cette architecture a contribué à une réduction notable des incidents de piraterie grâce à une meilleure coordination des marines nationales, à l'interopérabilité croissante entre les centres de coordination, et à l'implication croissante des États dans la surveillance de leurs ZEE.

L'Architecture de Yaoundé sert également de levier pour renforcer :

- la surveillance des zones de pêche et la lutte contre la pêche INN ;

- la lutte contre la pollution marine liée aux activités illicites offshore ;
- le contrôle des navires et des cargaisons suspectes, en coordination avec les services douaniers et judiciaires.

Au-delà de la répression, cette architecture favorise la diplomatie maritime régionale, en instaurant des mécanismes de confiance entre États et en posant les bases d'une souveraineté collective sur les mers africaines, en lien avec les objectifs de l'Agenda 2063 de l'Union Africaine.

Malgré les progrès accomplis, plusieurs défis persistent : manque de ressources humaines et logistiques, déficits de financement, capacités techniques inégales entre les États, et faible transposition juridique du Code de conduite de Yaoundé dans les législations nationales. Or, pour que cette architecture devienne pleinement efficace, elle doit s'appuyer sur un cadre normatif cohérent, contraignant et intégré.

Il est donc crucial que les États africains adaptent leurs législations nationales (code maritime, code pénal, code de procédure pénale) pour reconnaître :

- les centres de coordination comme organes compétents ;
- les formes spécifiques de criminalité maritime (piraterie, vol à main armée, pêche illégale) ;
- la compétence partagée en matière de poursuite judiciaire en mer.

L'OHADA, dans sa réflexion sur un Acte Uniforme sur le Droit Maritime, pourrait consacrer la reconnaissance juridique de cette architecture régionale comme base de coopération judiciaire et opérationnelle, tout en intégrant des clauses sur la sécurité collective en mer, la mutualisation des moyens, et la responsabilité partagée en cas de crimes transnationaux.
Enfin, une coopération accrue avec les partenaires techniques internationaux (OMI, OIT, INTERPOL, Union Européenne, US AFRICOM, etc.) est essentielle pour renforcer la durabilité du système, former les opérateurs, équiper les centres, et pérenniser les mécanismes de réponse.

B.5. Intégration institutionnelle et perspectives normatives pour les États africains

L'intégration du Code ISPS et de la Convention du travail maritime (MLC, 2006) dans les dispositifs juridiques et administratifs africains nécessite une transformation structurelle, à la fois normative, institutionnelle et opérationnelle. Cette intégration ne saurait se limiter à une simple ratification ou à des déclarations politiques ; elle implique une révision des cadres législatifs nationaux, une harmonisation des standards au niveau régional et une coopération soutenue avec les organisations internationales spécialisées. Trois niveaux d'intervention sont essentiels : national, régional et international.

Au niveau national, les États africains doivent entreprendre une révision systématique de leurs codes maritimes, des lois portuaires et des législations du travail afin d'y incorporer les prescriptions normatives du Code ISPS et de la MLC 2006. Cela suppose notamment l'inclusion explicite de dispositions relatives à la sûreté portuaire, à la certification des plans de sûreté des navires et des installations portuaires, à la désignation d'officiers de sûreté (SSO, PFSO), ainsi qu'à la reconnaissance juridique du statut des gens de mer comme catégorie spécifique de travailleurs protégés par des normes internationales.

Parallèlement, les administrations maritimes doivent être dotées de services spécialisés en sûreté maritime et en protection du travail maritime, avec des agents formés aux normes internationales de l'OMI et de l'OIT. Il en va de même pour les autorités portuaires, qui doivent disposer de compétences techniques et réglementaires pour superviser l'élaboration, la mise à jour et la vérification des plans de sûreté conformes au Code ISPS. Ce renforcement des capacités administratives nécessite également des réformes de gouvernance incluant la création d'agences maritimes autonomes, la modernisation des systèmes de surveillance portuaire, et la mise en place de mécanismes nationaux de certification et d'inspection des navires.

Dans le domaine du travail maritime, les États doivent intégrer les prescriptions de la MLC 2006 dans les codes du travail et établir des dispositifs de contrôle social dans les ports et à bord des navires immatriculés. Cela inclut l'enregistrement des contrats de travail maritime, le contrôle du paiement des salaires, le respect des horaires de travail et de repos, la protection contre l'abandon, ainsi que la supervision de la couverture médicale et sociale des gens de mer.

Sur le plan régional, l'harmonisation des cadres juridiques demeure un enjeu fondamental. L'Organisation pour l'Harmonisation en Afrique du Droit des Affaires (OHADA), en cours de réflexion sur un Acte Uniforme sur le droit maritime, devrait intégrer dans ce futur instrument des standards minimaux contraignants en matière de sûreté maritime (ISPS) et de droit du travail des gens de mer (MLC).

Un tel acte permettrait d'unifier les règles applicables dans les 17 États membres, de faciliter la reconnaissance mutuelle des certificats et de renforcer la sécurité juridique des opérations maritimes. Il garantirait également une base commune pour la négociation d'accords de coopération interétatique, notamment en matière de contrôle des navires par l'État du port (Port State Control), d'immatriculation, et d'inspection du travail maritime.

L'Union Africaine (UA), à travers ses organes techniques tels que la Commission sur l'économie bleue, l'Agence africaine de sûreté maritime (AFSM) ou le Comité africain des gens de mer, pourrait quant à elle jouer un rôle de coordination stratégique. Elle devrait promouvoir des lignes directrices continentales pour l'application des normes ISPS et MLC, en cohérence avec les priorités de l'Agenda 2063, notamment l'aspiration 1 (prospérité), l'aspiration 6 (bonne gouvernance) et l'objectif de souveraineté africaine sur ses ressources maritimes.

Un mécanisme régional de surveillance et d'évaluation pourrait être institué, afin de contrôler la transposition effective des normes par les États, évaluer la performance des registres maritimes africains, et renforcer la coordination entre les administrations nationales. Ces initiatives contribueraient également à renforcer la crédibilité des ports africains dans les classements internationaux, à améliorer la réputation des pavillons africains, et à encourager une concurrence réglementaire basée sur la qualité plutôt que sur la complaisance.

L'intégration des normes ISPS et MLC 2006 ne peut être pleinement réalisée sans un appui technique et financier conséquent de la part des organisations internationales spécialisées. L'Organisation Maritime Internationale (OMI) dispose d'un ensemble de programmes d'assistance, tels que l'IMO Member State Audit Scheme (IMSAS) et les IMO Regional Training Centres, qui peuvent être mobilisés pour accompagner les États africains dans la mise en conformité de leur cadre réglementaire et institutionnel.

De son côté, l'Organisation Internationale du Travail (OIT) offre des outils de formation pour les inspecteurs du travail maritime, des guides pratiques de mise en œuvre de la MLC 2006, et des programmes d'appui à la réforme du droit du travail dans les secteurs maritimes. Une coopération triangulaire avec l'Union Européenne, les États-Unis ou des pays d'Asie spécialisés en droit maritime (Singapour, Corée du Sud) permettrait de bénéficier d'un transfert d'expertise sur les pratiques les plus avancées en matière de sûreté et de protection sociale en mer.

L'INTERPOL, quant à elle, pourrait soutenir la structuration de bases de données de sûreté maritime, la surveillance des menaces transnationales et la formation des services maritimes à la lutte contre les trafics en mer.

Enfin, les institutions financières internationales comme la Banque Africaine de Développement, la Banque Mondiale ou l'OMC devraient être mobilisées pour financer des programmes intégrés de mise en conformité réglementaire, notamment dans le cadre des corridors maritimes stratégiques et des projets de développement portuaire durable.

L'intégration institutionnelle des normes ISPS et MLC 2006 ouvre la voie à une réforme systémique du secteur maritime africain. En harmonisant les obligations en matière de sûreté et de conditions de travail, les États africains pourraient bâtir un espace maritime plus cohérent, compétitif et conforme aux standards internationaux.

Un tel alignement offrirait une meilleure protection des gens de mer, une valorisation des ports africains dans les chaînes logistiques mondiales, et une réduction des risques opérationnels pour les armateurs et investisseurs. Il favoriserait également la création d'emplois qualifiés dans les secteurs portuaires, maritimes et logistiques, tout en consolidant la souveraineté réglementaire de l'Afrique sur ses espaces maritimes et sa flotte.
Cette perspective ne pourra se concrétiser qu'à la condition d'une volonté politique ferme, d'un dialogue intersectoriel constant, et d'une coopération multilatérale structurée, dans l'esprit d'un droit maritime africain moderne, solidaire et durable

C. Cadre national

Chaque pays adapte les conventions internationales à son propre cadre juridique pour réguler les activités maritimes locales. Un code maritime national définit généralement les règles relatives à la navigation, la sécurité, l'immatriculation des navires et la préservation de l'environnement marin.

Les juridictions maritimes ou chambres spécialisées au sein des tribunaux de commerce facilitent la résolution des litiges en apportant une expertise technique et une rapidité de jugement accrues. Ce dispositif permet de garantir la sécurité juridique aux investisseurs et aux opérateurs du secteur maritime.

Les autorités maritimes nationales assurent la réglementation des activités portuaires et la surveillance des navires en vue de garantir le respect des normes internationales. Elles participent également à la mise en place de stratégies fiscales et d'incitations économiques pour stimuler les investissements dans le domaine maritime.

D. Enjeux et perspectives

Malgré ces cadres réglementaires bien établis, plusieurs défis persistent. L'harmonisation des règlementations entre les pays africains demeure une priorité pour renforcer l'intégration régionale et fluidifier le commerce maritime. La formation et la modernisation des infrastructures portuaires sont également cruciales pour optimiser la compétitivité du secteur.

La digitalisation des services portuaires, l'intégration des technologies de surveillance maritime et le renforcement de la sécurité cybernétique sont des enjeux incontournables pour garantir une gestion efficace et sécurisée du trafic maritime. Enfin, la transition écologique impose des adaptations aux normes environnementales afin de réduire l'empreinte carbone du transport maritime et promouvoir des solutions durables comme l'utilisation de carburants propres et la modernisation des flottes.

Section 2 : L'arbitrage maritime : Une alternative efficace

L'arbitrage maritime est une méthode alternative de règlement des différends contractuels et non contractuels entre les acteurs du commerce maritime. Il permet d'éviter les contraintes des juridictions traditionnelles en offrant une solution plus flexible, rapide et confidentielle. Cette approche est particulièrement prisée en raison de la complexité des affaires maritimes et de la nécessité d'une expertise technique approfondie pour trancher les litiges de manière juste et équilibrée. L'article 797 du code de la marine marchande de la CEMAC y est consacré.

Paragraphe 1 : Fondements de l'arbitrage maritime

L'arbitrage maritime repose sur un accord entre les parties en conflit qui choisissent volontairement de soumettre leur différend à un ou plusieurs arbitres spécialisés dans le droit maritime et les pratiques commerciales du secteur. Cette approche permet aux parties de désigner des experts maîtrisant parfaitement les spécificités de l'industrie, ce qui garantit des décisions adaptées aux réalités opérationnelles du commerce maritime.

L'un des principaux avantages de l'arbitrage maritime réside dans la rapidité du processus.

Contrairement aux juridictions traditionnelles souvent engorgées, les procédures arbitrales sont menées selon un calendrier flexible convenu entre les parties, ce qui permet de résoudre les litiges dans des délais plus courts. Cette célérité contribue à limiter les interruptions des activités commerciales et réduit les coûts financiers liés à des procédures judiciaires longues et complexes. La confidentialité est un autre aspect fondamental de l'arbitrage maritime. Contrairement aux procédures judiciaires publiques, les audiences arbitrales se déroulent à huis clos, préservant ainsi la discrétion des affaires commerciales et protégeant la réputation des entreprises concernées. Cette caractéristique est essentielle dans un secteur où les relations de confiance et la stabilité des partenariats sont primordiales pour assurer le bon déroulement des opérations.

L'expertise technique des arbitres constitue également un atout majeur de cette méthode de règlement des litiges. Les différends maritimes impliquent souvent des questions complexes liées aux contrats d'affrètement, aux assurances, aux responsabilités en cas d'avarie ou de pertes de cargaison, ainsi qu'aux obligations réglementaires internationales. L'intervention d'arbitres spécialisés garantit une interprétation précise des textes contractuels et des normes applicables, ce qui permet de trancher les différends avec une rigueur technique adaptée aux enjeux spécifiques du secteur maritime.

L'arbitrage maritime se distingue aussi par sa flexibilité et son adaptabilité aux besoins des parties. Les entreprises en conflit peuvent choisir librement leurs arbitres, fixer les règles procédurales applicables et définir le cadre dans lequel se déroulera la procédure. Cette souplesse favorise une approche pragmatique du règlement des différends et permet d'ajuster les modalités de l'arbitrage aux exigences particulières du litige concerné.

En matière de reconnaissance et d'exécution des décisions, les sentences arbitrales bénéficient d'une portée internationale grâce à la Convention de New York de 1958. Cet accord facilite la reconnaissance et l'exécution des sentences arbitrales dans plus de 160 pays, assurant ainsi l'efficacité et la force exécutoire des décisions rendues par les tribunaux arbitraux. Cette reconnaissance internationale renforce la crédibilité de l'arbitrage maritime et encourage les entreprises du secteur à privilégier cette voie pour résoudre leurs litiges.

Plusieurs institutions de renom sont spécialisées dans l'arbitrage maritime et offrent des cadres réglementaires adaptés à la résolution des conflits du secteur. Parmi les plus reconnues figurent la London Maritime Arbitrators Association, qui est une référence en matière d'arbitrage maritime notamment pour les contrats d'affrètement et les assurances maritimes, la Singapore Chamber of Maritime Arbitration, qui propose un cadre d'arbitrage efficace en Asie, la Chambre Arbitrale Maritime de Paris, qui répond aux besoins des acteurs francophones du commerce maritime, ainsi que l'American Maritime Association, qui joue un rôle clé dans l'arbitrage maritime en Amérique du Nord.

L'arbitrage maritime intervient dans divers types de litiges, notamment ceux relatifs aux contrats d'affrètement, où les parties peuvent se retrouver en désaccord sur les délais de livraison, les frais supplémentaires ou les conditions de transport. Il est également utilisé pour résoudre les différends en matière d'assurances maritimes, qu'il s'agisse de contestations sur les indemnisations en cas d'avarie, de pertes ou de dommages. Les conflits entre opérateurs portuaires et armateurs peuvent également faire l'objet d'un arbitrage, notamment lorsque des désaccords surviennent sur les frais de manutention ou la responsabilité en cas d'accident. Enfin, les litiges liés au transport de marchandises, tels que la conformité des contrats, les réclamations pour retard ou avarie, sont fréquemment soumis à l'arbitrage pour garantir une résolution rapide et efficace.

L'arbitrage maritime constitue une solution particulièrement adaptée aux exigences du commerce maritime international. Son efficacité repose sur sa rapidité, sa confidentialité, l'expertise technique des arbitres, la flexibilité des procédures et la reconnaissance internationale des décisions. Face à l'essor des échanges commerciaux maritimes et à la complexité croissante des transactions, l'arbitrage apparaît comme un mécanisme de règlement des conflits incontournable pour assurer la fluidité et la sécurité juridique des opérations maritimes à l'échelle mondiale.

Paragraphe 2 : Les institutions d'arbitrage maritime

L'arbitrage maritime joue un rôle central dans la résolution des litiges liés au commerce international, aux contrats d'affrètement, aux assurances maritimes, aux avaries communes, et à d'autres différends relatifs aux activités maritimes. Face à la complexité des transactions maritimes et la diversité des juridictions impliquées, plusieurs institutions internationales ont développé des mécanismes spécialisés en arbitrage maritime. Ces institutions garantissent une résolution efficace et impartiale des litiges grâce à des règles de procédure adaptées aux spécificités du secteur maritime.

A. La Cour Internationale d'Arbitrage de la Chambre de Commerce Internationale (CCI)

La Cour Internationale d'Arbitrage de la CCI, basée à Paris, est l'une des principales institutions mondiales en matière d'arbitrage commercial, y compris pour les différends maritimes. Elle offre un cadre procédural flexible et efficace grâce au Règlement d'arbitrage de la CCI, qui permet aux parties de choisir librement les arbitres et la langue de l'arbitrage.
Avantage :

- Une reconnaissance mondiale des sentences arbitrales grâce à la Convention de New York de 1958 ;
- Des règles modernes adaptées aux besoins du commerce international ;
- Une assistance administrative fournie par la CCI pour garantir la transparence et l'impartialité des procédures.

B. Le London Maritime Arbitrators Association (LMAA)

Le London Maritime Arbitrators Association (LMAA) est une institution de premier plan pour l'arbitrage maritime, fondée en 1960 et basée à Londres. Elle est particulièrement prisée dans le cadre des contrats maritimes internationaux, notamment pour les litiges relatifs aux contrats d'affrètement, affrètements à temps ou voyage, assurances maritimes, ventes de navires et collisions.

Avantages :

- Un processus souple et adapté aux besoins des entreprises maritimes ;
- Des arbitres spécialisés ayant une expertise approfondie en droit maritime et en commerce international ;
- Un coût réduit par rapport aux procédures judiciaires classiques ;
- Une efficacité reconnue, Londres étant l'un des principaux centres mondiaux de l'arbitrage maritime.

Le LMAA Terms, un ensemble de règles spécifiques, encadre les procédures arbitrales sous cette institution et permet une résolution rapide des litiges.

C. La Chambre Arbitrale Maritime de Paris (CAMP)

La Chambre Arbitrale Maritime de Paris (CAMP) est une institution historique fondée en 1966, jouant un rôle clé dans la résolution des litiges maritimes en France et en Europe. Elle est spécialisée dans les litiges liés aux contrats de transport maritime, aux contrats de construction navale, aux assurances maritimes et aux sinistres maritimes.

Avantages :

- Un arbitrage fondé sur le droit maritime français et international ;
- Une expertise en matière de contrats d'affrètement et de commerce maritime ;
- Des coûts maîtrisés et une procédure simplifiée ;
- Une reconnaissance internationale des sentences arbitrales.

D. Le Singapore International Arbitration Centre (SIAC)

Le Singapore International Arbitration Centre (SIAC) s'impose comme une institution de référence en Asie-Pacifique pour l'arbitrage maritime. Grâce au développement de Singapour en tant que hub maritime et financier, le SIAC attire un nombre croissant de litiges maritimes impliquant des entreprises asiatiques et internationales.

Avantage :

- Des règles d'arbitrage modernes et flexibles adaptées aux différends maritimes ;
- Une impartialité reconnue et une adoption large des Règles de l'UNCITRAL ;
- Un cadre juridique sécurisé grâce à l'adhésion de Singapour à la Convention de New York ;
- Une procédure rapide et efficace, favorisant une résolution rapide des litiges.

Les institutions d'arbitrage maritime offrent aux parties un cadre adapté à la résolution des litiges liés au commerce et au transport maritime. Que ce soit par le biais de la CCI, du LMAA, de la CAMP ou du SIAC, ces institutions garantissent une justice rapide, efficace et reconnue au niveau international. Le choix de l'institution dépendra souvent de la juridiction du contrat, du siège de l'arbitrage, et des préférences des parties quant aux règles applicables et à l'expertise des arbitres.

Paragraphe 3 : Les avantages de l'arbitrage maritime

L'arbitrage maritime constitue un mode privilégié de règlement des différends dans le domaine du transport maritime et du commerce international. Ce mécanisme présente plusieurs avantages qui le rendent particulièrement attractif pour les parties contractantes.

A. Confidentialité

L'un des atouts majeurs de l'arbitrage maritime réside dans la confidentialité des procédures. Contrairement aux tribunaux publics, où les audiences et les décisions peuvent être accessibles au public, l'arbitrage permet de préserver la discrétion des échanges et des décisions rendues. Cette confidentialité est particulièrement appréciée dans les affaires commerciales, où la divulgation d'informations sensibles pourrait nuire aux intérêts des parties.

B. Rapidité des procédures

L'arbitrage maritime est réputé pour sa célérité comparée aux procédures judiciaires classiques. Les délais de traitement des dossiers sont réduits grâce à une plus grande souplesse procédurale et à l'absence de lourdeurs administratives propres aux juridictions étatiques. Cela permet aux parties de régler leurs différends plus rapidement, évitant ainsi des pertes financières et opérationnelles liées à des litiges prolongés.

C. Expertise technique des arbitres

Un autre avantage crucial de l'arbitrage maritime réside dans l'expertise technique des arbitres. Ceux-ci sont souvent des spécialistes du droit maritime, des affaires maritimes et du commerce international. Leur connaissance approfondie des pratiques du secteur leur permet de mieux appréhender les litiges, d'interpréter de manière précise les clauses contractuelles et d'évaluer avec justesse les responsabilités des parties en fonction des usages et des réglementations en vigueur.

D. Reconnaissance et exécution internationale des sentences

Les sentences arbitrales bénéficient d'une reconnaissance et d'une exécution facilitées au niveau international grâce à la Convention de New York de 1958.

Cette convention, ratifiée par plus de 160 pays, assure l'effectivité des décisions arbitrales dans les juridictions nationales des États signataires. Ainsi, les parties ont l'assurance que les sentences rendues pourront être appliquées dans plusieurs pays sans devoir engager de nouvelles procédures judiciaires complexes.

En somme, l'arbitrage maritime s'impose comme un mode de règlement des différends efficace, rapide et sécurisé pour les acteurs du commerce maritime. Son caractère confidentiel, la compétence des arbitres et la facilité d'exécution internationale en font une alternative de choix aux procédures judiciaires classiques, contribuant ainsi à une meilleure sécurité juridique et commerciale pour les opérateurs maritimes.

Les juridictions maritimes et l'arbitrage constituent deux piliers fondamentaux du cadre judiciaire maritime. Tandis que les juridictions nationales et internationales assurent le respect des règles du droit maritime, l'arbitrage offre une alternative pragmatique et efficace pour la résolution des litiges. La mise en place d'une législation claire et adaptée est essentielle pour renforcer la sécurité juridique des transactions maritimes et attirer davantage d'investissements dans le secteur.

CHAPITRE 2

Plaidoyer pour un Acte uniforme sur le droit maritime

Le droit maritime en Afrique est marqué par une diversité de législations nationales qui, bien que s'inspirant des conventions internationales, présentent des disparités susceptibles d'entraver le commerce maritime, les investissements et la protection des écosystèmes marins. Face aux défis liés à la sûreté maritime, à la gestion des ressources marines et à la facilitation du commerce international, l'adoption d'un Acte Uniforme sur le Droit Maritime par l'Organisation pour l'Harmonisation en Afrique du Droit des Affaires (OHADA) constituerait une avancée majeure pour l'intégration économique et la gouvernance maritime.

Section 1 : Justification de l'uniformisation du droit maritime

Paragraphe 1 : Facilitation du commerce et des investissements

Le commerce maritime est un moteur clé de la croissance économique, en particulier pour les pays côtiers africains qui dépendent largement de leurs ports pour l'importation et l'exportation de biens et de matières premières. Cependant, ces échanges sont souvent entravés par des obstacles réglementaires, des coûts logistiques élevés et des procédures administratives complexes. Afin de rendre le commerce plus fluide et d'attirer davantage d'investissements, il est essentiel d'améliorer le cadre juridique et institutionnel du secteur maritime. Trois aspects fondamentaux doivent être pris en compte : la sécurisation des investissements, la simplification des procédures maritimes et portuaires, et l'harmonisation de la réglementation pour réduire les coûts transactionnels et logistiques.

A. Un cadre juridique harmonisé pour sécuriser les investissements

L'absence d'un cadre juridique cohérent et prévisible constitue un frein majeur aux investissements dans le secteur maritime et portuaire. Dans de nombreux pays africains, les différences entre les régulations nationales, les ambiguïtés législatives et le manque de mécanismes de protection juridique pour les investisseurs augmentent le risque perçu par les acteurs économiques.

En mettant en place une législation harmonisée au niveau régional ou continental, les gouvernements offriraient un environnement plus stable et attractif aux entreprises et aux bailleurs de fonds. Cette harmonisation pourrait se faire à travers des conventions régionales ou des réglementations inspirées des normes internationales établies par des organisations comme l'Organisation Maritime Internationale (OMI) ou la Conférence des Nations Unies sur le Commerce et le Développement (CNUCED).

Par exemple, des pays comme ceux de l'Union Européenne ou de l'ASEAN (Association des Nations de l'Asie du Sud-Est) ont adopté des cadres réglementaires communs qui garantissent la transparence, réduisent les conflits de juridiction et facilitent les transactions entre opérateurs de différents États. L'Afrique pourrait s'inspirer de ces modèles pour offrir aux investisseurs une meilleure visibilité sur les règles du jeu, notamment en matière de contrats de concession portuaire, de réglementation douanière et de protection des investissements étrangers.

B. Simplification des procédures maritimes et portuaires pour renforcer l'attractivité

Les ports africains jouent un rôle stratégique dans la facilitation du commerce international. Cependant, beaucoup d'entre eux souffrent de goulets d'étranglement liés à des procédures administratives complexes et chronophages. Des formalités douanières excessives, une numérisation insuffisante des processus, et le manque d'interopérabilité entre les différentes agences portuaires ralentissent considérablement le transit des marchandises.
Par comparaison, les grands hubs maritimes internationaux, comme ceux de Singapour, Rotterdam ou Dubaï, ont adopté des procédures allégées et largement automatisées, ce qui leur permet de traiter rapidement un volume élevé de transactions. Pour accroître l'efficacité des ports africains et les rendre plus compétitifs, plusieurs mesures sont nécessaires :

- Développement de guichets uniques électroniques : Permettant aux opérateurs d'effectuer toutes les formalités en ligne sans avoir à traiter avec plusieurs administrations physiques.
- Harmonisation des documents administratifs : Mise en place de formulaires standards et de protocoles de transmission uniformisés pour éviter les doublons et les erreurs de traitement.
- Accélération de la digitalisation des opérations portuaires : Adoption de systèmes de gestion portuaire intelligents basés sur l'intelligence artificielle et la blockchain pour améliorer la transparence et la traçabilité des marchandises.
- Renforcement des infrastructures et équipements : Modernisation des terminaux portuaires, amélioration des systèmes de manutention et automatisation des contrôles de sécurité afin de réduire les délais d'attente.

La mise en place de ces réformes permettrait de fluidifier le passage des marchandises et d'augmenter l'efficacité des ports africains, ce qui les rendrait plus attractifs pour les compagnies maritimes et les investisseurs privés.

C. Une réglementation homogène pour réduire les coûts transactionnels et logistiques

L'un des principaux défis du commerce maritime africain est le coût élevé des transactions et de la logistique. Selon la Banque Mondiale, le coût du transport en Afrique subsaharienne est en moyenne 50% plus élevé que dans d'autres régions du monde, ce qui réduit la compétitivité des produits africains sur le marché international. Cette situation s'explique en grande partie par une réglementation disparate, des barrières non tarifaires, et des inefficacités dans la gestion des corridors logistiques.

Une approche plus intégrée, avec une réglementation homogène à l'échelle régionale, permettrait de :

- Réduire les coûts de conformité : Une réglementation unifiée éviterait aux entreprises d'avoir à s'adapter à des normes différentes d'un pays à l'autre, ce qui diminuerait les coûts administratifs.
- Faciliter l'intégration des chaînes d'approvisionnement régionales : En instaurant des règles communes en matière de douanes, de certification et de transport multimodal, les flux commerciaux seraient plus fluides.
- Renforcer la compétitivité des entreprises africaines : En diminuant les coûts logistiques, les producteurs africains pourraient proposer des prix plus compétitifs à l'exportation, notamment pour les secteurs clés comme l'agriculture, les hydrocarbures et l'industrie manufacturière.

Un bon exemple d'harmonisation réussie est celui de l'Union Européenne, où un cadre douanier et logistique unifié a permis une réduction significative des coûts transactionnels. Dans le contexte africain, la mise en œuvre de la Zone de Libre-Échange Continentale Africaine (ZLECAF) offre une opportunité unique de développer une réglementation maritime et portuaire standardisée, favorisant ainsi le commerce intra-africain et l'intégration régionale.

La facilitation du commerce et des investissements passe nécessairement par une réforme en profondeur du secteur maritime et portuaire. L'adoption d'un cadre juridique harmonisé garantirait la sécurité des investisseurs et encouragerait les financements privés. La simplification des procédures maritimes et portuaires renforcerait l'efficacité des ports africains, les rendant plus compétitifs à l'échelle mondiale. Enfin, l'homogénéisation des réglementations permettrait de réduire les coûts logistiques et transactionnels, facilitant ainsi l'intégration régionale et le développement des économies côtières africaines. En mettant en œuvre ces réformes, l'Afrique pourrait pleinement tirer parti de son potentiel maritime pour stimuler sa croissance et renforcer son rôle dans le commerce mondial.

Paragraphe 2 : Protection des intérêts des Etats et des acteurs maritimes

L'Afrique possède un vaste domaine maritime qui joue un rôle crucial dans son développement économique, notamment à travers le commerce, la pêche, l'exploitation des ressources naturelles et le transport international. Cependant, l'absence d'une réglementation commune entre les États africains expose le secteur maritime à plusieurs risques, notamment des conflits juridiques, l'exploitation abusive des ressources et des menaces sécuritaires. L'harmonisation des réglementations permettrait non seulement de renforcer la sécurité juridique des acteurs économiques, mais aussi de protéger les intérêts stratégiques des États.

A. Une meilleure régulation des contrats maritimes pour renforcer la sécurité économique

Dans le commerce maritime, les contrats d'affrètement (location de navires), de transport de marchandises et d'assurance maritime sont essentiels pour garantir le bon fonctionnement des échanges et la protection des parties prenantes. Aujourd'hui, en raison des disparités réglementaires entre les pays africains, les investisseurs et les armateurs rencontrent des difficultés pour conclure des contrats clairs et équilibrés. Ces différences de législation entraînent des conflits de compétence en cas de litige, des délais de traitement longs et des coûts additionnels.

En établissant un cadre juridique harmonisé, les États africains pourraient offrir un environnement plus stable aux opérateurs du secteur maritime. Une réglementation commune garantirait que tous les contrats respectent des standards internationaux, protégeant ainsi les intérêts des entreprises locales et internationales. Par exemple, elle permettrait de mieux encadrer les clauses liées aux responsabilités des parties en cas de retard de livraison, d'avaries aux marchandises ou de sinistres maritimes. De même, une meilleure régulation des assurances maritimes offrirait aux armateurs et aux opérateurs une couverture adaptée aux risques spécifiques des routes maritimes africaines, réduisant ainsi leur exposition aux pertes financières.

B. Une lutte renforcée contre la piraterie, le trafic illicite et les pratiques frauduleuses

Le golfe de Guinée est aujourd'hui l'une des zones les plus touchées par la piraterie maritime, avec des attaques fréquentes contre les navires marchands, les pétroliers et les plateformes offshore. Ces actes de piraterie entraînent non seulement des pertes économiques considérables, mais aussi une insécurité qui dissuade les investisseurs et augmente les coûts des assurances pour les navires naviguant dans ces eaux. De même, le trafic illicite de drogue, d'armes et d'êtres humains, ainsi que la pêche illégale pratiquée par des flottes étrangères, privent les États africains de ressources précieuses et mettent en péril leur souveraineté économique.

Face à ces menaces, une réglementation maritime unifiée permettrait de renforcer la coopération régionale en matière de sécurité maritime. La mise en place de dispositifs communs pour le partage d'informations, la surveillance des côtes et l'intervention rapide des forces navales améliorerait la lutte contre ces crimes transnationaux. Par exemple, des accords de coopération entre les marines nationales permettraient des interventions plus efficaces contre les actes de piraterie, tandis qu'un cadre législatif commun sur le contrôle des cargaisons et des navires renforcerait la lutte contre le trafic illicite. L'utilisation de technologies modernes, comme la surveillance par satellite et les systèmes de suivi des navires, deviendrait également plus efficace si elle était intégrée dans une stratégie coordonnée à l'échelle régionale.

C. Un encadrement juridique des zones maritimes pour protéger la souveraineté des États

Les eaux territoriales et les zones économiques exclusives (ZEE) des États africains regorgent de ressources naturelles précieuses, notamment des stocks de poissons, des gisements pétroliers et gaziers, ainsi que des minéraux sous-marins. Cependant, l'exploitation de ces ressources est souvent réalisée par des acteurs étrangers, parfois dans des conditions illégales ou non réglementées. La pêche illégale par des flottes étrangères, par exemple, coûte aux pays africains des milliards de dollars chaque année en pertes de revenus et met en péril la durabilité des ressources halieutiques. De même, l'exploration et l'exploitation offshore de pétrole et de gaz nécessitent un cadre réglementaire solide pour éviter la surexploitation et minimiser les risques environnementaux.

Une harmonisation des réglementations maritimes permettrait aux États de mieux protéger leurs droits souverains sur ces ressources. Par exemple, une réglementation commune sur l'octroi des licences d'exploitation obligerait les compagnies étrangères à respecter des normes strictes en matière de transparence et de responsabilité environnementale. De plus, en renforçant le contrôle sur les navires opérant dans leurs ZEE, les États pourraient mieux surveiller et encadrer les activités de pêche et d'exploitation des ressources naturelles.

L'adoption de mesures contraignantes à l'échelle continentale renforcerait également la position de l'Afrique dans les négociations internationales sur la gouvernance des océans. Elle permettrait aux pays africains de parler d'une seule voix pour défendre leurs intérêts face aux grandes puissances maritimes et aux multinationales exploitant les ressources en haute mer.

En mettant en place un cadre juridique harmonisé, l'Afrique pourrait mieux protéger ses États et ses acteurs maritimes contre les défis économiques, sécuritaires et environnementaux qui menacent son développement. Une réglementation commune garantirait une meilleure sécurisation des contrats commerciaux, renforcerait la lutte contre la criminalité maritime et assurerait une exploitation durable et équitable des ressources naturelles maritimes. Grâce à une coopération accrue et à des réformes législatives adaptées, les États africains pourraient tirer pleinement parti de leur potentiel maritime tout en consolidant leur souveraineté et leur attractivité économique.

Paragraphe 3 : Renforcement de la sécurité et de la protection environnementale

A. Sécurité et sûreté maritime : la différence utile

La protection des espaces maritimes africains est un enjeu crucial à la fois pour la sécurité maritime (safety) et la sûreté maritime (security). Ces deux notions, bien que souvent confondues, renvoient à des réalités distinctes :

- La sécurité maritime (safety) concerne la prévention des accidents de navigation, la protection des navires, des équipages et des infrastructures portuaires contre les risques opérationnels (collisions, naufrages, incendies, pollutions accidentelles, conditions météorologiques extrêmes, etc.).
- La sûreté maritime (security) fait référence à la protection contre les menaces intentionnelles telles que la piraterie, le terrorisme maritime, le trafic illicite (drogues, armes, êtres humains), la pêche illégale et toute autre activité criminelle affectant les eaux territoriales.

Dans ce cadre, l'instauration d'un acte uniforme établirait des normes communes visant à améliorer ces deux dimensions essentielles.

B. Sécurité maritime : prévention des risques et protection de l'environnement

Un cadre réglementaire harmonisé permettrait d'assurer une navigation plus sûre et plus fiable en imposant des standards communs pour la conception et l'entretien des navires, la formation des équipages, la gestion du trafic maritime et la maintenance des infrastructures portuaires. Par exemple, des exigences plus strictes en matière d'inspection des navires et de certification des équipements de sécurité (radeaux de sauvetage, systèmes anti-incendie, radars de détection) contribueraient à réduire les accidents en mer et les pertes humaines et matérielles associées.

L'autre aspect majeur de la sécurité maritime concerne la protection environnementale. Le développement du commerce maritime et des industries offshore (hydrocarbures, pêche industrielle, exploitation minière sous-marine) augmente considérablement les risques de pollution des écosystèmes marins.

L'adoption de mesures contraignantes permettrait de limiter les impacts écologiques en imposant :

- Des protocoles stricts de gestion des déchets (interdiction des rejets de plastique et de déchets toxiques en mer) ;
- L'utilisation de carburants propres pour réduire les émissions de gaz à effet de serre et de particules fines des navires ;
- Un meilleur contrôle des eaux de ballast pour éviter l'introduction d'espèces invasives nuisibles aux écosystèmes locaux ;
- Des règles renforcées pour le traitement des marées noires et des déversements d'hydrocarbures, avec des sanctions dissuasives contre les pollueurs.

Le renforcement de la sécurité maritime implique également l'amélioration des capacités de réponse aux incidents environnementaux à travers des équipements de dépollution, des dispositifs d'alerte rapide et la coopération entre États pour coordonner les interventions d'urgence.

C. Sûreté maritime : lutte contre la criminalité et surveillance renforcée

La sûreté maritime représente un défi majeur pour les économies africaines, notamment en raison de l'insécurité croissante dans certaines zones stratégiques, comme le golfe de Guinée, qui est devenu l'un des foyers les plus actifs de la piraterie mondiale. Les attaques de navires, les enlèvements d'équipages et les actes de sabotage coûtent des milliards de dollars chaque année aux compagnies maritimes et aux États africains, réduisant l'attractivité des ports et augmentant les primes d'assurance pour les transporteurs maritimes.

Un acte uniforme permettrait de renforcer la coopération régionale en matière de surveillance maritime à travers plusieurs initiatives :

- Le partage d'informations entre les pays pour améliorer l'anticipation des menaces et la réactivité face aux attaques maritimes. Cela inclurait des bases de données communes sur les activités criminelles en mer et des systèmes d'alerte précoce.
- Le déploiement de moyens de surveillance modernes, notamment des radars côtiers, des satellites, des drones et des patrouilles maritimes coordonnées entre les forces navales et les garde-côtes.
- La création de corridors de navigation sécurisés, avec une protection renforcée pour les navires à risque, notamment ceux transportant des ressources précieuses comme le pétrole et le gaz.
- L'harmonisation des lois contre la piraterie et la pêche illégale, en instaurant des peines sévères et des procédures judiciaires plus efficaces pour poursuivre les criminels maritimes.

D. Une approche intégrée pour une gestion durable des ressources maritimes

La mise en œuvre de ce cadre réglementaire ne serait pleinement efficace qu'en combinant la sécurité et la sûreté maritime dans une approche intégrée et concertée. La protection des écosystèmes marins et des ressources halieutiques ne peut être dissociée de la lutte contre la pêche illégale et les trafics illicites. De même, la sécurité des ports et des routes maritimes doit être renforcée pour garantir des conditions favorables au commerce et à l'investissement.
Une coopération renforcée entre les États africains, soutenue par les institutions régionales et les organisations internationales, permettrait d'assurer une exploitation durable et sécurisée des espaces maritimes africains, en conciliant développement économique, protection de l'environnement et stabilité régionale.

Section 2 : Les Leçons des expériences régionales et internationales

Paragraphe 1 : Les bonnes pratiques d'inspiration.

L'adoption d'un acte uniforme dans le domaine maritime pourrait tirer profit des bonnes pratiques existantes afin d'assurer une harmonisation efficace et adaptée aux réalités régionales et internationales. Plusieurs modèles de régulation et cadres législatifs ont démontré leur pertinence dans la structuration d'un cadre juridique commun et dans l'amélioration de la gouvernance maritime. Parmi ces références essentielles figurent les Conventions Internationales de l'Organisation Maritime Internationale (OMI).

A. Les directives et règlements communs de l'Union européenne : une régulation intégrée et efficace

L'Union Européenne a mis en place un cadre juridique maritime intégré, qui repose sur des directives et règlements communs, visant à garantir la sécurité maritime, la protection de l'environnement marin et la compétitivité du secteur. L'UE favorise une régulation fondée sur une approche coordonnée, avec des règles uniformes qui s'appliquent aux États membres et qui sont alignées sur les standards internationaux. Ce cadre réglementaire prend en compte des aspects cruciaux tels que la responsabilité des armateurs, la gestion des risques en mer, la protection des droits des travailleurs maritimes et la surveillance des activités maritimes à travers l'Agence Européenne pour la Sécurité Maritime (AESM). L'expérience européenne démontre que la mise en place d'un droit maritime unifié peut renforcer la compétitivité du secteur, améliorer la gestion des risques et favoriser la coopération entre États pour une meilleure efficacité économique et environnementale.

B. Les Conventions internationales de l'OMI : un socle de normes mondiales

L'Organisation Maritime Internationale (OMI) joue un rôle fondamental dans l'élaboration des normes mondiales qui régissent le secteur maritime. Ses conventions, largement adoptées par les États membres, fixent des standards rigoureux en matière de sécurité maritime, de prévention des pollutions maritimes, de responsabilité et d'assurance, ainsi que de formation des marins[1]. Parmi les conventions les plus influentes figurent :

- La Convention SOLAS (Safety of Life at Sea), qui impose des exigences strictes sur la sécurité des navires et des passagers.
- La Convention MARPOL, qui régit la prévention de la pollution causée par les navires.
- La Convention STCW, qui définit les normes de formation, de certification et de veille des gens de mer.
- Les Conventions sur la responsabilité et l'indemnisation, comme celles relatives aux dommages causés par la pollution par les hydrocarbures ou le transport de substances dangereuses.

L'alignement sur ces conventions permettrait d'assurer une intégration du futur acte uniforme dans un cadre juridique international reconnu, facilitant ainsi la coopération entre les États et garantissant une meilleure protection des intérêts maritimes.

Paragraphe 2 : Proposition pour un Acte uniforme OHADA sur le droit maritime

L'Afrique de l'Ouest et l'Afrique centrale, qui constituent la majorité des États membres de l'OHADA, disposent d'un accès stratégique aux océans Atlantique et Indien. Ces régions sont au cœur du commerce maritime international, mais elles souffrent encore d'un cadre juridique inadapté aux réalités et aux défis du secteur maritime. L'absence d'un droit maritime harmonisé dans l'espace OHADA constitue un frein à l'émergence d'un marché maritime compétitif, sécurisé et attractif pour les investissements.

Ainsi, l'adoption d'un Acte Uniforme OHADA sur le Droit Maritime offrirait un socle juridique commun permettant de moderniser et de renforcer la gouvernance du secteur maritime, d'améliorer la compétitivité des États

[1] DIBAS-FRANCK Eric (2004), « Le Congo et l'Organisation Maritime Internationale : Analyse et évolution des rapports entre 1998 et 2004 », *Revue Congolaise des Transports et des Affaires maritimes*, août-décembre, n°1, pp. 11-24.

membres et de garantir la sécurité juridique des acteurs économiques. Cet instrument législatif s'inspirerait des standards internationaux tout en prenant en compte les spécificités des États africains, en vue d'une intégration plus efficace dans l'économie maritime mondiale.

L'Acte uniforme pourrait être structuré autour des thématiques suivantes :

A. Le régime juridique des navires et leur immatriculation

Un des piliers essentiels du droit maritime est la définition du régime juridique applicable aux navires. L'Acte Uniforme devrait harmoniser les règles en matière de propriété, d'immatriculation, de nationalité et d'hypothèque maritime.

1.1. Immatriculation et pavillon

L'immatriculation d'un navire est une étape clé qui permet à un État d'exercer sa souveraineté sur ce dernier et de lui attribuer une nationalité maritime. L'Acte Uniforme devrait fixer les conditions d'octroi du pavillon national et harmoniser les critères de création et de gestion des registres maritimes nationaux dans l'espace OHADA.

L'immatriculation d'un navire permet d'assurer sa traçabilité et sa conformité aux normes de sécurité et de protection de l'environnement. Elle est également indispensable pour garantir la valeur juridique des transactions commerciales maritimes, notamment en matière de financement et d'assurance.

L'Acte Uniforme pourrait prévoir :

- Une unification des registres maritimes pour faciliter la reconnaissance des immatriculations entre États membres.
- Une réglementation des conditions d'octroi du pavillon national, en évitant les pratiques de pavillons de complaisance.
- Des règles spécifiques sur l'hypothèque maritime et les sûretés permettant de sécuriser le financement des navires.

1.2. Statut juridique des navires et des équipages

L'Acte Uniforme devrait préciser le statut juridique des navires, leur classification et leur usage (navires commerciaux, navires de pêche, navires de plaisance, etc.). Il encadrerait également les conditions d'exploitation des navires et les droits et obligations des armateurs, capitaines et équipages.

B. Les contrats de transport maritime et d'affrètement

L'Acte Uniforme définirait les règles applicables aux contrats d'affrètement et de transport maritime, en garantissant une protection équilibrée entre transporteurs, affréteurs, chargeurs et passagers.

1.1. Transport maritime de marchandises

Le transport maritime est un élément clé du commerce international. L'Acte Uniforme fixerait les obligations des transporteurs et des chargeurs en matière de :

- Formalisation des contrats de transport et obligations documentaires (connaissements, lettres de transport maritime).
- Responsabilité du transporteur en cas de perte, d'avarie ou de retard.
- Droits des chargeurs et des destinataires, notamment en cas de litige sur la livraison.

1.2. Affrètement et gestion des navires

L'affrètement, qui consiste à louer un navire pour un usage spécifique, serait encadré selon ses différentes formes :

- Affrètement à voyage (le navire est loué pour un trajet spécifique).
- Affrètement à temps (le navire est loué pour une période donnée).
- Affrètement coque nue (le locataire prend en charge l'équipage et la gestion technique).

L'Acte Uniforme prévoirait des clauses standardisées et des mécanismes de règlement des différends adaptés aux contrats maritimes.

C. La responsabilité civile des transporteurs maritimes

La responsabilité civile des transporteurs est un aspect fondamental du droit maritime, régissant les obligations en cas de dommages causés aux marchandises, aux passagers et aux tiers.

3.1. Responsabilité du transporteur de marchandises

L'Acte Uniforme fixerait les limites de responsabilité en cas de :

- Perte ou avarie des marchandises pendant le transport.
- Retard dans la livraison.
- Force majeure et exemptions de responsabilité.

3.2. Responsabilité envers les passagers

Le texte prévoirait un cadre clair sur la responsabilité du transporteur en cas :

- D'accidents ou de naufrages.
- De blessures ou décès des passagers.
- De retards et autres préjudices liés au transport de passagers.

D. L'assurance maritime et les mécanismes de règlement des différends

L'assurance maritime est un élément essentiel pour protéger les acteurs économiques contre les risques maritimes. L'Acte Uniforme pourrait :

- Rendre obligatoire certaines assurances pour le transport maritime.
- Définir les types de risques couverts (pertes, avaries, responsabilité civile, pollution).
- Instituer des tribunaux ou centres d'arbitrage spécialisés pour le règlement des différends maritimes.

E. Les normes de sécurité et la prévention de la pollution maritime

L'Acte Uniforme garantirait la sécurité maritime et la protection de l'environnement en intégrant :

- Les normes internationales de sécurité des navires (Convention SOLAS).
- Les obligations en matière de lutte contre la pollution marine (MARPOL).
- La gestion des déchets maritimes et des produits dangereux.
- Les conditions d'inspection et de certification des navires.

F. La coopération interétatique en matière de surveillance et de gestion des eaux territoriales

L'espace maritime des États OHADA est exposé à de nombreux défis tels que la piraterie, la pêche illégale et le trafic maritime illicite. L'Acte Uniforme pourrait :

- Définir les principes de coopération régionale en matière de surveillance maritime.
- Mettre en place des mécanismes de partage d'informations sur les activités maritimes suspectes.
- Harmoniser la réglementation sur l'exploitation des ressources marines et la gestion durable des zones côtières.

Un Acte Uniforme OHADA sur le Droit Maritime constituerait une avancée majeure pour l'harmonisation des règles maritimes dans l'espace OHADA. Il offrirait un cadre attractif pour les investisseurs, renforcerait la compétitivité des ports africains et améliorerait la sécurité des échanges maritimes.

L'adoption d'un tel instrument renforcerait la place de l'Afrique dans le commerce maritime mondial, tout en garantissant une exploitation durable et sécurisée des ressources maritimes au bénéfice des générations futures.

Paragraphe 3 : Appel à l'action vers un Acte Uniforme OHADA pour le Droit Maritime Africain

L'Afrique, avec ses 38 Etats côtiers et ses plus de 30 000 km de côtes, joue un rôle stratégique dans le commerce maritime mondial. Pourtant, l'absence d'un cadre juridique harmonisé dans le domaine du droit maritime constitue un frein à la compétitivité du secteur, à la protection des investissements, à la lutte contre la pollution maritime et à la sécurité des routes maritimes africaines.

Actuellement, chaque pays applique ses propres lois, souvent obsolètes et inadaptées aux exigences du commerce maritime moderne et des engagements internationaux.

L'harmonisation du droit maritime africain par un Acte Uniforme OHADA permettrait de créer un cadre légal commun, garantissant la sécurité des transactions, la prévisibilité juridique, et l'attractivité des investissements dans le secteur maritime. Ce projet favoriserait une intégration économique renforcée, en réduisant les divergences réglementaires entre États et en facilitant les opérations des compagnies maritimes, des ports, et des acteurs du transport maritime.

A. Une mobilisation collective pour une réforme ambitieuse

Pour réussir cette réforme, il est impératif d'adopter une approche inclusive, impliquant :

- Les Etats membres de l'OHADA, qui doivent engager des réformes législatives en interne pour aligner leurs réglementations maritimes sur un futur cadre unifié.
- L'Union Africaine (UA) et les Communautés Économiques Régionales (CEDEAO, CEMAC, SADC, COMESA), qui doivent jouer un rôle de coordination et d'impulsion politique pour garantir une adoption rapide et efficace de cet Acte Uniforme.
- Les institutions maritimes africaines telles que l'Agence Africaine de la Sécurité Maritime (AMSA) et les autorités portuaires, qui doivent participer activement à l'élaboration des normes et des règlements techniques.
- Les partenaires internationaux, notamment l'Organisation Maritime Internationale (OMI), la Banque Africaine de Développement (BAD), l'Union Européenne (UE) et la Banque Mondiale, qui pourraient soutenir cette réforme à travers un appui technique et financier.

Le projet d'Acte uniforme OHADA doit reposer sur une approche participative et concertée, impliquant les professionnels du transport maritime, les experts juridiques, les compagnies d'assurance, les syndicats des marins et les acteurs portuaires afin d'élaborer un cadre juridique réaliste, applicable et conforme aux standards internationaux.

B. Des axes stratégiques pour un droit maritime africain modernisé

Un Acte uniforme OHADA en droit maritime doit couvrir plusieurs domaines clés :

1. Les normes de sécurité et la prévention de la pollution maritime
    - Instaurer des standards obligatoires pour les navires battant pavillon africain et ceux opérant dans les eaux africaines.

- Rendre obligatoire l'adhésion et l'application des conventions internationales, notamment la Convention MARPOL (prévention de la pollution), la Convention SOLAS (sécurité des navires) et la Convention OPRC (préparation et lutte contre la pollution par hydrocarbures).
- Développer des mécanismes de contrôle et d'inspection des navires dans les ports africains (contrôle par l'État du port – Port State Control), pour éviter que les ports africains ne deviennent des refuges pour les navires poubelles.
- Mettre en place un fonds régional de compensation des dommages environnementaux, financé par les armateurs et les assurances maritimes, afin de réparer les dégâts causés par les marées noires et les pollutions accidentelles.

2. La coopération interétatique en matière de surveillance et de gestion des eaux territoriales

    - Créer un mécanisme africain de coordination de la surveillance maritime, en intégrant les centres régionaux existants (ex : CRESMAC pour l'Afrique centrale, CRESMAO pour l'Afrique de l'Ouest).
    - Etablir un cadre juridique permettant des patrouilles maritimes conjointes entre les Etats côtiers, pour lutter contre la piraterie, la pêche illégale et les trafics maritimes (drogues, armes, hydrocarbures).
    - Harmoniser les procédures de délivrance des permis d'exploitation des ressources maritimes (pêche, hydrocarbures offshore, énergies marines renouvelables) pour éviter la concurrence déloyale et assurer une gestion durable des ressources halieutiques.
    - Instaurer un tribunal maritime régional OHADA, chargé de régler les contentieux entre Etats, compagnies maritimes et autres acteurs du secteur.

C. Vers une adoption et une mise en œuvre rapide

L'OHADA, en collaboration avec l'Union Africaine, doit accélérer le processus législatif en lançant :

1. Une étude d'impact économique et juridique pour définir les contours du futur Acte Uniforme.
2. Un comité d'experts juridiques et maritimes, chargé de rédiger un premier projet de texte.
3. Des consultations régionales et des conférences ministérielles, pour assurer l'adhésion des États et des acteurs du secteur.
4. Un mécanisme de suivi et d'accompagnement pour aider les États à transposer ces normes dans leur législation nationale et assurer leur mise en application effective.

En adoptant un Acte Uniforme OHADA en droit maritime, l'Afrique se doterait enfin d'un cadre juridique solide et harmonisé, garantissant la compétitivité de son secteur maritime, la protection de son environnement et la souveraineté de ses États côtiers sur leurs ressources. Il est temps pour les décideurs africains de prendre des mesures concrètes et ambitieuses afin de transformer le potentiel maritime du continent en moteur de développement économique et d'intégration régionale.

Section 3 : Nécessité d'une loi de répression des actes illicites en mer

Sous-section 3.1 : La montée des actes illicites en mer et leurs impacts

Paragraphe 1 : L'ampleur des actes illicites en mer en Afrique : Un défi sécuritaire et économique majeur

L'Afrique possède une immense façade maritime, avec plus de 30 000 km de côtes, des zones économiques exclusives (ZEE) couvrant environ 13 millions de km² et des routes maritimes stratégiques reliant l'Atlantique, l'Océan Indien et la Méditerranée. Cependant, cet atout géographique s'accompagne de défis sécuritaires considérables. Le continent est confronté à une multiplication des actes illicites en mer, compromettant non seulement la sécurité des navires et des marins, mais aussi la souveraineté économique et environnementale des États côtiers.

Les actes illicites en mer en Afrique prennent plusieurs formes : la piraterie maritime et les enlèvements de marins, la pêche illicite, non déclarée et non réglementée (INN), le trafic de drogue, la contrebande d'armes, l'exploitation illégale des ressources maritimes, et la pollution marine volontaire. Ces phénomènes s'expliquent par la faiblesse des capacités de surveillance maritime, le manque de coordination entre les États, la corruption et l'absence d'un cadre juridique commun et contraignant à l'échelle continentale.

A- La piraterie maritime : Une menace persistante pour la navigation et les échanges commerciaux

Le Golfe de Guinée : Épicentre mondial de la piraterie

Le Golfe de Guinée, qui s'étend du Sénégal à l'Angola, est l'une des zones les plus dangereuses au monde pour la navigation maritime. Selon l'Organisation Maritime Internationale (OMI) et le Bureau Maritime International (BMI), cette région a concentré jusqu'à 90 % des enlèvements de marins dans le monde entre 2018 et 2021.

Les pirates opérant dans cette zone adoptent des stratégies sophistiquées :

- Attaques contre les pétroliers, cargos et navires de pêche, souvent à des centaines de kilomètres des côtes.
- Prises d'otages contre rançon, avec des demandes atteignant plusieurs millions de dollars.
- Détournement de cargaisons, notamment de pétrole brut et de produits raffinés, destinés à être revendus sur le marché noir.

Malgré les efforts régionaux, comme l'Initiative de Yaoundé (mise en place en 2013 pour coordonner la lutte contre la piraterie en Afrique centrale et de l'Ouest), les attaques restent fréquentes, en raison de la précarité économique, du chômage élevé des jeunes et de la collusion entre criminels et réseaux locaux corrompus.

Si les attaques en Somalie ont diminué depuis l'intervention des forces navales internationales dans les années 2010, la piraterie en Afrique de l'Est reste une menace :

- Les insurgés et les groupes terroristes utilisent les profits issus de la piraterie pour financer leurs opérations en Somalie, au Yémen et au Mozambique.
- La recrudescence de l'instabilité en mer Rouge et dans le canal du Mozambique pourrait relancer les attaques contre les navires commerciaux.

B. La pêche illicite, non déclarée et non réglementée (INN) : Un pillage des ressources maritimes africaines

La pêche INN représente une perte annuelle estimée à plus de 2 milliards de dollars pour les économies africaines. Ce phénomène est particulièrement préoccupant en Afrique de l'Ouest, où près de 40 % des captures de poissons sont issues d'activités illégales.

Les navires étrangers, notamment asiatiques et européens, profitent de la faiblesse des contrôles maritimes pour :

- Exploiter les eaux territoriales africaines sans autorisation, privant ainsi les communautés locales de leurs moyens de subsistance.
- Pêcher des espèces menacées ou en période de reproduction, contribuant à l'épuisement des stocks halieutiques.
- Utiliser des techniques destructrices, comme les filets dérivants illégaux et la pêche au cyanure, mettant en péril les écosystèmes marins.
- Destruction des économies locales : La pêche artisanale emploie plus de 10 millions de personnes en Afrique, dont de nombreuses communautés côtières dépendent entièrement des ressources maritimes.
- Augmentation des tensions sociales : Le manque de poissons pousse certains jeunes à se tourner vers des activités criminelles, notamment la piraterie et la contrebande.

- Perte de souveraineté : L'absence de contrôle des ZEE africaines conduit à un pillage systématique des ressources halieutiques par des flottes étrangères, avec parfois la complicité de gouvernements locaux corrompus.

C. Le trafic de drogue et d'armes : L'essor du crime organisé maritime

Le trafic de drogue par voie maritime explose en Afrique, avec des routes qui relient l'Amérique du Sud, l'Afrique de l'Ouest et l'Europe. Des tonnes de cocaïne transitent par les ports africains avant d'être acheminées vers le marché européen.

Les cartels utilisent les ports faiblement contrôlés et les navires de pêche pour transporter la drogue en toute discrétion. Dakar, Abidjan, Tema, Lagos et Luanda sont identifiés comme des hubs majeurs du narcotrafic.

La prolifération des armes légères en Afrique est en partie due à la contrebande maritime. Des cargaisons d'armes illicites en provenance de Libye, du Moyen-Orient et d'Asie sont acheminées vers des zones de conflit, notamment au Sahel, en Somalie et en République Centrafricaine.

D. La pollution maritime : Une menace écologique sous-estimée

De nombreuses compagnies étrangères utilisent les eaux africaines comme décharges maritimes illégales :

- Déversement de déchets toxiques : Des industries européennes et asiatiques envoient des déchets chimiques et plastiques en Afrique sous couvert d'exportations "recyclables".
- Marées noires et pollution pétrolière : L'exploitation offshore et le transport d'hydrocarbures entraînent régulièrement des fuites d'hydrocarbures, affectant les mangroves, les récifs coralliens et les zones de pêche.

Paragraphe 2 : Une réponse continentale urgente et coordonnée

L'ampleur des actes illicites en mer en Afrique nécessite une réaction immédiate et coordonnée à plusieurs niveaux :

1. Renforcement des capacités de surveillance maritime : Déploiement de radars, satellites et patrouilles conjointes pour sécuriser les ZEE africaines.
2. Mise en place d'un cadre juridique harmonisé : Adoption d'un Acte Uniforme OHADA sur le droit maritime pour standardiser les sanctions et les règles maritimes à l'échelle continentale.
3. Coopération interétatique accrue : Création d'une force maritime africaine pour lutter contre la piraterie, la pêche illégale et le narcotrafic.
4. Sanctions internationales contre les navires frauduleux : Liste noire des compagnies responsables de la pêche INN et de la pollution maritime.

Sans ces mesures, l'Afrique continuera à subir un pillage systématique de ses ressources maritimes et une insécurité croissante, mettant en péril son développement économique et sa souveraineté.

A. Les conséquences économiques, sécuritaires et environnementales

L'absence d'un cadre juridique rigoureux et harmonisé pour lutter contre ces infractions fragilise les économies côtières, réduit les recettes fiscales des États et met en péril l'industrie maritime et la pêche artisanale. Sur le plan sécuritaire, l'essor du trafic d'armes et de drogues via les routes maritimes favorise l'essor des groupes criminels et terroristes, qui utilisent les eaux territoriales africaines comme zone de transit pour des activités illégales. Par ailleurs, les actes de pollution marine, notamment les déversements d'hydrocarbures et de déchets toxiques par des navires étrangers, causent des dommages écologiques irréversibles, affectant la biodiversité marine et les communautés dépendant des ressources maritimes.

B. Les limites des dispositifs juridiques existants

Bien que plusieurs États africains aient adopté des lois nationales de lutte contre la criminalité maritime, celles-ci souffrent d'un manque d'harmonisation et de coordination régionale. La multiplicité des juridictions, l'insuffisance des moyens d'intervention et l'absence de coopération judiciaire entre États compliquent la poursuite des criminels maritimes. De plus, les sanctions restent faibles et peu dissuasives, encourageant ainsi la récidive. Il devient donc urgent d'adopter une loi supranationale, à l'instar des Actes Uniformes OHADA, pour harmoniser les mesures répressives et renforcer l'efficacité des actions contre les actes illicites en mer.

Sous-section 3.2 : Vers une loi commune de répression des actes illicites en mer

Paragraphe 1 : Un cadre juridique harmonisé pour une répression efficace

L'absence d'un cadre juridique harmonisé en Afrique constitue une faiblesse majeure dans la lutte contre les actes illicites en mer. Aujourd'hui, les États africains appliquent des législations nationales disparates, souvent obsolètes et insuffisamment adaptées aux réalités de la criminalité maritime moderne. Cette fragmentation légale entrave la coopération interétatique, ralentit les poursuites judiciaires et limite l'efficacité des sanctions.

L'adoption d'un Acte Uniforme OHADA sur la répression des actes illicites en mer représenterait une avancée déterminante en dotant les États membres d'un cadre juridique commun, moderne et contraignant. Cette réforme permettrait de combler les lacunes existantes, de faciliter la coopération régionale et de renforcer la capacité des juridictions nationales à poursuivre les crimes maritimes de manière efficace et coordonnée.

A. Une législation harmonisée pour une action coordonnée

Un Acte uniforme OHADA sur la répression des actes illicites en mer doit répondre à plusieurs objectifs fondamentaux :

- établir une définition uniforme des infractions maritimes : L'un des problèmes majeurs est l'interprétation variable des crimes maritimes d'un pays à l'autre. Un cadre commun doit préciser clairement les infractions relevant de la piraterie, de la pêche illicite, du trafic de drogue et d'armes, de la pollution maritime volontaire, et de la contrebande.
- Imposer des sanctions proportionnées et dissuasives : Actuellement, les peines pour des infractions similaires varient considérablement d'un État à l'autre. Un Acte Uniforme garantirait une application homogène des peines (amendes, saisie de navires, peines d'emprisonnement) pour éviter les failles juridiques exploitées par les criminels maritimes.
- Faciliter la coopération judiciaire et l'extradition : En l'absence d'un cadre harmonisé, l'extradition et les poursuites transfrontalières sont souvent complexes. Un texte uniforme permettrait aux États de collaborer plus efficacement dans la poursuite et la condamnation des auteurs d'actes illicites en mer.

B. Une conformité avec les conventions internationales

Pour assurer une efficacité optimale et éviter les contradictions avec le droit international, cet Acte Uniforme OHADA devra s'aligner sur les principaux instruments internationaux en matière de lutte contre la criminalité maritime, notamment :

- La Convention des Nations Unies sur le Droit de la Mer (CNUDM, 1982). Cette convention définit les compétences des États côtiers sur leurs eaux territoriales, leur ZEE et leur plateau continental. Elle précise également les responsabilités des États du pavillon et des États du port en matière de contrôle des activités maritimes. Un Acte Uniforme OHADA doit s'appuyer sur ces principes pour éviter toute ambiguïté sur les juridictions compétentes en cas d'infractions maritimes.
- La Convention pour la répression d'actes illicites contre la sécurité de la navigation maritime (SUA, 1988). Elle vise à criminaliser les actes de violence contre la navigation maritime et prévoit des mécanismes de coopération pour poursuivre et extrader les auteurs de ces crimes. Cette convention constitue une référence essentielle pour inclure des dispositions claires sur la piraterie, le détournement de navires et les attaques contre des installations offshore dans l'Acte uniforme OHADA.

- Les autres conventions pertinentes. L'Acte Uniforme devra également tenir compte des autres conventions internationales, notamment :
  - La Convention MARPOL pour la prévention de la pollution maritime, afin d'inclure des sanctions contre les déversements illicites.
  - La Convention PAL (Athènes, 1974) pour la protection des passagers en cas d'incidents maritimes.
  - La Convention sur la criminalité transnationale organisée (UNTOC, 2000), qui établit des lignes directrices pour la lutte contre le trafic illicite de drogue et d'armes par voie maritime.
- Un cadre d'application rigoureux pour renforcer l'efficacité de la lutte contre les crimes maritimes. L'adoption d'un Acte Uniforme OHADA ne suffira pas à elle seule à garantir son efficacité. Son succès reposera sur un cadre d'application rigoureux, nécessitant.
- La création d'une juridiction maritime régionale. Pour garantir une interprétation homogène des textes et accélérer les poursuites, une juridiction maritime régionale spécialisée pourrait être mise en place sous l'égide de l'OHADA. Ce tribunal serait compétent pour traiter les affaires complexes de criminalité maritime impliquant plusieurs États membres et éviter que des criminels échappent à la justice en raison de failles procédurales.
- Le renforcement des capacités des autorités judiciaires et maritimes. Il est impératif d'améliorer la formation des magistrats, procureurs et forces de l'ordre sur les crimes maritimes afin d'assurer une application efficace de la loi. Des tribunaux maritimes spécialisés pourraient être établis au sein des juridictions nationales pour accélérer les procédures judiciaires liées aux infractions maritimes.
- L'instauration d'une coopération interétatique renforcée. Un mécanisme d'échange d'informations entre les États membres serait nécessaire pour identifier rapidement les navires suspects et prévenir les crimes en mer. Des patrouilles maritimes conjointes devraient être mises en place pour surveiller les zones à haut risque, notamment dans le Golfe de Guinée et le Canal du Mozambique.
- Un impact direct sur la sécurisation des eaux africaines. L'adoption d'un Acte Uniforme OHADA sur la répression des actes illicites en mer permettrait d'avoir un impact direct et concret sur la sécurité maritime en Afrique :
  - Réduction de la piraterie : Une coordination judiciaire et une application stricte des peines limiteraient l'impunité dont bénéficient actuellement les pirates opérant dans les eaux africaines.
  - Lutte contre la pêche illégale : La définition de sanctions économiques et la saisie des navires illégaux dissuaderaient les flottes étrangères de pratiquer la pêche INN.
  - Meilleur contrôle du trafic maritime : L'instauration de procédures claires de contrôle des navires et de leurs cargaisons permettrait de lutter efficacement contre le trafic de drogue, d'armes et la contrebande.

- Protection accrue de l'environnement marin : Une réglementation harmonisée permettrait d'imposer des normes strictes contre la pollution maritime et de sanctionner les entreprises coupables de déversements illégaux.

C. Une réforme juridique indispensable pour un espace maritime plus sûr

L'harmonisation du cadre juridique maritime africain à travers un Acte Uniforme OHADA est une nécessité absolue pour lutter efficacement contre la criminalité maritime. En établissant des normes claires, des sanctions dissuasives et des mécanismes de coopération renforcés, cette réforme offrirait aux États membres un outil puissant pour protéger leurs eaux, sécuriser leurs économies maritimes et renforcer leur souveraineté sur leurs ressources naturelles.
L'adoption rapide de cette loi doit être une priorité pour les décideurs africains, en synergie avec les partenaires internationaux et les organisations maritimes régionales. Sans une telle réforme, l'Afrique continuera à subir un pillage systématique de ses ressources maritimes et une insécurité croissante, compromettant ainsi son développement économique et sa place dans le commerce maritime mondial.

Paragraphe 2 : Renforcement des capacités judiciaires et opérationnelles

L'adoption d'un Acte Uniforme OHADA pour la répression des actes illicites en mer constitue une avancée cruciale, mais son efficacité dépendra de la capacité des États africains à mettre en œuvre et à faire respecter cette législation. Cela implique un renforcement des capacités judiciaires et opérationnelles, qui reste l'un des défis majeurs en matière de gouvernance maritime en Afrique.

Actuellement, la lutte contre les infractions maritimes est entravée par plusieurs faiblesses structurelles, notamment :

- Le manque de juridictions spécialisées capables de juger efficacement les crimes en mer.
- Des moyens limités pour surveiller les vastes zones maritimes africaines, laissant ainsi de nombreuses infractions impunies.
- L'insuffisance de la coopération interétatique, qui permet aux criminels d'exploiter les frontières maritimes pour échapper aux poursuites.
- Un déficit de formation des magistrats, des procureurs et des forces de l'ordre sur les spécificités du droit maritime et de la criminalité maritime.

Pour surmonter ces obstacles et garantir l'application effective de la loi, trois mesures clés doivent être mises en place :

A. Création d'un Tribunal maritime régional pour juger les infractions transnationales

Le caractère transnational des infractions maritimes en Afrique rend difficile leur poursuite dans le cadre des juridictions nationales classiques, qui sont souvent limitées par des compétences territoriales restreintes. Ainsi, la mise en place d'un Tribunal Maritime Régional sous l'égide de l'OHADA ou de l'Union Africaine serait une solution efficace pour garantir une justice maritime rapide, harmonisée et impartiale.

Pourquoi un tribunal régional ? :

- Unifier les interprétations juridiques : Une telle juridiction permettrait d'assurer une application uniforme de l'Acte Uniforme OHADA, évitant ainsi les divergences d'interprétation entre les Etats.
- Accélérer les poursuites et éviter l'impunité : La complexité des affaires maritimes transnationales (piraterie, pêche illégale, trafic de drogue) entraîne souvent des blocages juridiques et des lenteurs procédurales dans les tribunaux nationaux. Une juridiction spécialisée permettrait de réduire les délais et d'accélérer le traitement des dossiers.
- Faciliter l'extradition et la coopération judiciaire : Les criminels maritimes exploitent les frontières pour fuir la justice. Un tribunal régional disposerait d'une compétence élargie sur l'ensemble des États membres pour traiter ces infractions de manière cohérente.
  Modalités de mise en place
- Un siège centralisé, avec des antennes régionales pour couvrir efficacement les principales zones de criminalité maritime (Golfe de Guinée, Océan Indien, Méditerranée).
- Une composition mixte, intégrant des juges spécialisés en droit maritime, des experts en sécurité maritime et des magistrats désignés par les États membres.
- Un mécanisme d'appel, permettant aux États ou aux accusés de contester les décisions tout en assurant une justice impartiale.

B. Mise en place de forces maritimes conjointes pour assurer des patrouilles en haute mer

L'une des principales faiblesses des États africains en matière de lutte contre la criminalité maritime est leur incapacité à assurer une surveillance efficace de leurs eaux territoriales et zones économiques exclusives (ZEE). Avec des côtes longues et des espaces maritimes vastes, la surveillance maritime nécessite des moyens considérables, souvent hors de portée des États pris individuellement.

La création de forces maritimes conjointes entre États africains permettrait de mutualiser les ressources et d'optimiser les capacités de surveillance et d'intervention. Inspirée des modèles européens et asiatiques, cette force devrait :

- Organiser des patrouilles maritimes conjointes dans les zones à haut risque (Golfe de Guinée, Corne de l'Afrique, Canal du Mozambique).
- Mettre en place des bases de surveillance régionales, dotées de radars, drones et satellites, pour détecter les activités illicites en temps réel.
- Faciliter l'échange d'informations entre les États, en créant un centre de coordination maritime pour analyser les menaces et coordonner les interventions.
- Standardiser les procédures d'interception et d'arrestation, afin d'éviter les conflits de compétences entre Etats.

L'Initiative de Yaoundé (2013), qui regroupe les États du Golfe de Guinée dans un mécanisme de surveillance maritime partagé, constitue une base sur laquelle étendre cette coopération à l'échelle continentale. Grâce à cette initiative, la coopération régionale a déjà permis de réduire certains incidents de piraterie et de renforcer les interventions rapides en mer.

Acquisition de patrouilleurs rapides, de drones de surveillance et de radars côtiers pour renforcer la présence en mer :

- Développement d'un réseau de communication sécurisé reliant les marines des différents États pour un partage d'informations en temps réel.
- Accords de coopération avec les forces navales internationales, permettant une réponse coordonnée en cas d'incidents majeurs.

C. Formation des magistrats et des forces de l'ordre spécialisés en droit maritime et en lutte contre la criminalité en mer

L'efficacité de la répression des crimes maritimes repose sur la compétence et la spécialisation des magistrats, procureurs, forces de police et garde-côtes. Or, aujourd'hui, la plupart des formations juridiques et policières en Afrique ne couvrent que partiellement ou de manière superficielle les spécificités du droit maritime et de la criminalité en mer.

Un programme de formation adapté aux défis maritimes africains

Il est indispensable de créer des formations spécialisées pour les acteurs de la justice et de la sécurité maritime, couvrant :

- Le droit maritime international et régional : Maîtrise des conventions (CNUDM, SUA, MARPOL) et des compétences des États en mer.
- Les techniques d'enquête et de poursuite des crimes maritimes : Comment traiter les preuves en mer, gérer les arrestations de pirates, lutter contre la contrebande et la pollution maritime.

- L'interopérabilité des forces maritimes et la coordination régionale : Harmonisation des procédures entre les États pour assurer une coopération efficace.

Mise en œuvre

- Création d'académies de formation en droit maritime et sécurité maritime dans les principales régions du continent.
- Intégration de modules de formation spécialisés dans les écoles de magistrature et les académies de police et de gendarmerie.
- Organisation de séminaires internationaux en partenariat avec l'OMI, Interpol et d'autres organismes spécialisés pour former des formateurs africains capables de diffuser ces compétences au niveau national.

D. Une approche globale pour sécuriser les eaux africaines

L'adoption d'un Acte Uniforme OHADA ne pourra porter ses fruits que si elle s'accompagne d'un renforcement massif des capacités judiciaires et opérationnelles. La mise en place d'un Tribunal Maritime Régional, le développement de forces maritimes conjointes et l'amélioration des formations spécialisées en droit et en sécurité maritime sont des prérequis essentiels pour réduire l'impunité, sécuriser les eaux africaines et protéger les intérêts économiques des États côtiers.

Cette approche intégrée, combinant réforme juridique, coopération sécuritaire et montée en compétence des acteurs judiciaires, permettra à l'Afrique de reprendre le contrôle de ses espaces maritimes et de faire face aux défis de la criminalité en mer avec efficacité et coordination.

Paragraphe 3 : Coopération interétatique et engagements internationaux

L'efficacité de l'Acte Uniforme OHADA sur la répression des actes illicites en mer ne dépendra pas uniquement de sa mise en œuvre au niveau national, mais également de la coopération interétatique et de l'intégration des engagements internationaux. Les crimes maritimes en Afrique sont par nature transnationaux, impliquant plusieurs juridictions, ce qui rend nécessaire une collaboration renforcée entre les États africains ainsi qu'avec les organisations internationales.

L'absence de coordination efficace entre les pays côtiers a jusqu'à présent facilité l'expansion de la piraterie, de la pêche illégale, du trafic de drogue et d'armes, ainsi que de la pollution maritime. Pour que cette nouvelle législation produise des résultats tangibles, il est impératif de renforcer :

- Le partage d'informations et la coordination des opérations maritimes entre États africains.
- La ratification et l'application des accords internationaux contre la criminalité maritime.
- Les partenariats avec les grandes puissances maritimes et les organisations internationales pour bénéficier d'une assistance technique et financière.

A. Un partage d'informations en temps réel et une coordination opérationnelle renforcée

L'une des failles majeures dans la lutte contre la criminalité maritime en Afrique est le manque de partage d'informations entre les États côtiers. Cette absence de coopération empêche une réponse rapide et efficace aux menaces maritimes et permet aux criminels de tirer profit des frontières maritimes mal surveillées pour échapper à la justice.

Pour pallier cette faiblesse, les États africains doivent établir un réseau de partage d'informations en temps réel, connecté aux marines nationales, aux garde-côtes et aux services de renseignement. Un centre régional de coordination maritime, sous l'égide de l'Union Africaine ou de l'OHADA, pourrait être mis en place pour :

- Centraliser les données sur les activités maritimes suspectes et signaler les menaces en temps réel aux États membres.
- Faciliter l'échange d'informations entre les États côtiers, notamment en matière d'identification des navires, des équipages et des cargaisons suspectes.
- Mettre en place une base de données continentale sur les incidents maritimes, les navires impliqués dans des infractions et les groupes criminels opérant en mer.

Exemples d'initiatives existantes :

- Le Code de conduite de Djibouti (2009) : Il vise à renforcer la coopération entre les États de la Corne de l'Afrique et l'Océan Indien pour lutter contre la piraterie et les autres crimes maritimes.
- L'Initiative de Yaoundé (2013) : Elle a permis la création de centres de coordination régionaux pour la sécurité maritime en Afrique de l'Ouest et centrale.

L'élargissement et le renforcement de ces mécanismes à l'ensemble du continent seraient une avancée décisive pour une lutte plus efficace contre la criminalité maritime.

B. Ratification et application des accords internationaux

Un cadre juridique harmonisé au sein de l'OHADA doit s'aligner sur les normes internationales afin d'éviter tout conflit de juridiction et de renforcer l'efficacité des poursuites contre les criminels maritimes. Cela passe par la ratification et la mise en œuvre effective des conventions internationales les plus importantes en matière de criminalité maritime.

Conventions internationales clés à intégrer dans l'Acte Uniforme OHADA

- La Convention des Nations Unies sur le Droit de la Mer (CNUDM, 1982) : Elle définit les droits et obligations des États en mer et les compétences des autorités nationales sur les navires battant leur pavillon.
- La Convention SUA (1988) et son protocole de 2005 : Elle criminalise les actes illicites contre la navigation maritime, y compris le terrorisme maritime.
- La Convention MARPOL (1973/1978) : Elle vise à prévenir la pollution marine et impose des obligations strictes aux États côtiers et aux armateurs.
- Le Protocole de Palerme (2000) sur la lutte contre la criminalité transnationale organisée, qui inclut le trafic illicite de drogues et d'armes par voie maritime.

Pourquoi ces accords sont-ils essentiels ? :

- Ils permettent d'uniformiser les définitions des crimes maritimes et d'établir des standards internationaux de poursuite et de sanction.
- Ils facilitent l'extradition des criminels maritimes entre les États signataires, évitant ainsi que les auteurs d'actes illicites ne trouvent refuge dans un pays tiers.
- Ils ouvrent l'accès à l'assistance technique et financière internationale pour aider les États africains à renforcer leurs capacités de surveillance et de répression.

C. Partenariats avec les grandes puissances maritimes et les organisations internationales

La lutte contre la criminalité maritime en Afrique nécessite des ressources considérables en termes de technologies, de formation et de financement. Pour surmonter ces défis, les Etats africains doivent établir des partenariats stratégiques avec les grandes puissances maritimes et les organisations internationales spécialisées.

Les principaux partenaires et leur rôle :

Partenaire	Type d'appui
Organisation Maritime Internationale (OMI)	Assistance technique, formation, mise en conformité avec les conventions internationales
INTERPOL	Coopération policière pour identifier et poursuivre les criminels maritimes
Union Européenne (UE)	Financement et assistance via des programmes comme EU NAVFOR (Atalanta)
États-Unis	Formation des garde-côtes africains, soutien logistique (programme AFRICOM)
Chine	Investissements dans la surveillance maritime et infrastructures portuaires
Banque Mondiale et Banque Africaine de Développement (BAD)	Financement des projets de modernisation de la sécurité maritime

Exemples de programmes d'assistance réussis :

- EU NAVFOR (Atalanta) : Programme européen de lutte contre la piraterie au large de la Somalie.
- Le Programme CRIMARIO financé par l'UE, qui renforce la coopération maritime en Afrique et en Asie.
- L'initiative Africa Partnership Station (APS) des États-Unis, qui forme les marines africaines à la lutte contre la criminalité maritime.

L'OHADA et l'Union Africaine doivent jouer un rôle central pour négocier et structurer ces partenariats afin d'assurer une assistance coordonnée et durable.

D. Vers un espace maritime africain plus sûr et prospère

L'adoption d'un Acte Uniforme OHADA sur la répression des actes illicites en mer ne pourra être pleinement efficace que si elle s'accompagne d'un effort collectif des Etats africains et d'une coopération renforcée avec les organisations internationales.

Priorités d'action :

1. Renforcer le partage d'informations et la coordination opérationnelle entre les Etats africains.

2. Harmoniser la législation maritime africaine avec les conventions internationales pour assurer des poursuites efficaces.
3. Etablir des partenariats stratégiques avec l'OMI, INTERPOL et les grandes puissances maritimes pour bénéficier d'une assistance technique et financière.

Si ces mesures sont mises en œuvre avec volonté politique et engagement institutionnel, l'Afrique pourra progressivement réduire la criminalité en mer, sécuriser ses échanges commerciaux et protéger ses ressources maritimes. L'instauration d'un espace maritime africain plus sûr et plus prospère devient alors une ambition réalisable, à condition que les
Etats membres de l'OHADA et les institutions régionales accélèrent ce processus législatif essentiel.

Section 4 : Compétence universelle

L'instauration d'une compétence universelle en matière de répression des actes illicites en mer est un enjeu crucial pour assurer une justice efficace et mettre fin à l'impunité des criminels maritimes. Cette approche permettrait à tout État, indépendamment de la nationalité des auteurs ou des victimes, d'engager des poursuites judiciaires contre les responsables de crimes graves commis en mer. La criminalité maritime étant souvent transnationale, l'adoption d'un cadre juridique clair et cohérent intégrant la compétence universelle renforcerait la lutte contre la piraterie, le trafic illicite et la pollution maritime.

Sous-section 3.1 : Fondements juridiques et applicabilité de la compétence universelle

Paragraphe 1 : Un principe reconnu par le droit international

La compétence universelle est un principe fondamental du droit international qui permet à un État de poursuivre et juger des individus responsables de crimes particulièrement graves, indépendamment du lieu de commission des faits, de la nationalité des auteurs ou des victimes. Ce principe repose sur la reconnaissance que certains crimes menacent non seulement des intérêts nationaux, mais l'ensemble de la communauté internationale, justifiant ainsi une réponse judiciaire globale. Il trouve son fondement dans la nécessité de lutter contre l'impunité des auteurs de violations graves du droit international et de garantir une justice effective lorsque les juridictions nationales ne sont pas en mesure ou ne veulent pas agir.

L'application de la compétence universelle est historiquement bien établie dans le cadre du droit maritime, notamment en ce qui concerne la piraterie. Depuis la Convention de Genève sur la Haute Mer de 1958, la piraterie est considérée comme une infraction de compétence universelle, une position consolidée par la

Convention des Nations Unies sur le Droit de la Mer (CNUDM) de 1982. Cette reconnaissance découle du fait que la haute mer ne relève de la souveraineté d'aucun État, rendant nécessaire une coopération internationale pour sanctionner des actes criminels pouvant nuire à la sécurité et à la libre circulation maritime. Par extension, d'autres infractions commises en haute mer, telles que le terrorisme maritime, la traite des êtres humains, le trafic de stupéfiants ou les crimes environnementaux (pollution délibérée des océans, exploitation illégale des ressources marines), pourraient également être intégrées dans ce cadre afin d'accroître l'efficacité des poursuites et d'empêcher ces crimes de rester impunis.

Au-delà du domaine maritime, la compétence universelle s'applique aussi aux crimes les plus graves du droit international, tels que les crimes de guerre, les crimes contre l'humanité, le génocide et la torture. Des instruments juridiques comme les Conventions de Genève (1949), la Convention contre la torture (1984) et le Statut de Rome de la Cour pénale internationale (1998) consacrent ce principe en reconnaissant que ces crimes, en raison de leur gravité extrême, concernent l'humanité entière et méritent une réponse judiciaire universelle.

Cependant, son application reste sujette à des défis juridiques et politiques, notamment en raison de la souveraineté des États et du risque d'instrumentalisation politique des poursuites.
Ainsi, la compétence universelle, bien qu'elle repose sur des bases solides en droit international, continue d'évoluer pour s'adapter aux nouveaux enjeux de la criminalité transnationale. Son extension à des infractions émergentes, comme les crimes environnementaux en haute mer ou les actes de terrorisme maritime, pourrait renforcer la lutte contre l'impunité et garantir une meilleure protection des biens communs mondiaux.

Paragraphe 2 : Une application nécessaire pour lutter contre l'impunité en mer

L'absence d'un cadre juridique robuste et harmonisé pour la répression des crimes maritimes constitue une faille majeure dans la lutte contre l'impunité en mer. De nombreux criminels exploitent les lacunes du droit international et les divergences législatives entre États pour éviter toute poursuite judiciaire. En haute mer, qui échappe à la souveraineté nationale, cette situation est particulièrement préoccupante. Par exemple, les auteurs de crimes environnementaux, tels que le déversement illégal de déchets toxiques, les pêches illégales ou la destruction d'écosystèmes marins, peuvent facilement échapper à la justice en naviguant sous un pavillon de complaisance ou en accostant dans des États dont la législation est plus permissive ou dont l'appareil judiciaire manque de moyens pour poursuivre efficacement ces infractions.

Le phénomène du changement de pavillon est un stratagème courant utilisé par les navires impliqués dans des activités illégales pour éviter d'être poursuivis. En enregistrant leur navire sous la juridiction d'un État offrant peu de contrôles et une régulation laxiste, ces criminels maritimes se soustraient aux obligations légales les plus strictes. Ainsi, des navires responsables de pollutions majeures ou de trafics illicites passent d'un pavillon à l'autre pour échapper aux poursuites. Ce phénomène illustre la nécessité d'une application élargie de la compétence universelle, permettant aux États de poursuivre les auteurs de tels actes, quel que soit leur pavillon d'immatriculation.

A. L'enjeu stratégique de l'immatriculation des navires

L'immatriculation maritime représente un acte fondamental de souveraineté étatique. Elle confère au navire une nationalité et permet à l'État d'exercer un contrôle sur le respect des normes de sécurité, de travail et de protection de l'environnement à bord. Or, dans de nombreux pays africains, les registres maritimes restent embryonnaires, peu attractifs et parfois faiblement encadrés. La densification de l'immatriculation des navires revêt ainsi une importance stratégique à la fois juridique et économique.

Sur le plan juridique, une immatriculation plus systématique permet à l'État d'affirmer son autorité sur les navires battant son pavillon, en assurant leur traçabilité, leur conformité réglementaire et la discipline de l'équipage. Sur le plan économique, elle constitue un levier de développement du secteur maritime, en générant des recettes issues des droits d'enregistrement, des inspections et des services associés, mais aussi en structurant un écosystème portuaire et logistique propice à l'essor d'une économie bleue. En densifiant leurs registres, les États africains pourraient ainsi capter une part plus significative du marché du transport maritime, à condition que les conditions d'immatriculation soient modernisées, transparentes et alignées sur les standards internationaux.

B. le problème structurel des pavillons de complaisance

Les pavillons de complaisance se caractérisent par la dissociation entre le pavillon d'un navire et la nationalité réelle de son propriétaire. Cette dissociation résulte du choix délibéré des armateurs de s'immatriculer dans des pays tiers offrant des régulations fiscales, sociales et environnementales très permissives. Des pays comme le Panama, le Libéria ou les Îles Marshall ont ainsi développé des registres ouverts particulièrement attractifs, au détriment de la responsabilité juridique internationale.

Cette pratique soulève plusieurs problématiques majeures. D'abord, elle affaiblit le principe de l'État du pavillon prévu par la Convention des Nations Unies sur le droit de la mer, en transférant la responsabilité juridique à des États souvent dépourvus des moyens ou de la volonté d'exercer un contrôle effectif sur les navires immatriculés. Ensuite, elle favorise des pratiques à risque, en matière de sécurité maritime et de conditions de travail, les navires sous pavillon de complaisance étant surreprésentés dans les accidents en mer, les actes de pollution et les abus sociaux. Enfin, elle engendre une évasion fiscale massive et permet à certains armateurs de dissimuler la propriété réelle des navires, facilitant des activités illicites comme la pêche non déclarée, le trafic de drogue ou le recyclage illicite des navires.

C. Une réforme impérative des registres maritimes africains

Face à cette problématique, les États africains doivent impérativement renforcer leur cadre juridique d'immatriculation. La révision des critères d'accès au pavillon doit reposer sur l'existence d'un lien économique réel entre le navire et l'État, fondé sur des éléments tels que le port d'attache, l'origine des équipages ou la résidence du propriétaire. En parallèle, les registres maritimes nationaux doivent être modernisés sur le plan technique et administratif, notamment par l'intégration de systèmes numériques sécurisés et l'interconnexion avec les bases de données régionales.

Ce renforcement pourrait s'inscrire dans une dynamique régionale, à travers la mise en place d'un registre harmonisé à l'échelle de l'espace OHADA ou de l'Union Africaine. Une telle initiative favoriserait la cohérence des standards d'immatriculation, limiterait la concurrence réglementaire entre États africains et accroîtrait la crédibilité internationale des pavillons africains. En outre, le recours systématique aux instruments de contrôle portuaire, comme le Mémorandum d'Abuja, permettrait de renforcer la surveillance des navires accostant dans les ports africains et de sanctionner ceux ne respectant pas les normes en vigueur.

D. Un engagement africain contre les dérives des pavillons de complaisance

Au-delà des réformes internes, l'Afrique doit s'engager plus activement dans les forums internationaux pour dénoncer les dérives liées aux pavillons de complaisance. Les États africains ont un rôle à jouer dans la promotion d'une gouvernance maritime fondée sur la responsabilité, la transparence et la protection des intérêts des États côtiers. Ils pourraient porter au sein de l'OMI, de l'OIT et des enceintes multilatérales une proposition en faveur d'un code mondial de conduite sur la gestion des pavillons, fondé sur l'obligation pour chaque État d'assurer un contrôle effectif des navires immatriculés sous son autorité.

Ce plaidoyer devrait également s'accompagner d'un engagement politique à interdire ou à encadrer strictement le recours aux pavillons de complaisance par les armateurs africains. Des mécanismes juridiques pourraient être envisagés pour exclure de l'accès aux ports ou aux marchés publics les navires immatriculés dans des registres reconnus comme non conformes aux standards internationaux. Une telle démarche renforcerait la crédibilité des États africains en matière de régulation maritime, favoriserait l'émergence d'un pavillon africain respecté et contribuerait à restaurer un équilibre plus juste dans la gouvernance globale des espaces maritimes.

Sous-section 3.2 : Mécanismes de mise en œuvre et défis liés à l'application

Paragraphe 1 : L'établissement d'un cadre juridique harmonisé et contraignant

Pour garantir l'efficacité de la compétence universelle dans la lutte contre les crimes maritimes, il est impératif que l'OHADA et ses États membres instaurent un cadre juridique harmonisé et contraignant. L'absence d'un cadre législatif commun et d'instruments de coopération judiciaire adéquats a longtemps favorisé l'impunité, permettant aux criminels de tirer profit des divergences entre les systèmes juridiques nationaux. Un cadre juridique unifié assurerait une réponse cohérente et efficace, réduisant ainsi les failles exploitées par les auteurs de crimes maritimes.

Ce cadre juridique devrait définir avec précision les infractions relevant de la compétence universelle afin d'éviter toute ambiguïté dans leur poursuite. Parmi les crimes à inclure figurent :

- La piraterie maritime, reconnue depuis des siècles comme un crime de compétence universelle, mais nécessitant un renforcement des moyens de répression en Afrique, notamment dans des zones sensibles comme le Golfe de Guinée.
- Le terrorisme maritime, impliquant des attaques contre des navires, des ports ou des infrastructures offshores, menaçant la sécurité internationale et l'économie mondiale.
- La traite des êtres humains en mer, qui concerne le transport illégal de migrants, l'exploitation des travailleurs à bord des navires ou la prostitution forcée en haute mer.
- Le trafic illicite de drogues et d'armes, souvent facilité par l'absence de contrôle strict en haute mer et impliquant des réseaux criminels transnationaux.
- Les crimes environnementaux graves, tels que le déversement illégal de déchets toxiques, la pollution maritime délibérée, la pêche illégale et la destruction des écosystèmes marins.

En plus de définir ces infractions, l'harmonisation des procédures judiciaires est essentielle pour assurer une application uniforme et efficace de la compétence universelle. Cela nécessiterait la mise en place de mécanismes de coopération judiciaire et d'extradition, garantissant que les criminels arrêtés puissent être jugés dans une juridiction compétente, sans obstacles procéduraux liés aux différences de législations nationales. Actuellement, le manque de coopération entre certains États africains permet aux criminels maritimes de trouver refuge dans des pays dont les lois sont moins strictes ou dont le système judiciaire est trop faible pour engager des poursuites.

Un protocole d'accord entre les États africains serait également un levier important pour renforcer l'efficacité des poursuites. Ce protocole engagerait chaque pays à reconnaître la compétence des tribunaux d'un autre État membre en cas d'arrestation d'un suspect sur son territoire ou dans ses eaux territoriales. Cette disposition éviterait les zones grises juridiques qui, dans de nombreux cas, ont conduit à la libération de suspects faute de juridiction clairement compétente pour juger les infractions.

L'intégration de ces dispositions dans l'Acte uniforme OHADA permettrait d'assurer une application cohérente et efficace de la compétence universelle sur l'ensemble du territoire des États membres. En établissant un cadre juridique commun, il deviendrait impossible pour les criminels maritimes de contourner la justice en se réfugiant dans des pays aux législations plus laxistes. Cette harmonisation garantirait également une sécurisation accrue des voies maritimes africaines, favorisant ainsi le commerce international et la stabilité économique régionale.

En somme, un cadre juridique harmonisé et contraignant est indispensable pour permettre aux États africains de lutter efficacement contre les crimes maritimes grâce à la compétence universelle. Ce cadre offrirait non seulement une base légale robuste, mais renforcerait également la coopération judiciaire régionale, garantissant que les criminels soient systématiquement traduits en justice, où qu'ils commettent leurs infractions.

Paragraphe 2 : Défis et perspectives d'application

Bien que la compétence universelle constitue un instrument juridique essentiel pour lutter contre la criminalité maritime, sa mise en œuvre effective rencontre plusieurs obstacles juridiques, politiques et techniques. L'application de ce principe nécessite non seulement une volonté politique forte de la part des États africains, mais aussi des réformes structurelles pour assurer une coordination efficace et une mise en œuvre conforme aux normes internationales.

A. Le respect des souverainetés nationales : un défi majeur d'adhésion

L'un des principaux défis liés à l'application de la compétence universelle est le respect de la souveraineté nationale des États. Certains pays peuvent percevoir ce principe comme une ingérence dans leur système judiciaire, notamment s'ils considèrent qu'un autre État ou une organisation régionale leur impose des obligations qu'ils ne maîtrisent pas totalement. De plus, certains États ayant des législations pénales peu développées en matière maritime pourraient se montrer réticents à adopter des mesures contraignantes, par crainte d'un impact sur leurs intérêts économiques et politiques.

Stratégie d'atténuation :

- Une approche progressive et concertée serait nécessaire pour surmonter ces réticences. La mise en place d'un cadre régional, sous l'égide de l'Union Africaine (UA) et de l'OHADA, permettrait d'assurer une adoption collective et non perçue comme une contrainte imposée par une seule nation ou organisation.
- Des consultations régulières avec les États membres permettraient d'adapter la mise en œuvre aux spécificités locales et de garantir une appropriation progressive du principe de compétence universelle.
- L'intégration de ce cadre dans un traité régional juridiquement contraignant, mais assorti de périodes de transition et de soutien technique aux États, faciliterait son acceptation.

B. Le manque de capacités judiciaires et logistiques : un frein à l'efficacité des poursuites

L'application de la compétence universelle exige un système judiciaire robuste et bien équipé pour traiter des affaires souvent complexes et nécessitant une expertise spécialisée. Or, de nombreux États africains souffrent d'un manque de ressources judiciaires et logistiques :

- Peu de pays disposent de tribunaux spécialisés en droit maritime, rendant difficile le traitement de dossiers techniques liés aux crimes en haute mer.
- Les magistrats et enquêteurs manquent souvent de formation spécifique en matière de criminalité maritime et de coopération judiciaire internationale.
- L'absence d'infrastructures adaptées, notamment des centres de détention conformes aux normes internationales pour héberger les suspects en attente de jugement, pose un défi logistique majeur.
- Le coût des enquêtes maritimes et des opérations de répression est élevé, et peu d'États africains disposent de forces navales et de garde-côtes bien équipés pour procéder à l'interception de criminels en mer.

Stratégie d'atténuation :

- La création de pôles judiciaires spécialisés au sein des tribunaux africains permettrait de centraliser les poursuites et d'accélérer le traitement des dossiers.

- Un programme de formation continue pour les magistrats, procureurs et forces de l'ordre, soutenu par l'Union Africaine et des partenaires internationaux comme INTERPOL, l'ONU et l'Union Européenne, renforcerait les capacités locales.
- Le développement d'une coopération régionale, en mettant en commun les ressources judiciaires et les moyens logistiques entre plusieurs États, pourrait réduire les coûts et garantir une application efficace de la compétence universelle.
- Des partenariats public-privé, notamment avec des organisations engagées dans la lutte contre la criminalité maritime, pourraient faciliter le financement d'équipements et de formations.

C. Les obstacles politiques et diplomatiques : l'équilibre entre application judiciaire et relations internationales

L'application de la compétence universelle sur des crimes maritimes implique souvent des acteurs internationaux, car de nombreux navires naviguant en haute mer battent pavillon de pays extérieurs à l'Afrique. Ainsi, juger un navire étranger ou un équipage composé de ressortissants d'un autre État peut provoquer des tensions diplomatiques, en particulier si l'État du pavillon conteste la compétence de la juridiction africaine.

Les puissances maritimes et commerciales pourraient s'opposer à l'application stricte de la compétence universelle, craignant des poursuites judiciaires contre leurs ressortissants ou une remise en cause du principe de la liberté de navigation. Certains États pourraient considérer qu'une juridiction africaine n'a pas à juger un crime impliquant un navire immatriculé sous leur pavillon, ce qui pourrait donner lieu à des conflits juridiques internationaux.

Stratégie d'atténuation :

- Un dialogue diplomatique actif avec les grandes organisations internationales, notamment l'Organisation Maritime Internationale (OMI), l'Office des Nations Unies contre la Drogue et le Crime (ONUDC) et INTERPOL, est essentiel pour assurer que la compétence universelle s'aligne sur les standards internationaux et bénéficie d'un soutien international.
- L'établissement d'accords bilatéraux et multilatéraux avec les principales puissances maritimes permettrait de clarifier les modalités d'application de la compétence universelle, notamment pour éviter les conflits de juridiction.
- La mise en place d'organes régionaux d'arbitrage, sous l'égide de l'UA ou de l'OHADA, pourrait servir de médiation en cas de différend sur l'application de la compétence universelle.

- L'Afrique pourrait aussi s'appuyer sur des exemples internationaux réussis, comme le Tribunal international du droit de la mer (TIDM), pour démontrer que ce principe est compatible avec le droit maritime international.

D. Perspectives d'application : vers une consolidation régionale et internationale

Malgré ces défis, la mise en œuvre progressive de la compétence universelle à travers un cadre africain harmonisé présente de nombreuses opportunités :

- Elle permettrait de réduire significativement l'impunité des crimes maritimes en Afrique, en garantissant que les auteurs soient systématiquement poursuivis et jugés.
- Elle renforcerait la sécurité maritime, un enjeu crucial pour les économies africaines dépendantes du commerce maritime, en protégeant les routes commerciales contre les menaces criminelles.
- Elle améliorerait la crédibilité judiciaire des États africains à l'échelle internationale, en démontrant une capacité à juger des crimes transnationaux selon des normes conformes aux engagements internationaux.
- Elle favoriserait une coopération accrue entre les États africains, renforçant ainsi la stabilité régionale et la lutte conjointe contre la criminalité transfrontalière.

Si l'application de la compétence universelle aux crimes maritimes en Afrique rencontre plusieurs défis, notamment liés aux souverainetés nationales, aux capacités judiciaires et aux tensions diplomatiques, des solutions existent pour surmonter ces obstacles. Une approche progressive, encadrée par l'Union Africaine et l'OHADA, accompagnée de réformes structurelles et d'une coopération internationale accrue, permettrait de garantir une application efficace et légitime de ce principe. En harmonisant les législations et en renforçant les moyens d'action des États africains, la mise en œuvre de la compétence universelle deviendrait un levier majeur pour sécuriser les espaces maritimes africains et lutter efficacement contre la criminalité en haute mer.

Paragraphe 3 : Un levier essentiel pour une justice maritime efficace

L'intégration de la compétence universelle dans l'Acte uniforme OHADA constituerait une réforme capitale pour l'Afrique en matière de lutte contre la criminalité maritime. En conférant aux États africains le pouvoir de poursuivre et juger les auteurs de crimes maritimes, quelle que soit leur nationalité ou celle des victimes, cette disposition offrirait une réponse juridique claire et efficace aux infractions commises en mer. Cela permettrait non seulement de combler les lacunes actuelles du droit maritime régional, mais aussi d'éviter que les criminels exploitent les faiblesses des systèmes juridiques nationaux pour échapper aux poursuites.

La criminalité maritime est une menace croissante pour l'économie, la sécurité et la souveraineté des États africains. Le Golfe de Guinée, par exemple, est devenu l'une des zones les plus dangereuses au monde en raison de la piraterie, du trafic de drogue et de la traite des êtres humains. De même, les déversements illégaux de déchets toxiques et la pêche illégale continuent de causer des préjudices environnementaux et économiques considérables aux pays côtiers africains. Sans un cadre juridique efficace et harmonisé, ces crimes resteront largement impunis, encourageant les criminels à poursuivre leurs activités en exploitant l'absence de coordination entre États.

A. Une réponse juridique renforcée pour combler les failles du système actuel

L'adoption de la compétence universelle dans le cadre de l'OHADA permettrait de combler les vides juridiques qui existent actuellement en matière de criminalité maritime. Aujourd'hui, de nombreux crimes transnationaux commis en mer restent hors de portée des juridictions nationales, soit parce que les États ne disposent pas de législations adaptées, soit parce que les mécanismes de coopération entre pays sont insuffisants. Avec la compétence universelle :

- Les États africains ne dépendraient plus uniquement du pays du pavillon du navire pour engager des poursuites, un obstacle souvent utilisé par les criminels pour échapper à la justice.
- Les juridictions nationales pourraient agir directement, même si le crime a été commis en haute mer ou sur un navire étranger.
- Cela permettrait de garantir une répression systématique des infractions maritimes, en évitant que des criminels ne restent impunis simplement parce qu'aucun État ne se considère comme compétent pour les poursuivre.

L'intégration de cette disposition dans un Acte Uniforme OHADA garantirait une harmonisation des règles juridiques entre les États membres. Cela éviterait des disparités législatives qui pourraient être exploitées par les criminels, tout en facilitant la coopération judiciaire et l'extradition des suspects.

B. Un renforcement des capacités judiciaires pour une application effective

L'application de la compétence universelle exige des institutions judiciaires robustes et des mécanismes de coopération efficaces. Pour cela, les États africains doivent moderniser leurs systèmes judiciaires et renforcer leurs moyens d'action. Cela passe par :

- La création de tribunaux spécialisés en droit maritime capables de traiter des affaires complexes liées aux crimes transnationaux.
- La formation de magistrats, procureurs et enquêteurs spécialisés, afin qu'ils puissent instruire efficacement les dossiers relatifs aux crimes maritimes.

- L'amélioration des mécanismes de collecte et d'échange de preuves, notamment par une coopération renforcée avec INTERPOL, l'Organisation Maritime Internationale (OMI) et d'autres acteurs internationaux.
- Le développement d'infrastructures adaptées, telles que des centres de détention maritimes conformes aux normes internationales, pour éviter que les suspects ne soient relâchés faute d'installations adaptées.

En outre, une mutualisation des ressources judiciaires et sécuritaires entre les États membres de l'OHADA pourrait être envisagée. Par exemple, la mise en place d'équipes d'enquêteurs et de procureurs régionaux spécialisés, pouvant intervenir dans plusieurs pays en fonction des besoins, permettrait d'optimiser l'utilisation des ressources disponibles.

C. Une coopération régionale et internationale pour garantir l'efficacité de la mesure

La mise en œuvre de la compétence universelle en Afrique ne peut être efficace que si elle est accompagnée d'une coopération judiciaire et diplomatique renforcée. En effet, la criminalité maritime implique souvent des acteurs internationaux, notamment des navires battant pavillon étranger ou appartenant à des entreprises multinationales. Il est donc crucial d'établir :

- Des accords bilatéraux et multilatéraux avec des États extérieurs à l'Afrique, permettant la reconnaissance mutuelle des décisions de justice et l'extradition des suspects.
- Un cadre de coopération avec les grandes organisations internationales, telles que l'ONU, INTERPOL et l'Union Européenne, pour bénéficier d'un soutien technique et logistique.
- Une coordination étroite avec les instances maritimes internationales, notamment l'OMI, afin de s'assurer que l'application de la compétence universelle respecte les normes internationales du droit maritime.

L'OHADA et l'Union Africaine pourraient également envisager la création d'un organe régional chargé de superviser l'application de la compétence universelle, en facilitant l'échange d'informations, la formation des magistrats et la mise en place de bases de données partagées sur les criminels maritimes.

D. Un impact positif sur la sécurité et l'économie maritime africaine

L'intégration de la compétence universelle dans l'Acte Uniforme OHADA aurait des retombées positives majeures pour les États africains :

- Une meilleure sécurisation des routes maritimes, favorisant un commerce plus fluide et moins coûteux pour les pays côtiers et enclavés.
- Une réduction des activités criminelles, notamment la piraterie, le trafic de drogue et les crimes environnementaux, grâce à une répression plus efficace.

- Une attractivité accrue pour les investisseurs et les compagnies maritimes, qui auront davantage confiance dans la capacité des États africains à garantir la sécurité des espaces maritimes.
- Une préservation renforcée des ressources marines, essentielle pour le développement économique durable des communautés côtières.

L'intégration de la compétence universelle dans l'Acte Uniforme OHADA représente une opportunité historique pour renforcer la justice maritime en Afrique. En permettant aux États de juger les criminels maritimes indépendamment de leur nationalité et du lieu de l'infraction, ce principe offrirait une réponse juridique forte et cohérente aux défis de la criminalité maritime. Toutefois, pour garantir son efficacité, il est impératif d'adopter un cadre juridique harmonisé, de renforcer les capacités judiciaires et de favoriser la coopération régionale et internationale.

En surmontant ces défis, l'Afrique pourrait se doter d'un système de justice maritime robuste et coordonné, garantissant un espace maritime plus sûr, plus stable et plus prospère. Cette réforme permettrait non seulement de réduire l'impunité des criminels en mer, mais aussi de renforcer la souveraineté des États africains sur leurs ressources maritimes, contribuant ainsi à un développement économique durable et sécurisé du continent.

Conclusion

L'analyse du cadre judiciaire et de la nécessité d'une législation en matière maritime met en évidence le besoin crucial d'un dispositif juridique harmonisé et efficace pour réguler les activités maritimes, sécuriser les échanges commerciaux et protéger les ressources marines. Les juridictions maritimes, bien qu'essentielles, sont confrontées à des défis majeurs liés à l'harmonisation des normes internationales, au manque de capacités institutionnelles et à l'évolution rapide des enjeux maritimes, notamment avec l'essor du commerce maritime et les menaces sécuritaires croissantes.

L'arbitrage maritime se présente comme une solution efficace pour accélérer le règlement des différends et offrir une alternative plus flexible et spécialisée aux tribunaux traditionnels. Toutefois, son efficacité dépend de la reconnaissance et de l'exécution des décisions arbitrales à l'échelle internationale.

Face à la fragmentation des législations nationales en Afrique, l'adoption d'un Acte Uniforme sur le Droit Maritime constituerait une avancée majeure pour favoriser une intégration juridique et économique régionale, améliorer l'attractivité des investissements et renforcer la compétitivité des ports africains. De même, la mise en place d'une législation répressive contre les actes illicites en mer est une priorité pour lutter contre la piraterie, la pêche illégale et le trafic maritime, qui menacent la souveraineté des États et la durabilité des ressources marines.

En définitive, la consolidation du cadre judiciaire maritime repose sur une coopération renforcée entre les États, l'adoption de réformes législatives ambitieuses et le développement de capacités institutionnelles adaptées. La mise en œuvre d'un droit maritime cohérent et efficace est non seulement une nécessité pour assurer la sécurité des activités maritimes, mais également un levier stratégique pour la croissance économique et la stabilité régionale.

CONCLUSION GENERALE

La mer, depuis les premiers âges de l'humanité, a toujours été l'horizon des possibles. Aujourd'hui encore, alors que les mutations écologiques, économiques et géopolitiques redessinent les équilibres du monde, l'espace maritime du Congo apparaît comme une frontière d'avenir. Une frontière à conquérir non par la force, mais par l'intelligence stratégique, la maîtrise des savoirs, l'audace économique et la volonté politique. Ce territoire bleu, longtemps considéré à la marge des dynamiques nationales, s'impose désormais comme un socle pour repenser l'émergence, la souveraineté et la prospérité du pays.

L'analyse du cadre institutionnel, des potentialités économiques, des enjeux de sécurité, des défis environnementaux et des dynamiques sociales montre que le Congo possède dans ses eaux, ses ports, ses ressources halieutiques et énergétiques, ainsi que dans ses communautés littorales, les germes d'une transformation historique. Mais cette transformation ne sera pas spontanée : elle appelle une gouvernance maritime visionnaire, résolue, capable de transcender les approches sectorielles fragmentées pour inscrire la mer au cœur même du projet national.

Car gouverner la mer aujourd'hui, ce n'est plus seulement réguler les navires ou surveiller les frontières : c'est édifier une architecture économique durable fondée sur l'innovation, la technologie, la préservation des écosystèmes et l'intégration des communautés côtières. C'est créer les conditions pour que l'économie bleue ne soit pas seulement un slogan, mais un pilier de la diversification économique, une source d'emplois pour la jeunesse, une garantie de sécurité alimentaire, une opportunité de rayonnement diplomatique et une réponse aux défis climatiques.

La gouvernance maritime du Congo devra ainsi conjuguer cinq impératifs majeurs, chacun constituant un pilier essentiel pour bâtir un avenir souverain, durable, compétitif, inclusif et innovant.

La souveraineté, d'abord, doit s'affirmer sans ambiguïté sur l'ensemble de l'espace maritime national. Il s'agit de garantir un contrôle effectif sur les eaux territoriales, la zone économique exclusive et le plateau continental, en affirmant les droits souverains du Congo sur les ressources biologiques, énergétiques et minières qu'ils recèlent. Cela passe par une modernisation du cadre législatif maritime, une capacité renforcée de surveillance des frontières maritimes, et une participation active aux négociations internationales portant sur la délimitation des espaces marins. La souveraineté implique également de se doter de moyens navals et technologiques adaptés pour protéger les intérêts nationaux, lutter contre la piraterie, la pêche illégale, les trafics illicites, et faire respecter le droit du Congo sur son patrimoine marin.

La durabilité doit être érigée en principe cardinal de toute action dans l'espace maritime. Le Congo doit fonder l'exploitation de ses ressources halieutiques, pétrolières et minérales sur une approche d'équilibre écologique et de résilience climatique. Cela implique de généraliser les évaluations environnementales préalables à toute activité extractive, de renforcer la protection des écosystèmes côtiers et marins, et de promouvoir la création d'aires marines protégées sur l'ensemble du littoral. L'économie bleue congolaise doit être construite dans le respect des engagements internationaux sur la biodiversité et le climat, afin de concilier croissance économique et sauvegarde des océans, et de transmettre aux générations futures un patrimoine marin préservé.

La compétitivité constitue le troisième pilier de cette gouvernance nouvelle. Pour s'imposer comme une plateforme maritime régionale majeure, le Congo doit accélérer la modernisation de ses infrastructures portuaires, logistiques et industrielles. Le Port Autonome de Pointe-Noire doit être consolidé comme un hub stratégique au service du commerce international, en intégrant les standards les plus élevés en matière de connectivité numérique, d'efficacité douanière, de sécurité des installations et de performance environnementale. En parallèle, l'aménagement de nouvelles infrastructures côtières, l'interconnexion avec les hinterlands et la facilitation des corridors logistiques régionaux doivent faire du Congo une interface incontournable entre l'Afrique centrale et le reste du monde.

L'inclusivité doit imprégner l'ensemble des politiques maritimes, afin que l'économie bleue devienne un moteur d'intégration sociale, de justice territoriale et de montée en compétence des populations locales. Cela suppose de valoriser les métiers traditionnels de la mer, d'encourager l'insertion des jeunes et des femmes dans les filières maritimes modernes, et de soutenir les communautés littorales dans l'adaptation aux nouvelles opportunités économiques. La gouvernance maritime doit être territorialisée, participative, et pensée comme un levier de réduction des inégalités régionales, en assurant que les bénéfices de la croissance maritime profitent à toutes les couches de la population, notamment dans les zones éloignées ou vulnérables.

L'innovation, enfin, sera le moteur profond de la transformation maritime congolaise. L'essor d'une économie bleue compétitive et durable passe par un investissement massif dans la recherche scientifique appliquée aux milieux marins, dans l'ingénierie navale locale, dans la cartographie précise des fonds marins, et dans la cyber sécurité des systèmes portuaires. Il s'agit aussi d'intégrer pleinement les outils de l'économie numérique – intelligence artificielle, big data maritime, plateformes logistiques intelligentes – pour optimiser la gestion des flux, sécuriser les activités en mer, et anticiper les risques environnementaux.

Le Congo devra encourager la création de clusters maritimes innovants, adossés à ses universités, à ses entreprises et à ses partenaires régionaux et internationaux.

Ainsi articulés, ces cinq impératifs – souveraineté, durabilité, compétitivité, inclusivité et innovation – formeront la charpente d'une gouvernance maritime nouvelle génération, capable d'inscrire le Congo dans le concert des nations maritimes émergentes et de répondre aux défis du XXIe siècle avec audace, cohérence et responsabilité.

À cette fin, l'édification d'un capital humain maritime robuste est une priorité stratégique. Car aucune flotte, aucune infrastructure, aucune stratégie ne saurait prospérer sans femmes et hommes formés, compétents, ancrés dans les réalités du monde maritime contemporain, capables de penser et d'agir avec ambition dans l'univers complexe des océans.

De même, la montée en puissance du Congo sur la scène maritime mondiale passera par son engagement actif dans les grands débats internationaux sur la gouvernance des mers : exploitation des fonds marins profonds, régulation des flux maritimes, transition énergétique offshore, préservation des biens communs océaniques. Le Congo, en s'appuyant sur sa façade atlantique et sur la dynamique du Golfe de Guinée, peut se positionner en acteur-pivot, capable de porter une voix africaine forte dans les forums mondiaux et d'influencer les futures régulations maritimes internationales.

Le temps est venu pour la République du Congo de faire de son espace maritime non plus une périphérie négligée, mais le nouveau centre de gravité de sa trajectoire de développement. Ce nouveau pacte avec la mer implique de repenser la géographie économique nationale, de réconcilier les politiques publiques avec les impératifs marins, de mobiliser la jeunesse et les forces vives du pays autour d'un récit commun : celui d'une nation tournée vers l'océan, forte de ses racines, audacieuse dans son ambition, fidèle à sa responsabilité envers les générations futures.

En définitive, la gouvernance maritime du Congo ne sera pleinement réussie que si elle s'inscrit dans une vision civilisationnelle : celle d'un peuple qui choisit de lier son destin à celui de l'océan, non pour le conquérir mais pour l'habiter durablement, avec intelligence, avec respect et avec grandeur. C'est en relevant ce défi que le Congo pourra non seulement assurer sa propre émergence, mais aussi contribuer, aux côtés des autres nations africaines, à bâtir un nouvel ordre maritime mondial, plus juste, plus équitable et plus durable.

Ainsi, la mer n'est pas seulement une chance : elle est un appel. Un appel à l'audace, à l'intelligence collective, à l'unité nationale et à la projection dans l'avenir. Répondre à cet appel sera l'œuvre des bâtisseurs du Congo maritime de demain.

BIBLIOGRAPHIE SELECTIVE

A. NDIAYE, S. GUEYE, (ici je n'ai pas pu retrouver les prénoms complets) Politiques halieutiques et pêche artisanale au Sénégal : entre inclusion et marginalisation, *Revue Tiers Monde*, n°240.

Africa Global Logistics group (Congo Terminal) (2025), « Congo terminal franchit le cap du million de conteneurs manutentionnés pour la troisième année consécutive », mis en ligne le 30 janvier 2025, disponible sur : https://www.aglgroup.com/congo-terminal-franchit-le-cap-du-million-de-conteneurs-manutentionnes-pour-la-troisieme-annee-consecutive.

Africa Global Logistics group (Congo Terminal) (2024), « Congo Terminal va investir plus de 400 millions d'euros dans un nouveau terminal portuaire au Port Autonome de Pointe-Noire », Communiqué lors du Pointe-Noire Business Forum, mis en ligne le 26 septembre 2024, disponible sur : https://www.aglgroup.com/congo-terminal-va-investir-plus-de-400-millions-deuros-dans-un-nouveau-terminal-portuaire-au-port-autonome-de-pointe-noire

ATTALI Jacques (2017), *Histoire de la mer*, Editions Fayard, 360 p.

Centre d'études stratégiques de l'Afrique (2019), *Tendances en matière de sécurité maritime en Afrique*, disponible sur https://africacenter.org/fr/spotlight/tendances-en-matiere-de-securite-maritime-en-afrique/.

CHARBONNEAU Alexandre (2007), « Consolidation et effectivité des normes maritimes de l'O.I.T. : la Convention du travail maritime 2006 », *Revue Congolaise des Transports et des Affaires maritimes*, janvier-mai, n°6, pp. 25-70.

CHAUMETTE Patrick (2007), « La Convention du travail maritime OIT de 2006 », *Revue Congolaise des Transports et des Affaires maritimes*, 2007, janvier-mai, n°6, pp.110-116.

COATNOAN Marie (2024), « Premières réflexions sur l'accord de Samoa. Vers une évolution du paradigme des relations UE-OEACP ? », mis en ligne le 26 avril

2024, Revue Journal d'Actualité de Droit International Européen, disponible sur : https://revue-jadie.eu/article/view/8106

Conseil du Commerce et du Développement (2001), Groupe de travail du plan à moyen terme et du budget-programme, Trente-huitième session, Genève, 17-21 septembre 2001, disponible sur : https://unctad.org/fr/system/files/official-document/wpd144.fr.pdf;

CORMIER-SALEM Marie-Christine, DAHOU Tarik (2009) (dir.), « Gouverner la mer États, pirates, sociétés », Politique Africaine, Le dossier, n°116, décembre, 208 p.

COUSSOUD-MAVOUNGOU Martin Parfait Aimé (2017), *Pour une marine marchande au service du développement*, Editions L'Harmattan, 296 p.

Les Dépêches de Brazzaville (2025), « Port de Pointe-Noire : Congo Terminal renforce ses capacités opérationnelles », ADIAC Congo, mis en ligne le 7 novembre 2025, disponible sur :https://www.adiac-congo.com/content/port-de-pointe-noire-congo-terminal-renforce-ses-capacites-operationnelles-166199

Les Dépêches de Brazzaville (2025), « Port de Pointe-Noire : un investissement de près d'un milliard d'euros annoncé à l'horizon 2027 », ADIAC Congo, mis en ligne le 30 Juin 2025, disponible sur : https://www.adiac-congo.com/content/port-de-pointe-noire-un-investissement-de-pres-dun-milliard-deuros-annonce-lhorizon-2027

DIBAS-FRANCK Eric,

-(2024), « Anatomie de l'action de l'État en mer et dans les eaux continentales au Congo » In Écrits sans esprit de système, *Mélanges en l'honneur de Philippe Delebecque*, sous la direction scientifique de Nicolas BALAT, Pierre BONASSIES, Claude BRENNER et Muriel FABRE-MAGNAN, Éditions Lefebvre Dalloz, pp. 457-468.

-2023, (Sous la dir.), *La construction maritime au Congo*, Editions L'Harmattan, 260 p.

-(2018), *Le droit maritime dans la zone CEMAC*, Editions L'Harmattan, 258 p.

-(2013), « La Charte africaine des transports maritimes », Les Dépêches de Brazzaville, 6 décembre.

-(2012), « Quelques remarques sur le code de la marine marchande de la CEMAC de 2012 », Droit Maritime Français, n° 801, avril 2018, n° 2, pp. 458-470.

-(2004), « Le Congo et l'Organisation Maritime Internationale : Analyse et évolution des rapports entre 1998 et 2004 », *Revue Congolaise des Transports et des Affaires maritimes*, août-décembre, n°1, pp. 11-24.

Expertise France (2024), *Expertise dans le domaine de l'Action de l'Etat en Mer (H/F)*, disponible sur :https://expertise-france.gestmax.fr/10713/1/expert-e-dans-le-domaine-de-l-action-de-l-etat-en-mer-h-f].

FABRE Camille, & Paul VERTIER (2024), « Enjeux économiques de la perte de biodiversité en Afrique et implications pour les politiques publiques », Document de travail n°948, Fondation pour les Études et Recherches sur le Développement International, disponible à l'adresse : https://ferdi.fr/dl/df-H24UkcmoFCWh1VirXDBRRfuW/ferdi-wp344-enjeux-economiques-de-la-perte-de-biodiversite-en-afrique-et.pdf.

FORTEAU Mathias, THOUVENIN Jean-Marc (2017), *Traité de droit international de la mer*, éd. A. Pedone, 1322 p.

HONGOCEAN (2025). *Explication de la congestion portuaire : causes, impacts et solutions*, mis en ligne le 9 juillet 2025, disponible sur https://hongocean.com/fr/explaining-port-congestion-causes-impacts-and-solutions/

KANE Khalifa Ababacar (2012) *Droit portuaire en Afrique : aspects juridiques de la gestion et de l'exploitation portuaires au Sénégal*, L'Harmattan, 320 p.

Le COURBIS, G. SIMON, Gouverner les territoires de l'informel, l'espace politique 2014. (Référence n'ayant pas pu être vérifiée).

Maritimafrica (2022), Le centre TRAINMAR de Pointe-Noire, désormais operationnel, mis en ligne le 4 septembre 2022, disponible sur : https://maritimafrica.com/le-centre-trainmar-de-pointe-noire-desormais-operationnel/

LE MONDE, *La sécurité, priorité croissante de Pékin en Afrique* [en ligne], mis en ligne le 5 septembre 2024, disponible sur : https://www.lemonde.fr/afrique/article/2024/09/05/la-securite-priorite-croissante-de-pekin-en-afrique_6304630_3212.html.

LIHOUSSOU Messan, STECK Benjamin (2018) (sous la dir.), *Moderniser les ports ouest-africains-Enjeux et perspectives*, éditions EMS, 417 p.

MIOSSEC Jean-Marie (2016), *Le conteneur et la nouvelle géographie des océans et des rivages de la mer. Dans le sillage de la CMA CGM*, L'Harmattan, 722 p.

MOMBO Mivy-Grady (2024), *La gouvernance de la sûreté et de la sécurité maritime dans le Golfe de Guinée*, Thèse doctorat Nantes Université, 355 p.

NDENDE Martin,
-(2009), « L'activité normative des Nations Unies dans le domaine des transports maritimes internationaux », *Revue africaine des affaires maritimes et des transports*, juillet 2009, n°1, pp. 8-18.

-(2014), « Le Code de conduite de Yaoundé et la stratégie de lutte contre la piraterie et la criminalité maritime dans le Golfe de Guinée », *Revue africaine des affaires maritimes et des transports,* août, n°6, pp.10-19.

NDJAMBOU Léandre Edgard, LEMBE Aline-Joelle, & NYINGUEMA NDONG Léonide Chancia (2019), *Gestion des espaces maritimes et enjeux halieutiques en Afrique centrale : le cas du Gabon. L'Espace Politique*, n° 39(3) disponible sur :https://journals.openedition.org/espacepolitique/7668

NGNINTEDEM Jean-Claude (2007), « Le Code de la marine marchande de la CEMAC et la sécurité maritime », *Revue Congolaise des Transports et des Affaires maritimes*, janvier-mai, n°6, pp.71-78.

NGO BAHA Esther (2022), « *La gouvernance marine dans le Golfe de Guinée »,* Centre de Droit Maritime et Océanique, disponible sur : https://cdmo.univ-nantes.fr/medias/fichier/esther-ngo-baha-la-gouvernance-marine-dans-le-golfe-de-guinee_1662985820519.pdf].

NGO MBOGBA Paulette,

-(2015), *Le droit international de la sûreté maritime de 2002 en Afrique subsaharienne*, Editions L'Harmattan, 336 p.

-(2009), « De l'urgence de l'effectivité des MOUs dans les pays du Sud, Revue africaine des affaires maritimes et des transports, juillet, n°1, pp. 19-24.

-(2005), *La protection de l'environnement marin dans la région de l'Afrique du Centre et de l'Ouest : le mémorandum d'Abuja*, Editions Presses de l'UCAC, 193 p.

NGOUYA Marcel (2009), « La criminalité en mer », *Revue africaine des affaires maritimes et des transports*, juillet, n°1, pp.37-43.

NZINSOU Amour Christian (2009), « Le MOU d'Abidjan, un accord administratif pertinent difficilement appliqué dans la sous-région », *Revue africaine des affaires maritimes et des transports*, juillet 2009, n°1, pp.25-36.

Organisation internationale du Travail (2014). *La République du Congo ratifie la convention du travail maritime, 2006 (MLC, 2006)* [https://www.ilo.org/fr/resource/news/la-republique-du-congo-ratifie-la-convention-du-travail-maritime-2006-mlc]

PANCRACIO Jean-Paul, *Droit de la mer*, Dalloz, 2010, 536 p.

POLICY CENTER FOR THE NEW SOUTH (2024), *Les enjeux stratégiques des espaces maritimes de l'Afrique atlantique* [en ligne], mis en ligne le 16 avril 2024, https://www.policycenter.ma/events/les-enjeux-strategiques-des-espaces-maritimes-de-lafrique-atlantique.

SEKA ABA Clément (2015), *Contribution à l'étude juridique des concessions portuaires en Afrique*, L'Harmattan, 700 p.

THIAM DIOP Serigne (2018), L'évolution *des transports maritimes en Afrique de l'Ouest et du Centre*, Editions L'Harmattan Sénégal, 394 p.

TOUS Philippe (2024), *L'économie bleue, un secteur prometteur pour l'Afrique*, [Podcast audio], *Banque Africaine de Développement* [en ligne], mis en ligne 11 janvier 2024, https://www.afdb.org/fr/podcast/leconomie-bleue-un-secteur-prometteur-pour-lafrique-67602.

Union Africaine (2012), *Stratégie africaine intégrée pour les mers et les océans à l'horizon 2050 (Stratégie AIM-2050)*, disponible sur : https://au.int/sites/default/files/documents/30930-doc-2050_aim_strategy_fr_0.pdf

VENNETIER Pierre (1968), Pointe-Noire et la façade maritime du Congo-Brazzaville, Paris, ORSTOM, 459 p.

TABLE DES MATIERES

DEUXIEME PARTIE

Structures éditoriales du groupe L'Harmattan

L'Harmattan Italie
Via degli Artisti, 15
10124 Torino
harmattan.italia@gmail.com

L'Harmattan Hongrie
Kossuth l. u. 14-16.
1053 Budapest
harmattan@harmattan.hu

L'Harmattan Sénégal
10 VDN SICAP AMITIE 3
BP 45034 Dakar-Fann
direction@senharmattan.com

L'Harmattan Cameroun
Tsinga/Derrière polyclinique FECAFOOT
BP 11486 Yaoundé
Jacques.koukam@harmattan.fr

L'Harmattan Burkina Faso
Villa 281, secteur 23 623, rue 14.32
Ouagadougou
zagbie@outlook.fr

L'Harmattan Guinée
Almamya, rue KA 028 OKB Agency
BP 3470 Conakry
harmattanguinee@yahoo.fr

L'Harmattan RDC
185, avenue Nyangwe
Commune de Lingwala - Kinshasa
matangilamusadila@yahoo.fr

L'Harmattan Congo
219, avenue Nelson Mandela
BP 2874 Brazzaville
deunovmikhael@gmail.com

L'Harmattan Mali
Immeuble Mgr Jean Marie Cissé
Aci Hamadallaye
BP 145 Bamako
syllaka@yahoo.fr

L'Harmattan Togo
Djidjole - Maison Amela
face EPP BATOME
02 BP 20680 Lomé
didieramela11@gmail.com

L'Harmattan Côte d'Ivoire
Résidence Karl - Cité des Arts
Abidjan-Cocody
03 BP 1588 Abidjan
harmattan.ivoire@gmail.com

L'Harmattan Bénin
Rue 604, (Immeuble à l'entrée
de la rue UCAO- Cite de Saint-Jean)
Cotonou
stepcorpus@gmail.com

Nos librairies en France

Librairie internationale
16, rue des Écoles
75005 Paris
librairie.internationale@harmattan.fr
01 40 46 79 11
www.librairieharmattan.com

Librairie des savoirs
21, rue des Écoles
75005 Paris
librairie.sh@harmattan.fr
01 46 34 13 71
www.librairieharmattansh.com

www.ingramcontent.com/pod-product-compliance
Lightning Source LLC
LaVergne TN
LVHW011440061026
849535LV00004BA/885
* 9 7 8 2 3 3 6 5 9 0 2 5 7 *